Franzius

NEAL SKYE & CHERRY LOSTER

DAS SPANISCHE SCHWERT

Kriminalroman

Ein Buch aus dem FRANZIUS VERLAG

Cover: Jacqueline Spieweg
Bildlizenzen: Shutterstock, Pixabay
Korrektorat/Lektorat: Petra Liermann
Verantwortlich für den Inhalt des Textes
sind die Autoren Neal Skye und Cherry Loster
Satz, Herstellung und Verlag: Franzius Verlag GmbH
Druck und Bindung: bookpress.eu

ISBN 978-3-96050-147-3

Die Deutsche Nationalbibliothek verzeichnet diese Publikation in der Deutschen Nationalbibliografie; detaillierte bibliografische Daten sind im Internet über http://dnb.dnb.de abrufbar.

INHALT

Die Existenz des Sonnenkönigs Louis XIV. und seiner *geliebten* Louise de La Vallière ist historisch belegt. Alle anderen handelnden Personen sind frei erfunden und jegliche Ähnlichkeit mit verstorbenen oder lebenden Personen ist rein zufällig. Sämtliche Ereignisse, Handlungen, Motivationen und Theorien aller in diesem Roman vorkommenden Personen sind ebenso rein fiktiv.

New Orleans, September 2001

»Ach, ich freue mich immer, wenn du anrufst, Dolly.«

Die Stimme am anderen Ende der Leitung seufzte.

»Oma! Ich hab' auch einen richtigen Namen.«

Oma lächelte. Auch wenn Dolly inzwischen eine junge Dame geworden war und die Junior High School besuchte, ließ sie es sich nicht nehmen, ihre Enkelin immer noch »Dolly« zu nennen. So wie früher. So wie immer. Schließlich sagte sie auch immer noch »Oma« zu ihr und nicht »Louise Angélique«. Seit einigen Jahren endete fast jedes Gespräch so und daher wusste sie auch sofort, was sie darauf antworten würde.

»Das weiß ich doch, Dolly. Gute Nacht. Wir sehen uns morgen zum Kaffee?«

»Gute Nacht, Oma, und natürlich sehen wir uns. Hab' dich lieb.«

»Ich dich auch!«

Dolly hatte aufgelegt. Louise Angélique lächelte. Sie legte das Telefon auf den Wohnzimmertisch und griff mit der einen Hand nach der leeren Teetasse, mit der anderen nach der neuesten Ausgabe des »Crescent Herold«, dessen Titelseite immer noch von dem Anschlag auf das World Trade Center dominiert wurde.

Langsam ging sie in die Küche. Alles ging nur noch langsam, erst recht nach dem Sturz vor einigen Wochen. Sie stellte die Tasse auf die Spüle, als sie plötzlich innehielt. Was war das für ein Geräusch? Vorsichtig drehte sie sich um und erschrak. Vor ihr stand ein Mann, der ein Tuch vor dem Gesicht trug, wie sie es aus alten Westernfilmen kannte. So albern er auch wirkte, so real spürte Louise Angélique die Bedrohung, die von ihm ausging. Panisch trat sie einen Schritt zurück und traf mit der Zeitung die Teetasse, die sie so vorsichtig abgestellt hatte und die nun mit einem lauten Scheppern auf dem Fußboden zerschellte.

»Was wollen Sie hier?«, fragte sie ängstlich. »Geld?«

Louise Angélique durchfuhr ein Schauer, denn damit konnte sie nicht dienen. Sie besaß einige schöne Schmuckstücke, von denen sie sich zwar niemals freiwillig trennen würde, aber hatte sie eine Wahl?

Der Mann sagte nichts. Stattdessen nahm er einen Zettel heraus, auf dem mit Schreibmaschine geschrieben stand:

»Ich weiß, dass du Dokumente versteckst, die dir nicht gehören. Gib sie raus! Dann wird dir und deiner Enkelin nichts passieren!«

Louise Angélique schlug das Herz bis zum Hals. Es war schlimm genug, dass der Mann sie bedrohte, aber dass er Dolly mit hineinzog, lähmte sie buchstäblich. Sie hatte von ihrer Großmutter viele Geschichten über die kleine Schatulle mit dem brisanten Inhalt gehört. Geschichten, Märchen, Legenden über den Sonnenkönig, über die Sonnenkönigin. Vor einigen hundert Jahren mochten sie brisant gewesen sein, aber nie hätte sie gedacht, dass eines Tages jemand kommen würde, um die Herausgabe einzufordern. Louise Angélique schüttelte den Kopf. So viele Jahrhunderte hatte ihre Familie das Geheimnis bewahrt und sie wusste, dass er das, wonach er suchte, hier nicht finden würde. Aber er würde auf Hinweise stoßen, wo sich die Schatulle befand, und dann konnte doch alles umsonst gewesen sein. Und das nur, weil sie es mit der Angst zu tun bekam? Trotzig schüttelte sie den Kopf. Da stürmte der Mann auf sie zu, packte sie am Hals und drückte sie gegen den Kühlschrank. Er nahm einen zweiten Zettel heraus. Louise Angélique hatte Mühe, sich auf den Beinen zu halten. Sie hatte den richtigen Namen ihrer Enkelin darauf gelesen – samt Adresse.

»Ich gebe Ihnen, was ich Ihnen geben kann.«

Sie hustete. Ihr Mund fühlte sich knochentrocken an und ein schwerer Druck legte sich auf ihre Brust. Der Mann klappte ein Messer auf. Mit einer Handbewegung deutete er ihr an vorauszugehen. Mit wackeligen Beinen führte sie ihn in ihr Schlafzimmer und öffnete den Bettkasten.

Sie hockte sich hin und zog mit ihrer linken Hand einen Schuhkarton unter den Bettdecken hervor. Wie sie es gehofft hatte, griff der Mann gierig danach. Er warf einen kurzen Blick hinein und schien zufrieden. Langsam stand sie auf und wollte den Bettkasten schließen.

»Au, was wollen Sie denn noch?«

Der Mann drängte sie zur Seite und begann, selbst in den Decken herumzuwühlen. Angstvoll sah sie, wie er stoppte, und schon zog er hervor, was sie doch noch zu verbergen gehofft hatte: ein altes, samtbezogenes Tagebuch. Reflexartig griff Louise Angélique danach, bekam aber nur ein paar lose Seiten zu fassen. Verzweifelt streckte sie erneute ihre Finger aus.

»Maldita vieja bruja!«, fluchte der Mann.

Verdammte alte Hexe! Diese Stimme … Da versetzte er ihr einen Stoß. Wie eine Puppe kippte ihr Körper nach hinten und mit einem dumpfen Knall schlug ihr Hinterkopf auf die Bettkante.

Konsterniert beobachtete der Mann, wie sich eine Blutlache unter ihrem Kopf bildete, die langsam größer wurde. Das gehörte nicht zu seinem Plan.

Hektisch wanderten seine Augen zu dem Schuhkarton und dem Tagebuch, das er in den Händen hielt. Dann sah er wieder auf die zerrissenen Seiten zwischen Louise Angéliques Fingern. Der Mann stöhnte und beugte sich langsam zu ihr hinunter. Er zögerte, die blutverschmierten Seiten an sich zu nehmen. Kopfschüttelnd zog er seine Hand wieder zurück, stand auf und schlich unbemerkt, wie er ins Haus gekommen war, wieder hinaus.

Kapitel 1 (Buffalo)

Rich

Bevor dieser Anruf gekommen war, hatte ich so ziemlich den schlimmsten Monat hinter mir gehabt, seit ich das erste Mal einen Fuß in dieses Büro gesetzt hatte. Damals war George Bush Senior gerade ins Weiße Haus gezogen und ich wäre beinahe rausgeflogen, weil Baker politische Diskussionen in seiner Detektei nicht duldete.

»Mann, wir können draußen so viel debattieren, wie du willst«, hatte Doyle immer gesagt, »aber im Büro halt′ die Klappe! Das mag der Alte nicht, sieh es doch ein!«

Die Detektei hieß »Baker & Doyle« und obwohl beide zu gleichen Teilen daran beteiligt gewesen waren, hatte sich Doyle immer so verhalten, als sei Baker der Boss gewesen. Und das war ihm leichtgefallen, weil Baker sich immer so verhalten hatte, wie sich ein Boss verhält. Vor allem aber war Doyle nur ein Ex-Cop, während Baker sich mit seiner Anwaltskanzlei schon an die Spitze in Erie County gesetzt hatte. Baker war vor gut zehn Jahren gestorben und seitdem war schon das Ende der goldenen Jahre absehbar. Immerhin hatten wir uns über Wasser halten können, dafür hatte Doyle schon gesorgt. Von niemandem hätte ich mehr über diesen Job lernen können als von ihm und umgekehrt gab es auch niemanden, der es geschafft hätte, ihm irgendwann auf Augenhöhe zu begegnen. Niemanden außer mir, Niclas Richmond. Meine Freunde nennen mich Rich. Aber Freunde hatte ich nicht mehr viele.

Seit zwei Jahren war Doyle nun im Ruhestand und damit war ich der Boss. Ein Leitwolf ohne Rudel, denn die Zeiten waren hart. Und der letzte Monat war der härteste gewesen. Zum Glück konnte ich immer noch ab und an Artikel an den »Buffalo Star« verkaufen, für den ich gearbeitet hatte, bevor ich nach dem Hedderby-Fall von »Baker & Doyle« abgeworben worden war. Aber diesen Monat war noch gar nichts gegangen. Kein Auftrag, kein Artikel – und das Schlimmste: Meine Motivation war mit zunehmender Zeit gegen Null gesunken. Bis zu diesem Anruf. Und danach ging es mir richtig mies.

Kaum hatte ich aufgelegt, wurde mir schlagartig bewusst, dass was auch immer von den guten alten Zeiten übrig geblieben war, sich gerade in Luft aufgelöst hatte. Ich war Rob dankbar für den Tipp, auch wenn ich mir gewünscht hätte, ihn direkt vom Chefredakteur des »Buffalo Star« zu erhalten.

Ich hätte es mir denken können. Nachrichten las man heute auf Facebook oder Twitter. Wenn die Zeitungen herauskamen, berichteten sie über Neuigkeiten von gestern. So war also auch der »Star« in unruhige Fahrwasser geraten. Ich sollte mir keine Gedanken machen, hatte Rob gesagt, sollte nicht glauben, dass meine Artikel schlechter geworden wären. Man hätte einfach nur weniger Geld zur Verfügung, gute Artikel einzukaufen. Das beruhigte … nicht!

Und dann hatte er mir doch einen Tipp gegeben. Einen Tipp, der so absurd klang, dass ich zunächst verärgert gewesen war. Eine Story, die vom Tisch war, weil niemand Mittel für eine aufwendige Recherche, die vermutlich im Sande verlief, hatte bereitstellen wollen. Soweit waren das erlesene Zutaten für einen schmackhaften Fall. Bis er mir Hintergrundinformationen gegeben hatte: Es ging um wichtige Dokumente. Aber nicht um einen aktuellen, brisanten Politskandal – nein, um jahrhundertealte Dokumente, die angeblich von einer verkannten Frau stammten. Von einer Königin. Und dann auch wieder nicht Königin. Wer bitte sollte da schon durchsteigen? Der einzige Monarch, mit dem ich was am Hut hatte, war »Burger King« …

Mein GTX vor der Tür war vollgetankt mit dem Geld vom letzten Fall. Ehebruch – es widerte mich an, solche Aufträge anzunehmen, Menschen zu folgen, um herauszufinden, ob ihre Ehe noch zu retten war. Ich fühlte mich schmutzig, aber die Zeiten, in denen ich mir solche Geheimtipps nicht einmal angehört hätte, waren vorbei. Ich musste irgendetwas ändern und das bald.

Na gut, dachte ich, *es schadet nicht, das Tablet mal hochzufahren und sich ein paar Informationen reinzuziehen.*

Was mich dann wirklich dazu bewogen hat, meinen Road Runner zu starten und mich auf den Weg nach New Orleans zu machen, weiß ich nicht mehr. Königliche Briefe aus der Vergangenheit … Niemals könnte das eine Schlagzeile generieren. Niemals.

Kapitel 2 (New Orleans)

Cherry

Ich war in der Südstaatenhölle, im Zentrum von Blues, Jazz und Dixie, Mardi Gras und Voodoo angekommen. Der Taxifahrer schien gegen meinen Charme immun zu sein und nannte mich herablassend »Lady«. Er besaß nicht einmal die Höflichkeit, mir beim Ausladen meines Trolleys behilflich zu sein. Voller Inbrunst wünschte ich ihn in das Loch zurück, aus dem er hervorgekrochen war, als ich schließlich verschwitzt und mit zerwühlter roter Haarmähne vor dem Coeur de Lis, meiner Unterkunft für die nächsten Tage, stand. Ich schob meine Ray-Ban hoch, ließ den Blick über die europäische Fake-Fassade gleiten und nahm mir vor, jede Sekunde zu genießen, die ich in diesem Luxushotel verbringen würde. Die Kühle, die mich im Inneren empfing, stimmte mich sofort milder. Ich strahlte den Concierge aus blauen Augen an und zauberte ein Lächeln auf meine kirschroten Lippen.

»Guten Tag, Mr. Delaney … William – ich darf Sie doch William nennen? Mein Name ist Loster, Cherry Loster«, begrüßte ich ihn augenzwinkernd und mit leicht rauchiger Stimme.

Der Concierge schluckte und atmete schneller. Der heisere Klang, der auf William Delaney anscheinend eine enorme erotische Wirkung entfaltete, kam allerdings weder vom Rauchen noch war er angeboren, sondern stammte schlicht und einfach von der Klimaanlage im Flugzeug. Amüsiert nahm ich den Schlüssel meiner Suite entgegen.

»Vielleicht möchte Miss Loster gerne den Jacuzzi aktiviert haben? Ein Gläschen Champagner zur Belebung, wäre Miss Loster dies genehm?«

Miss Loster war alles genehm. Gestärkt glitt ich kurze Zeit später in das perlende Wasser des Jacuzzi, fühlte, wie meine Muskeln sich nach dem langen Flug von Paris nach New Orleans entspannten und der Duft zarter Fliederblüten mich zur Ruhe kommen ließ. Wer wusste schon, wann ich jemals wieder auf fremde Kosten so luxuriös würde logieren können.

Eine Stunde später saß ich gut duftend und leicht berauscht auf meinem Kingsize Bett. Mary Anne hatte ich zuvor schon kurz telefonisch von meiner Ankunft informiert und so machte ich mich nun daran die Unterlagen durchzusehen.

Ich sollte Originaldokumente, die angeblich aus dem Frankreich des achtzehnten Jahrhunderts stammten und sich jahrhundertelang in Privatbesitz befunden hatten, wiederbeschaffen. Genaugenommen sollten diese historisch wertvollen Dokumente aus dem Nachlass von Louis XIV., dem sogenannten Sonnenkönig, und seiner Sonnenkönigin stammen. Das Thema »Sonnenkönig« und neue historische Erkenntnisse ließ mich aufseufzen, denn es war nicht wirklich neu. Irgendwann in den Siebzigern waren schon mal historische Urkunden aufgetaucht und hatten die Adelshäuser Europas in Aufregung versetzt. Der alternde Lüstling Louis hatte kurz vor seinem Tod eine dreizehn- oder vierzehnjährige Comtesse geschwängert und geheiratet. Der Geschichtsunterricht hatte nie zu meinen besonderen Leidenschaften gezählt und so verließ ich mich in dieser Hinsicht ganz auf Mary Anne. Wie hatte sie gesagt? Louis XIV. war in seinem ganzen Leben nur einer einzigen Frau, und zwar Louise de La Vallière, in wahrer Liebe und Leidenschaft zugetan gewesen. Sie behauptete, er hätte sie heimlich geheiratet und zu seiner Sonnenkönigin gemacht.

Was sollte ich dazu sagen? Meine marginalen Kenntnisse der französischen Geschichte hatten ausgereicht, um vor ein paar Monaten dem Sicherheitsdienst für die millionenschwere Ausstellung Schätze der französischen und spanischen Monarchien in Paris zugeteilt zu werden. Auf diese Weise hatte ich mir eine nette Auszeit in Europa verschafft und diesen Auftrag an Land gezogen. Tja, und nun hatte ich den französischen Sonnenkönig samt geheimer Frau am Hals. Was oder besser wer mir richtiges Kopfzerbrechen bereitete, war dieser verflixte Niclas Richmond. Irgendwie musste ich ihn dazu bringen, mir zu Diensten zu sein – wie man so schön in gehobener Sprache sagen würde. Skrupellos grinste ich mein Spiegelbild über der Frisierkommode frech an und fasste einen Plan. Nicht ganz so gehoben allerdings.

Kapitel 3 (Buffalo)

Rich

Zwischen dem Einschalten des Tablets und der Entscheidung, vor Ort zu recherchieren, hatten viele Stunden gelegen. Immer wieder hatte ich das Tablet weggelegt, den Kopf geschüttelt, um dann doch halb interessiert weiterzulesen. Zwischendurch ertappte ich mich immer wieder dabei, wie ich zum Telefon schielte – in der Hoffnung, irgendein anderer vielversprechenderer Auftrag würde mich von dieser wahnwitzigen Idee abhalten. Allein das Benzingeld für die Fahrt – mein GTX fraß fünfzig Liter auf hundert Meilen – rechtfertigte einen Ausstieg aus der Sache. Das Problem war: Das Ganze war so absurd, dass ich erst recht wissen wollte, worum es eigentlich ging.

Ein Mann namens Luis Pacheco war der Hauptdarsteller in diesem Schmierentheater. Und es schien, als hätten die Zeitungen von New Orleans schon alles geschrieben. Am lustigsten war die Schlagzeile der »Orleans News«: »Hitler's Diaries Reloaded!« Wobei ich bezweifelte, dass jüngere Leser überhaupt die spöttische Anspielung auf den Skandal um die gefälschten Hitler-Tagebücher verstanden.

Nur ging es dieses Mal um Dokumente, die aus der Zeit des Sonnenkönigs stammen sollten. Mit dem Unterschied, dass sie verschwunden waren, sodass man die Echtheit des Fundes nicht überprüfen konnte. Sie wären wahrscheinlich im Schreibtisch von Napoléon gefunden worden, hieß es scherzhaft. Vielleicht hatte sie auch der fünfte Musketier während des Sturmes auf die Bastille von dort herausgeschmuggelt.

Die meisten anderen Zeitungen hielten sich mit der Häme etwas mehr zurück, denn offenbar war Luis Pacheco übel zugerichtet worden bei dem Raubüberfall. Es war ein Wunder, dass er diesen überhaupt überlebt hatte. Aber alle Titelseiten waren voll davon und keine schien auch nur im Ansatz dieser Geschichte eine Chance auf Wahrheit zu geben. Vielleicht war es das, was mich reizte.

Ich rief Vince an, meinen besten Freund. Früher hatten Doyle und ich uns immer ausgetauscht, wenn wir Alleingänge unternommen hatten, damit der andere Bescheid wusste, falls man mal nicht zurückkehrte. Ich konnte den Neid von Vince durch das Telefon förmlich riechen. Ich fuhr in die Stadt des Blues und des Jazz. Ich mochte Blues durchaus – wenn man ihn mit Rock mischte. Aber mit Jazz konnte man mich jagen. Aber Vince war Feuer und Flamme.

»New Orleans? The Big Easy?«

Ich schmunzelte. Eigentlich sprach Vince ganz normal, aber wenn er aufgeregt war, klang er wie Eddy Murphy auf Ecstasy. In manchen Punkten war er so was von Klischee.

Bevor ich das Tablet abschaltete, tat ich etwas, was mir vor einem halben Jahr noch unmöglich erschienen wäre: Ich checkte meine Social Media Konten. Ich hatte eine neue Nachricht und eine neue Freundschaftsanfrage.

Die Nachricht kam von so einem Typen aus Schweden, der für ein Buch recherchierte und mir dafür schon tausend Fragen über alltägliche Dinge im Leben eines amerikanischen Journalisten gestellt hatte. Keine Ahnung, wie BlackDragon überhaupt auf mich gekommen war. Dafür hatte der Typ Ahnung von Computern, das konnte irgendwann doch noch mal von Nutzen sein.

Die Freundschaftsanfrage kam von einer Cherry Loster. Das Profil war spärlich, das Profilbild hingegen interessant. Ein kirschroter Mund nippte an einem roten Strohhalm, der in einem

Cocktailglas steckte. Irgendwas zwischen klassisch und billig. Was sollte es, löschen konnte ich sie später immer noch, falls sie mir lästig werden würde.

Kapitel 4 (New Orleans)

Cherry

Normalerweise behelligte ich meine Ex-Freunde nicht. In diesem Fall hatte ich eine Ausnahme gemacht und Rob gebeten, den Kontakt zu seinem Cousin Tommy beim New Orleans Police Department herzustellen. Ich brauchte Einsicht in die Polizeiakten von Luis Pacheco und eine persönliche Empfehlung machte sich einfach immer gut.

Rob hatte sich zuerst geziert, denn er hielt seinen Cousin Tommy schon seit Urzeiten für einen Trottel und wollte nicht für eine weitere Katastrophe in dessen Leben – in diesem Fall mit mir als Auslöser – verantwortlich sein. Irgendwann fuhr ich härtere Geschütze auf und erkundigte mich nach dem Befinden von Matt, seinem kleinen Bruder. Mit ihm war ich in der High School zusammen gewesen, für mich ein Spiel, für ihn bitterer Ernst. Matt hatte mich als Hausmütterchen in der Pampa gesehen und war dementsprechend geknickt gewesen, als ich seinen Heiratsantrag entsetzt abgelehnt und am Tag darauf aus der Gegend verschwunden war. Ein paar Jahre später hatte ich anlässlich eines Zwischenstopps in Buffalo eine heiße Affäre mit Rob, wovon der sensible Matt bis jetzt nichts wusste. Und, tja, Rob hatte lächerlicherweise immer noch ein schlechtes Gewissen deswegen und würde so einiges tun, damit Matt auch unwissend blieb. Matt war ihm wichtiger als Tommy und so kam ich doch noch zu meinem Kontakt beim NOPD. Doch die Freude währte nur kurz, denn abschließend hatte er gesagt: »Süße, du wirst dich bei

Pacheco hinten anstellen müssen. Niclas Richmond, einer unserer freien Journalisten, ist an der Sache dran. Und damit hast du ein Problem, Schätzchen!«

Sein Tonfall stimmte mich misstrauisch. Abgesehen von Robs Warnung – Richmond, Buffalo, Journalist – redete er von *dem* Rich? Natürlich, der Hedderby-Skandal! Hatte schließlich wochenlang Schlagzeilen gemacht. Illegaler Handel mit Chemiewaffen, spektakuläre Festnahme, der lange Prozess und dieser junge Reporter, dessen Gesicht auf einmal auf allen Kanälen zu sehen war. Verdammt, wie lange war das jetzt her? Zwanzig Jahre? Ich hatte nie wieder was von dem Typen gehört und hoffte, dass ich mich irrte. Ich konnte keinen Reporter brauchen, der hier in meinem Fall herumschnüffelte, weder einen Star-Reporter noch einen anderen. Allerdings wäre es doch gelacht, wenn ich ihn nicht loswerden oder zumindest ein klitzekleines bisschen aufs Glatteis führen könnte. Ich hatte eine Idee und mit etwas Glück würde die Reaktion nicht allzu lange auf sich warten lassen.

Und - YES! – ein *Pling* kündigte den Eingang der heiß ersehnten Nachricht an. Niclas Richmond hatte meine Freundschaftsanfrage angenommen. Rote Lippen verfehlten selbst im Social Media-Zeitalter nie ihre Wirkung. Jetzt noch eine persönliche Nachricht an ihn und ich hatte Nicky Richmond endgültig an der Angel. Wenigstens ein kleiner Erfolg. Doch jetzt lagen noch Stunden vor mir, in denen ich mich durch einen Berg von Notizen kämpfen musste.

Kapitel 5 (Saint Rose)

Rich

Der nächste Morgen. Endlich mal wieder eine Nacht, in der ich durchschlafen konnte. Seit vielen Jahren ein Luxus, den ich zu schätzen gelernt hatte. Kaffee zum Frühstück und Kaffee für die Fahrt – das war am Morgen erst mal das Wichtigste. Tablet und mein Blackberry waren geladen wie meine Glock. Nur ich war immer noch ein bisschen motivationslos. Ein Luxus, den ich mir seit Jahren schon nicht mehr erlauben konnte und es doch immer häufiger tat. Die Route hatte ich mir jedenfalls einmal angesehen und damit war sie eingeprägt. Dank Vince musste ich mir keine Gedanken um Hotelkosten machen. Das hätte mein Budget auch gesprengt. So war mein erstes Ziel Saint Rose, ein Vorort von New Orleans. Charly und Tamlyn Harris waren über so viele Ecken mit Vince verwandt, dass ich den Eindruck hatte, er war sich selbst nicht sicher wie, als er versucht hatte, es mir zu erklären. War auch nicht wichtig. Sie wussten, dass ich kommen und für ein paar Tage bleiben würde. Ich hatte Vince nur versprechen müssen, dass ich sie nicht in Gefahr bringen würde. Na ja, irgendein royales jahrhundertealtes Gekritzel würde wohl heutzutage kaum noch eine Brisanz hervorrufen können, die in Lebensgefahr mündete.

»Bleib locker«, hatte ich Vince beruhigt, »die werden kaum merken, dass ich da bin.«

Meine kleine Tasche verlor sich im Kofferraum meines GTX. Ich hatte gerade den Motor gestartet und zufrieden dem beruhigenden Blubbern des Hemi-V8 gelauscht, als sich mein Blackberry meldete. Es war Rob.

»Rich?«

Ich nickte, bis mir klar wurde, dass er das nicht sehen konnte.

»Rob?«

Robs Stimme gefiel mir gar nicht. Für einen Moment hoffte ich, er würde etwas sagen, das mich dazu brachte, statt in die Südstaaten in den Norden Buffalos zu fahren, wo mein Büro lag.

»Weißt du … Wegen der alten Zeiten. Cherry bringt mich um, aber ich musste dich warnen.«

Ich wurde hellhörig. Ich glaube, genau an der Stelle begann der Fall für mich interessant zu werden.

»Cherry Loster?«, fragte ich und entweder war Rob so überrascht, dass mir dieser Name ein Begriff war, oder er wägte ab, ob er das bestätigen konnte oder nicht.

Er bestätigte. Alles andere hätte auch kaum Sinn gemacht, denn Cherry Loster würde ihn ohnehin schon umbringen wollen. Da kam es darauf kaum noch an.

»Woher kennst du die denn?«, fragten wir nahezu gleichzeitig.

»War Matts erste Freundin«, antworte er dann als erstes. »Mein kleiner Bruder.« Rob machte eine kleine Pause. »Ja, und viele Jahre später waren wir auch … Aber nur ganz kurz. Ist egal, daher kenne ich sie jedenfalls.«

»Okay, und was hat das jetzt mit mir zu tun?«

»Rich, sie ist bereits in New Orleans. Ich habe ihr einen Kontakt beim NOPD gegeben. Thomas Donell.«

Ich lachte.

»Du meinst deinen Cousin Tommy?« Ich kannte die alten Geschichten über seinen – vorsichtig ausgedrückt – etwas unselbstständigen Cousin. »Der ist jetzt Polizist?«

»Lieutenant sogar«, antworte Rob und ich hätte fünf Liter Sprit verwettet, dass er dabei die Augenbrauen abfällig hochgezogen hatte. »Habe ihn gestern noch angerufen, ob er da was drehen kann, und es stellte sich heraus: Er kann. Er könnte. Aber ich glaube nicht, dass er seinen Job riskiert und sie aus ihm was rauskriegt, was nicht eh schon in der Presse stand.«

Waren jetzt alle komisch geworden? Was sollte der Anruf? Wenn sie eh nichts aus ihm rauskriegen würde, war doch alles in Ordnung. Ich würde ihn in Ruhe lassen. Er war der Cousin des Typen, mit dem ich es zusammen unzählige Male auf die Titelseite des »Buffalo Star« geschafft hatte. Den würde ich nicht dazu bringen wollen, seinen Job zu riskieren. Jedenfalls nicht für so eine laue Story.

»Da sind die Straßen von New Orleans ja in guten Händen!« Ein bisschen Spott konnte Rob vertragen. »Aber wovor genau wolltest du mich denn nun warnen?«

Rob schnaufte hörbar.

»Konkurrenz hat mich noch nie gestört«, sagte ich weiter. »Egal, für welche Zeitung sie ...« Ich stockte. »Für welche Zeitung schreibt sie eigentlich?«

»Für keine. Sie übernimmt Aufträge und so, so wie du jetzt.«

Ein weiblicher Privatdetektiv? Ich lachte. Dafür waren die roten Lippen? Zum Blenden?

»Sie ist gut, also, nehme ich an.«

»Nimmst du also an«, schmunzelte ich leicht verächtlich.

Klar tat er das. Immerhin hatte er die Schnalle schon mal ... Na ja, in jedem Fall war da mal was mit ihr gelaufen.

»Ich hab' dich gewarnt. Wenn sie da mitmischt, geht es ganz sicher nicht um eine royale Klatschgeschichte.«

»Alles klar«, grinste ich amüsiert. »Danke für den Tipp.«

Als ich auflegte, warf ich einen raschen Blick auf Facebook und sah eine Nachricht von Cherry Loster:

»Hi Niclas, danke für die schnelle Annahme. Auf einen regen Austausch. Super-Girlie-Smiley, Küsschen, Herzchen«

Oh mein Gott!

Darunter stand: »Gesendet aus New Orleans, Hotel Coeur de Lis«

Ich grinste. Wollte sie mir wirklich weismachen, Facebook hätte das geschrieben? Sie wollte mich also treffen. Warum? Kennen konnte sie mich nicht. Niemand nannte mich Niclas. *Bei der ersten Pause werde ich mir die Dame virtuell mal etwas näher ansehen,* dachte ich.

Ich gab vorsichtig Gas und langsam setzte sich mein GTX in Bewegung.

Kapitel 6 (New Orleans)

Cherry

Je mehr ich mich in die Notizen vertiefte, umso absurder wurde dieser Fall. Vor allem die Verwicklung von Mary Anne Greens Urur-Irgendwas-Großmutter Lisette de La Vallière darin. Lisette de La Vallière, die nicht nur zur selben Zeit wie die geheime Sonnenkönigin am französischen Hof gelebt haben, sondern auch noch den gleichen Nachnamen wie diese getragen haben sollte. Ihre Urahnin war nach Mary Annes Aussagen, wie so viele andere ehemalige treue Gefolgsleute des Sonnenkönigs auch, ein Opfer der damaligen Politik geworden und darum in der Bastille inhaftiert gewesen. Viel mehr wusste sie auch nicht zu sagen.

Ein Stapel an Internetausdrucken zu Louis XIV., dem Sonnenkönig, und dem ganzen Drumherum hatte ich ebenfalls vor mir ausgebreitet. Wenn man dem Glauben schenken konnte, dann waren im Jahr 1727 fünfundfünfzig Gefängnisinsassinnen aus der Bastille entlassen und in Begleitung von Nonnen des Ursulinen-Ordens nach Amerika verschifft worden. Je nach Quellenangabe handelte es sich dabei entweder um Frauen, die danach in New Orleans im Dienste des Ordens Gutes tun sollten, oder um potenzielle Ehefrauen für die Kolonisten. Wie auch immer, angeblich hatte es sich bei einer der befreiten Gefangenen um Lisette de La Vallière gehandelt. Hm, und was hieß das jetzt für mich?

Ich nahm die blassen Kopien einiger abgerissener Tagebuchseiten dieser Lisette zur Hand. Genau daran klammerte sich Mary

Annes Überzeugung. Sie hatte vor dreizehn Jahren ihre Großmutter Louise Angélique leblos in deren Schafzimmer mit diesen wenigen, blutverschmierten Zetteln in der Hand aufgefunden. Der Rest des Tagesbuches war mit den anderen Dokumenten verschwunden. Mary Anne hatte dann ihre gesamte Kindheit und Jugend damit verbracht, die wenigen Puzzlestücke, die die halben Tagebuchseiten preisgegeben hatten, zusammenzusetzen und die Lücken zu füllen.

Da ich dieses verdammte barocke Französisch nicht lesen konnte, musste ich mich ganz auf diese – Mary Annes – Übersetzung verlassen:

»Mutter Marie Constanze verstand, dass meine Ehre es mir gebot, dem Wunsche und Gebote des Duc du Maine zu entsprechen, alles in meiner Macht Stehende bis zu meinem Tode und darüber hinaus zu tun, um das Vermächtnis meiner geliebten und verehrten Königin und des Königs zu schützen und zu wahren, bis der Tag gekommen wäre, an dem das Hause Bourbon in Demut und voller Stolz gleichermaßen dem Volke die Wahrheit offenbaren möge. Der Anblick des Blutes auf ihrer Robe bleibt mir auf ewig im Gedächtnis. Ein Stich, heimtückisch ausgeführt an ihrer Seite, um sie im Angesicht des Todes zum Verrat nicht nur an mir, sondern am König und der Königin zu verführen. Sie starb in meinen Armen, das Bündel Urkunden eingenäht über ihrem Herzen, in ihrer heiligen Robe. Gott sei ihrer Seele gnädig.«

Diese Schachtelsätze brachten mich um den Verstand, aber der Weg dieser Dokumente war von Anfang an mit Blut gezeichnet gewesen – so viel war sogar mir klar. Und offenbar hatte Lisette zu dieser Zeit mehr um ihr Leben gefürchtet als die Jahre zuvor im Pariser Gefängnis.

Was mich betraf, so zweifelte ich an dieser Geschichte, die sich eher nach einem kitschigen historischen Schinken oder einem billigen Krimi anhörte. Doch Mary Anne glaubte daran und je mehr

Experten die Authentizität dieser Seiten anzweifelten, desto besessener schien Mary Anne von der Idee zu sein, das Gegenteil zu beweisen. Ich hatte das Leuchten in ihren Augen gesehen, als sie mir das erste Mal davon erzählt hatte, damals in Paris.

Meine Gedanken verknoteten sich zwischen den ganzen Louise Angéliques, Constanzes und dem Frankreich des achtzehnten Jahrhunderts. Ich brauchte sofort eine Pause, bevor mich endgültig der Wahnsinn ergriff.

Zeit für einen Ausflug ins New Orleans Police Department. Mal sehen, ob die Cops hier genauso tickten wie in New York City und was Tommy zu bieten hatte. Ob ich ihn beziehungsweise er mich wiedererkennen würde? Ich hoffte eigentlich, dass er sich nicht an mich erinnerte. Wir waren uns als Teenager ein paar Mal bei Matts Eltern über den Weg gelaufen und ich konnte den Idioten nicht leiden, der mich damals mit wenig schmeichelhaften Kosenamen belegt hatte. Angefangen bei »Matts Karotte« wegen meiner roten Haare bis hin zu »Bohnenstange«. Aber ich musste in den sauren Apfel beißen. Ich brauchte freien Zugang zu den Polizeiakten. Die paar Blocks würde ich zu Fuß gehen. Auch wenn ich keine Ahnung hatte, wie sicher das Viertel hier war, da ich bisher um New Orleans, besser gesagt die Südstaaten generell, einen großen Bogen gemacht hatte. Die Welt war traurig genug, wozu sich dann noch das als Blues klassifizierte Katzengejaule reinziehen? Um meine Sicherheit machte ich mir keine Sorgen, denn Johnny und Jackie, meine beiden maßgefertigten Karambit-Messer, begleiteten mich. Jackie in meiner linken Hosentasche und Johnny steckte im Schaft meiner rechten Stiefelette. Ein Kampf käme mir mehr als ungelegen, denn mit Jackie und Johnny ging es nie ohne Sauerei ab und ich legte keinen Wert darauf, erkennungsdienstlich erfasst zu werden. Außerdem wollte ich mein Lieblingsshirt nicht mit Blut besudeln. Die Flecken gingen immer so schwer raus.

»Madame Bourbons – Éclairs et Croissants du Roi«, wenn das mal nicht ein Fingerzeig des Schicksals war. Es war unmöglich, dem Duft, der zur offenen Ladentür rauskam, zu widerstehen. Und auch wenn die Besitzerin, Madame Bourbon, einen texanischen und nicht einmal den Hauch eines französischen Akzentes hatte, verließ ich ihre Bäckerei mit einem Karton voller frischer Eclairs.

Damit trudelte ich kurz vor neun Uhr dreißig im achten Revier des NOPD ein und hoffte, dass die Officer dort genauso empfänglich für Süßkram waren wie überall anders auch. Lieutenant Thomas Donell erkannte ich nach all den Jahren sofort an seinen hellorangen Haaren und dem sommersprossigen Gesicht.

»Lieutenant Donell! Hi, Rob hat mich angekündigt, ich bin …«

Lautstark unterbrach er meine Begrüßung: »Bohnenstange, lange nicht gesehen!«

Er umarmte mich, drückte mich lange und ausgiebig an sich. Hätte ich nicht gewusst, dass es sich um Tommy handelte, ich hätte ihm unlautere Absichten unterstellt. So zwang ich mir ein begeistertes Schultertätscheln und ein freundliches Lächeln ab, während ich ihn geistig für die Bohnenstange mit Jackie einen Stock tiefer bluten ließ.

Tommys Begrüßung war nicht unbemerkt geblieben, was gar nicht so schlecht war. So konnte ich meine süßen Köstlichkeiten verteilen. Meine knappen Jeans und mein T-Shirt erledigten den Rest.

»Lieutenant Donell … Oder darf ich noch ›Tommy‹ sagen? Rob hat mich zwar angekündigt, aber er glaubt, ich bin auf eigene Rechnung hier …« Meine Stimme wurde immer leiser und den Rest hauchte ich in sein Ohr.

Er räusperte sich vernehmlich und bat mich nun sehr formell, ihm zu folgen. Der Art zufolge, wie er die Schultern straffte, war mein Auftritt überzeugend genug gewesen.

»Agent Loster! Selbstverständlich werden wir alle Sie unterstützen, wo immer es uns möglich ist.«

Tommy schnappte sich im Vorbeigehen einen Stapel Akten von einem Tisch. Die Verhörräume waren überall gleich schäbig, doch das wir mir egal.

»So, Cherry, hier sind die Akten, wenn du Kopien brauchst, veranlasse ich das selbstverständlich.« Er nestelte ungeschickt an seinem Hemdkragen herum, die Ohren hochrot. »Und … wegen vorhin, ich meine …«

Genüsslich weidete ich mich ein paar Sekunden an seinem Gestammel, bevor ich ihm zuzwinkerte und ihn erlöste.

»Tommy, alles okay. Wichtig ist nur, dass über diese Akten nichts nach außen dringt. Wer auch immer danach fragt, selbst wenn es jemand ist, den du meinst, genauso gut wie mich zu kennen, halte dich an die offiziellen Vorgaben. Dann steht deinem Sprung auf der Karriereleiter nichts im Weg. Vertrau mir!«

Gutgläubig war der gute Tommy immer noch. Erleichtert trollte er sich und ließ mich allein. Ich blätterte in Ruhe die Akten durch.

Luis Pacheco, geboren in New Orleans, noch nicht mal dreißig Jahre alt. Vater vor einem Jahr bei einem Helikopterabsturz verstorben, ein Bruder, Alvaro Pacheco. Das wusste ich bereits. Auch, dass man ihm Verbindungen zu Mafiakreisen nachsagte. Ich sah mir die Fotos von Luis Pacheco an. Wirklich nicht von schlechten Eltern mit den dunklen Haaren und dem olivfarbenen Teint, Typ rassiger Spanier. Er hatte angeblich historische Familiendokumente aus dem achtzehnten Jahrhundert verkaufen wollen und war auf dem Weg zum Auktionshaus ausgeraubt und zusammengeschlagen worden.

Wie auch immer, irgendetwas an der Geschichte stank zum Himmel. Bauchgefühl. Das Ganze passte ganz und gar nicht zusammen. Wozu jemanden zusammenschlagen und ihn im wahrsten Sinn des Wortes bis auf die Unterhose ausziehen, wenn man angeblich schon alles hatte? Außerdem hatte Pacheco Schnittwunden am gesamten Körper, oberflächliche zwar, aber dennoch. Vor allem ein Schnitt um den kleinen Finger der linken

Hand irritierte mich. Mit Schnittwunden kannte ich mich dank meiner Spezialausbildung aus, das war ein Zeichen. Die wichtigsten Seiten aus den Akten fotografierte ich mit dem Handy. Das war's vorerst gewesen.

Ich dankte Tommy aus vollem Herzen und verabschiedete mich mit einem bühnenreifen Abgang. Die »Bohnenstange« hatte sich schon lange ausgewachsen und meine fast hüftlange rote Mähne tat ein Übriges dazu, dass mich die Officer des achten Reviers nicht so schnell vergessen würden. Auf deren Hilfe würde ich jederzeit zählen können!

Als Nächstes stand Pacheco auf meiner Liste. Ihn wollte ich auf alle Fälle vor Richmond in die Finger kriegen und Rob hatte mir leider nicht verraten wollen, wann mit dessen Ankunft zu rechnen war. Die Zeit drängte.

Kapitel 7 (Hotel Coeur de Lis)

Rich

Das Coeur de Lis machte den gehobenen Eindruck, den man bei vier Sternen und den horrenden Preisen auch erwarten durfte. Davon hatte ich mich bereits auf deren Internetpräsenz überzeugen können. Ich war froh, ein sauberes, gebügeltes Hemd eingesteckt zu haben. So sah ich ganz passabel aus. Das war New Orleans hier, nicht Hollywood, beruhigte ich mich. Im Badezimmer der Harris′ klaute ich etwas von Charlys Rasierwasser. Nicht, dass ich selbst keins besessen hätte, aber selbst im Drogerie-Discounter meines Vertrauens war ich inzwischen bei der untersten Preiskategorie angekommen. Für die Bars in Buffalo mochte das reichen, für einen Edelschuppen wie dem Coeur de Lis hatte ich da meine Zweifel. Und für Cherry Loster …

Der Name klang interessant. Einerseits. Aber er klang auch nach einem Künstlernamen. Für eine Revueshow vielleicht. Jemand, der mit einem tollen Namen versuchte, besonders sexy zu wirken. Wofür stand Cherry? Ich nahm an, das war nicht der richtige Name der Dame, und ärgerte mich, Rob die Frage nicht gestellt zu haben. Sie war mir nicht wichtig genug erschienen und wenn ich ehrlich war, hatte sich daran nichts geändert. Aber Rob war sich so sicher gewesen, dass sich unsere Wege hier kreuzen würden. Na ja, ich war immer schon ein Freund der Konfrontation gewesen – Revier abstecken. Sie konnte gerne machen, was sie wollte, solange sie mir nicht in die Quere kam.

Cherry … Für Sheryl vielleicht? Wahrscheinlich heißt sie Ruth oder so, dachte ich und schmunzelte.

Das Internet hatte nicht viel über sie ausgespuckt. Das verwunderte mich nicht. Ich konnte mir jeden Namen und jede Geschichte dazu, die ich in meinem Leben gelesen hatte, merken. Namen gingen direkt intravenös ins Langzeitgedächtnis. Und wenn sie aus Buffalo stammte, hätte sie es irgendwann in den »Buffalo Star« oder eines der weniger bedeutenden Blätter der Stadt geschafft. Wäre sie gut gewesen.

Mich ärgerte, dass ich mich so viel mit ihr beschäftigte. Erwartete ich ernsthaft, dass sie schon Hinweise auf den Fall gefunden hatte, die die Wolfsrudel der lokalen Presse noch nicht entdeckt hatten? Wovon ließ ich mich blenden? Von einem kirschroten Mund oder einem albernen Namen? Ihr Gesicht konnte es kaum sein, denn das hatte ihr Profilbild nur zu einem Teil offenbart. Wobei ich zugeben musste, der Name beschäftigte mich und machte mich sehr neugierig, ob die Dame so attraktiv war, wie er vermuten ließ. Wobei es eigentlich egal war. Frauen, die direkt an meinen Fällen beteiligt waren, hatten mich noch nie wirklich interessiert. Mehr als ein Dutzend waren es nicht gewesen und auch die meist erst, wenn der Fall abgeschlossen war. Außer der Spaß konnte den Ausgang eines Falles in meine Richtung lenken. Ich war da pragmatisch genug und zu Hause gab es niemanden, der mir diesbezüglich Vorwürfe machen konnte.

Ich parkte den GTX nur wenige Meter vom Hotel entfernt. Als ich ausstieg, schallte mir Musik entgegen, die mich verwunderte. Offenbar gab es kein Gesetz in New Orleans, das jedes Hotel und jeden Club dazu verpflichtete, Blues oder Jazz zu spielen. Dass es eine Live-Band war, konnte man schon von draußen hören. Der Song, den sie spielte, als ich das Hotel betrat, klang wie eine frische Aufbereitung alter The Cure-Klänge. Nicht übel.

Eigentlich ein abgefahrener Laden, nur fühlte ich mich zwischen all den Schwarzgekleideten mit meinem fröhlichen anthrazitfarbenen Hemd seltsam fehl am Platz. Und das noch bevor ich das Plakat mit der Ankündigung »Gothic Night« entdeckt hatte. Nur, wie sollte ich in diesem überfüllten Laden jemanden finden, den ich nicht kannte?

Ich kämpfte mich zur Bar durch und bestellte mir ein Bier. Der Barmann musterte mich skeptisch und als er mir den Preis nannte, verstand ich, warum. Für so einen Betrag schlug ich mir normalerweise den Bauch voll und es reichte dann immer noch für ein Bier zum Nachtisch. Zähneknirschend gab ich ihm den Schein plus ordentlichem Trinkgeld, hielt ihn aber fest, als er ihn nehmen wollte.

»Eine Frage«, rief ich gegen die Musik an. »Ich suche eine Cherry Loster.«

»Wen?«

»Cherry Loster«, schrie ich. »Niclas Richmond, ›Buffalo Star‹, ich bin hier wegen dieser Sache mit Luis Pacheco und …«

»Ja«, unterbrach mich der Barmann mit einem süffisanten Lächeln. »Ziehen Sie eine Nummer!«

Weg war er mit meinem großzügigen, schlecht angelegten Trinkgeld.

Jetzt würde ich erst mal in Ruhe das Bier austrinken. Cherry wohnte sicher nicht in diesem edlen Laden, aber man wusste nie.

Hinter der Theke an der Rezeption standen zwei Frauen. Die waren mir gegenüber sicher auskunftsfreudiger. Ich hatte überhaupt keine Bedenken. Ich würde sie schon finden. Aber dann fand sie mich.

»Hi, Süßer! Na, auf der Suche?«

Ich war geblendet. Zwischen all den Möchtegern-Gothic-Ladys strahlte sie in ihrem grünen T-Shirt mit der überdimensionalen Lilie drauf förmlich heraus. So was von underdressed – aber die Schnitte konnte es sich leisten. Blicke wie diese brachen Männerherzen im Akkord. Mein Herz war immun gegen so was, der Rest dagegen zugegebenermaßen ziemlich angetan.

Cherry

» … Mr. Pacheco, bitte, wir sind das FBI und nicht irgendein Police Department. Sie machen eine ordnungsgemäße Aussage und wir bringen Sie im Gegenzug ohne Aufsehen – und ohne Presse – aus der Stadt. *Uns* ist Ihre Sicherheit tatsächlich wichtig.«

Besser hätte das Telefonat mit Luis Pacheco gar nicht laufen können. Im Gegensatz zur Presse und der örtlichen Polizei hatte ich seine Story über geheime historische Dokumente nicht ins Lächerliche gezogen. Bald würde ich wissen, ob ich jetzt endlich eine frische Spur in meinem Fall hatte.

»Ich erwarte Sie in einer Stunde am vereinbarten Ort. Bis dann, Mr. Pacheco!«

Genüsslich wiegte ich mich im Takt der Musik und orderte mir als Belohnung einen weiteren meiner Lieblingscocktails.

Bloody hell! Wenn mich mein Instinkt nicht ganz täuschte, betrat Niclas Richmond gerade die Bar. So schnell hatte ich nicht mit ihm gerechnet. War er doch nicht mit dem Auto hergefahren, wie Rob gesagt hatte? Jetzt konnte ich nicht mal meinen heiß geliebten Whiskey Sour mit echter Maraschino Kirsche in Ruhe genießen. Und Luis Pacheco würde vermutlich auch bald eintrudeln.

Für sein Alter sah Richmond gut aus, nicht geschniegelt und gestriegelt, sondern lässig. Ich mochte Männer mit Kanten. Mit seinen Jeans und dem dunkelgrauen Hemd leuchtete er aus der Masse der Gothic-Freaks mindestens genauso heraus wie ich. Was ihn mehr als sympathisch machte, aber nichts daran änderte, dass er meinen Auftrag gefährden konnte, wenn ich es nicht richtig anpackte. Ich drängte mich zu ihm durch und bekam gerade noch mit, wie er sich nach mir erkundigte.

»Hi Süßer! Na, auf der Suche?« Ich weiß wirklich nicht, welcher Teufel mich auf einmal ritt, doch ich konnte nicht anders, als den Stick mit der Kirsche aus meinem Whiskey Sour zu nehmen und fortzufahren: »Ich bin Cherry Loster. Cherry wie diese Kirsche hier …« Genussvoll und langsam ließ ich die Kirsche in meinen Mund wandern. »Und wenn ich mich nicht irre, bist du … Nicky … Richmond!«

Rich

Hatte sie gerade »Nicky« gesagt? NICKY? Ich wusste nicht, ob ich verärgert sein sollte oder amüsiert. War das ein kleiner billiger Versuch, mich zu provozieren? So wie das Spielen mit der Kirsche, die sie so genüsslich an ihren knallroten Lippen – ich tippte auf Ferrari Red von Giorgio Armani – vorbeigeführt hatte, dass es eindeutig gewollt lasziv wirkte? *Nein, Baby, vergiss es, du spielst hier mit den Erwachsenen!* Ich zeigte ihr ein süffisantes Lächeln und sah ihr mit leicht zusammengekniffenen Augen in die ihren. Sie hielt dem Blick nicht lange stand, konterte aber direkt mit einem Augenaufschlag, der eigentlich zu gekonnt aussah, um bei mir eine Wirkung zu erzielen. Und doch konnte ich nicht anders, als mich von ihren strahlend blauen Augen einfangen zu lassen. Obwohl ich wusste, dass genau das ihr Plan gewesen war.

»Niclas Richmond«, sagte ich mit deutlicher Betonung auf die zweite Silbe meines Vornamens, mit dem mich nicht mal mehr mein Vater angesprochen hatte. »Meine Freunde nennen mich Rich.« Ich übersah ihr breites Grinsen.

»Aber das sind wir ja nicht«, lachte sie und zwinkerte mir zu. »Noch nicht. Meine Freunde nennen mich übrigens Special Agent Loster.« Sie hielt mir tatsächlich einen FBI-Ausweis vor die Nase und blickte mich rotzfrech an.

»FBI?«, fragte ich irritiert.

»So sieht es aus, Sweety. Du betrittst gerade mein Revier!«

Warum hatte Rob nicht erwähnt, dass sie Bundesbeamtin war?

»Ich arbeite nur undercover. Nur wenige Leute, die mich kennen, wissen davon. Sonst könnte man ja nicht undercover arbeiten.«

Erzähl mir mehr, dachte ich. Ich war bei verdeckten Einsätzen des FBI schon hautnah dabei gewesen und konnte das als Referenz gut einordnen. Wenigstens war ich dieses Mal auch wieder vor Ort und würde dem FBI erneut den Arsch retten. Nur dieses Mal einen ganz besonders süßen … *Rich! Konzentrier dich!*

Agent Cherry hatte sich mit den Worten »Lass uns irgendwo hingehen, wo es ruhiger ist« umgedreht. Sie schien sich auszukennen und so folgte ich ihr bis zu einer Tür, die nach draußen zum hoteleigenen Pool führte. Zu dieser Zeit schwamm da niemand mehr drin und auch die Liegen waren nicht mehr besetzt. Nur in der Ecke saß ein verliebtes Pärchen an einem Tisch und hielt Händchen. Ich war mir ziemlich sicher, das gehörte nicht zum Plan von Cherry Loster.

»Luis Pacheco«, sagte sie, als uns keiner mehr hören konnte. »Er liegt im New Orleans Municipal Hospital. Es geht ihm besser, wie ich hörte. Unsere Leute sitzen da vor Ort und passen auf, dass niemand das Werk noch erfolgreich abschließt. Ich würde ihn gerne persönlich interviewen, jetzt, wo er wieder zu sich gekommen ist. Und da ich dich sowieso nicht loswerde, kannst du auch gleich direkt mitkommen.«

Dass das FBI jede Unterstützung benötigte, die es kriegen konnte, das war mir bekannt. Neu war, dass sie selbst um Unterstützung baten. Am liebsten hätte ich mir den Ausweis noch mal genauer angesehen, denn irgendwie kam mir die Sache seltsam spanisch vor.

»Denke ich auch«, antwortete ich. »So hören wir die Story aus erster Hand.«

»Gut, ich muss hier vorher noch was erledigen. Ich bin in einer halben Stunde am Haupteingang vom Krankenhaus. Dort erwartet uns dann ein Kollege von mir. Und Nicky …« Sie ließ ihre Hand auf meine Schulter fallen, als wäre ich ein alter Kumpel, und reagierte auf meinen finsteren Blick mit einem gekonnten Schmollmund. »Sei pünktlich!«

Cherry

Pacheco sollte jede Minute am hinteren Personaleingang auftauchen. Ich musste mit ihm draußen bleiben, damit er Richmond nicht über den Weg lief. Der wirkte zwar gar nicht so übel, aber ich hatte auf die harte Tour gelernt, niemandem zu vertrauen. Ich überzeugte mich davon, dass Johnny und Jackie an Ort und Stelle waren, und spähte hinaus.

Pacheco war schon da und lehnte an der Wand neben den Mülltonnen. Als die Tür hinter mir ins Schloss fiel, zuckte er zusammen. Seine rechte Hand in der Jackentasche schien eine Waffe zu umklammern, aber mein harmloser Anblick ließ ihn aufatmen. Seine ganze Haltung entspannte sich. Während ich nähertrat, checkte ich kurz ab, ob wir alleine in dieser Sackgasse waren.

Pachecos Gesichtsfarbe glich der einer toten Fledermaus. Vielleicht war es doch keine so gute Idee gewesen, ihn mit meinem Anruf vom Krankenhaus hierher zu locken. Allerdings bezweifelte ich, dass er dort sicherer aufgehoben gewesen wäre. Die Schnittwunde rund um seinen kleinen Finger war mit Sicherheit eine Drohung. Mafia, Camorra, diverse Gangs – sie alle arbeiteten mit solchen Mitteln. Aber ich würde schon noch herausfinden, mit wem Pacheco sich angelegt hatte.

»Luis Pacheco, nehme ich an. Ich bin Cherry Loster!«

Trotz des kalten Schweißes auf seiner Stirn und seiner offensichtlichen Schwäche versuchte er lässig zu wirken. Mit seiner Ansage: »SIE … sind Agent Loster? Ich dachte, das FBI schickt einen richtigen Agenten und nicht Barbie« hatte die Schmalzlocke bei mir schon verloren. *Was für ein Arschloch,* dachte ich bei mir. Abgesehen davon, dass ich für Barbie fast zwanzig Jahre zu alt war. *Ach, was soll's!*

»Ich bin die Einzige, die zwischen Ihnen und der Bande steht, die sie überfallen hat. Also, wer ist hinter Ihnen her, Pacheco, und wo ist der Rest der Dokumente?«

»Wie viel bietet das FBI? Ich muss danach untertauchen«, versuchte er hier neben dem stinkenden Müllcontainer zu verhandeln.

Ich hatte ein ungutes Gefühl. Nicht, was Pacheco betraf, der war nur ein Schleimbeutel. Gänsehaut kroch mir über den Nacken. Meine linke Hand wanderte Richtung Jackie und blieb locker über dem Messerholster, das ich vorhin angelegt hatte, liegen. Ich musste mit Pacheco raus aus der Gasse. Im Hotel war Richmond, also blieb nur der Weg hier durch.

Ungeduldig und meinen Charme vergessend, blaffte ich Pacheco an: »Spielen Sie nicht den Dummen. Der Schnitt am Finger ist doch eine Warnung. Wenn ich Sie schützen soll, müssen Sie mir vertrauen. Lassen Sie uns von hier verschwinden. Los!«

In dem Moment, in dem ich Pacheco an der Schulter packte und vorwärtsschieben wollte, ging die Hintertür auf.

Verdammte Scheiße!

Rich

Wie groß eine Menschenmenge auch immer sein mochte, ich konnte einen Journalisten auf der Jagd in der Regel in wenigen Sekunden ausmachen. Manchmal fragte ich mich, ob mir das auch bei mir gelänge, was mich ein wenig in einen Zwiespalt brachte. Die Antwort »Ja« hätte bedeutet, dass ich mich ebenso typisch verhielt wie meine Kollegen. »Nein«, dass ein guter Journalist sich vor meinem Auge verstecken konnte. Jedenfalls gab es genug Situationen, in denen es von Vorteil sein konnte, seine Konkurrenz zu kennen. War es in der Regel also leicht, einen Journalisten auszumachen, war es bei einem Paparazzo normalerweise ein Kinderspiel. Selbst wenn er nur mit einer kleinen Kamera bewaffnet war, die er glaubte, in seiner Hand zu verstecken.

Keine Sekunde hatte ich geglaubt, dass Cherry Loster mich vor dem Krankenhaus treffen wollte. Na gut, für eine Sekunde vielleicht doch. Aber als sie dann davon sprach, noch etwas erledigen zu müssen, und ihre primäre Waffe, ihr Schmollmund, zum Einsatz kam, war für mich die Sache klar gewesen. Nachdem sie sich umgedreht und sich zweimal vergewissert hatte, dass ich ihr nicht folgte, setzte ich mich in Bewegung. Ich hatte mich nicht getäuscht: Warum ging sie zum Personalausgang raus? Regungslos blieb ich vor der Tür stehen. Weiter vor bewegen konnte ich mich nicht, ohne das Risiko einzugehen, entdeckt zu werden. Ich konzentrierte mich also darauf, die Ohren zu spitzen.

Cherry sprach zunächst so leise, dass ich kein Wort verstand, aber dann hörte ich eine kratzige, männliche Stimme. Barbie? Im letzten Moment konnte ich verhindern, laut loszuprusten. Aber dann stutzte ich. Was für Dokumente? Fragte sie ernsthaft nach Hitlers Tagebüchern? Mal ehrlich, der »Orleans News« hatte doch recht gehabt mit seiner zynischen Schlagzeile. Ich verstand das nicht. Das FBI schickte jemanden, um diese Hirngespinste zu überprüfen? Wurden die X-Akten wieder geöffnet? Aber dann wurde ich hellhörig. Eine Schnittwunde am Finger, eine Drohung? Ich hatte in Buffalo mal von einem Wirt gehört, der sich gegen Schutzgelderpressungen hatte zur Wehr setzen wollen. Man hatte ihm an allen zehn Finger tiefe Schnittwunden zugefügt. Als Warnung. Sollte er weiter nicht zahlen, würden sie wiederkommen, um das Werk zu vollenden. Italienische Mafia? Russische? Cherry schien etwas Ähnliches zu vermuten.

Dann sah ich ihn. Er tat so, als suchte er die Toilette, und verbarg seine Digitalkamera in der rechten Hand. Was sollte an einem Foto mit Cherry und Pacheco – und ich war mir inzwischen sicher, dass er es war – so spannend sein? Ich hätte ihn noch aufhalten können, aber Cherry hatte sich das redlich verdient. Also ging ich gelangweilt den Gang zurück, während der Typ die Tür mit seinem Fuß auftrat und abdrückte. Cherry schrie etwas, das nicht für zartbesaitete Ohren gedacht war, und der Typ rannte zurück ins Hotel, den Gang entlang, bis er mit mir auf einer Höhe war und ich ihn in einen Seitengang schob.

»Psst!« Ich deutete ihm mit meinem Finger am Mund an, leise zu sein. Er verstand überraschenderweise sofort. Laut fluchend lief Cherry am Gang vorbei, weiter Richtung Lobby.

»Danke, Mann!«, sagte der Typ freundlich.

»Keine Ursache«, grinste ich, griff nach seinem Arm und drehte ihn ohne große Anstrengung auf seinen Rücken.

»Kamera«, sagte ich leise. »Lass sie los!«

Er fluchte, aber schon nach einem kleinen festeren Griff jaulte er auf vor Schmerzen auf und die Kamera glitt in meine Hand. Eine Sekunde später hatte ich die SD-Karte in meinen Fingern, gab ihm seine Kamera wieder und klopfte ihm auf die Schulter.

»Danke, Mann!«, sagte ich süffisant. »Ich würde mich an deiner Stelle nun links rausschleichen, bevor die Lady dich vierteilt.«

Ich wagte mich gerade zurück auf den Gang, da stand Cherry Loster neben mir, ziemlich außer Atem.

»Du? Was machst du denn noch hier?«

»Ich will zu meinem Wagen«, sagte ich und ließ die Karte unbemerkt in der Hose verschwinden.

Cherry

An Richmonds breitem Grinsen erkannte ich sofort, dass irgendetwas gewaltig schiefgelaufen war. Als er sich dann ohne ein weiteres Wort umdrehte und in Mr.-Cool-und-Lässig-Manier Richtung Bar schlenderte, war ich mir endgültig sicher, dass Nicky Richmond das neue Pseudonym für »Pest und Cholera« war.

Pacheco lehnte noch irgendwo draußen in der Gasse, ich hatte also keine Zeit, um weiter über den Aasgeier von Paparazzo oder Richmond nachzugrübeln. Fluchend rannte ich wieder hinaus.

Pacheco war nicht zu sehen. Jackie lag einsatzbereit in meiner linken Hand, als ich die dumpfen Geräusche hinter den Müllcontainern hörte. Die zwei Typen, die gerade noch das Bündel Mensch am Boden bearbeitet hatten, gingen sofort auf mich los. Einer von hinten, einer von vorne. Die Rechnung ging nicht auf. In weniger als einem Augenblick hatte ich mit meinem Ellbogen die rechte Hand des Kerls hinter mir auf meiner rechten Hüfte fixiert und schlitzte ihm mit einer schnellen Bewegung meiner Kampfhand seinen linken Oberschenkel auf. Eine ganze Drehung nach rechts – meine Rechte kontrollierte ihn noch immer – und schon war ich hinter diesem Arschloch. Ich hieb ihm Jackie in die rechte Achsel und riss ihm eine lange blutige Wunde bis zum Hals. Das war es, wofür die kurze gebogene Klinge meines Karambits prädestiniert war – den Gegner bluten zu lassen. Sein eigenes Messer hatte der Drecksack längst fallen lassen. Während der erste Typ zu Boden ging, versetzte ich dem anderen Kerl einen Butterfly-Kick, dass er zwei Meter zurück an die Mauer knallte. Ein Knirschen begleitete den Aufprall seines Kopfes. Kurzfristig waren die beiden Typen außer Gefecht. Vielleicht war es doch nicht so schlecht, für eine Barbie gehalten zu werden. Ich musste nach Pacheco sehen. Er lag verkrümmt ein Stück weit hinter mir am Boden. Ich beugte mich zu ihm hinunter, als mir schleppende Schritte und ein schleifendes Geräusch verrieten, dass die beiden Angreifer zum Glück nicht vorhatten herumzuballern, sondern sich die dunkle Gasse entlang trollten.

Pacheco war blutbesudelt, genau wie ich. Mit dem Unterschied, dass es sich bei ihm um sein eigenes Blut handelte. Eine Stichwunde an der linken Seite ließ das Leben aus ihm heraussprudeln.

»Pacheco, halten Sie durch!« Ich wählte den Notruf und versuchte gleichzeitig die Blutung zu stoppen. Er versuchte zu sprechen. Ich verstand nicht alles.

»Barbie, schützen Sie Alvaro vor ... la Reina ...«

Plötzlich weiteten sich seine Augen, sein Körper krampfte. »La Espada«, stieß er mit rauer Stimme hervor, bevor er endgültig verstummte und sein Blick brach.

Das Sirenengeheul kam näher. Ich wusste, sie würden zu spät kommen. Zehn Minuten zuvor hatte ich Pacheco für sein »Barbie« selbst die Kehle aufschlitzen wollen. Jetzt sah ich in ihm nicht den Schleimbeutel, sondern nur noch einen Menschen. Was immer er auch gewesen sein mochte, ich hatte mein Versprechen nicht gehalten. Wegen eines elendigen Paparazzos. Mein Gefühl hatte mich noch nie getäuscht, ich war verdammt noch mal zu blöd gewesen und hatte die Richtung, in der die Gefahr lauerte, falsch eingeschätzt. Etwas, das mir niemals hätte passieren dürfen.

Der Anblick von Sanitätern, Notärzten und Blut war nichts Neues für mich. Dennoch lief alles wie ein Stummfilm vor mir ab. Ich stand unter Schock. Der Polizeiwagen bog gerade in dem Moment in die Gasse ein, als die Sanitäter mir mit einem Kopfschütteln zu verstehen gaben, dass Pacheco es nicht geschafft hatte.

Die Fragen der Polizeistreife wehrte ich geübt ab. Mein FBI-Ausweis genügte, dass sie mich in Ruhe ließen, und nach einer kurzen Rückfrage bei Lieutenant Donell konnte ich meiner Wege gehen.

Ich ging auf mein Zimmer. Ich brauchte eine Dusche und einen klaren Kopf. Dank meines jahrzehntelangen Wu Xing Kung Fu-Trainings und der FBI-Spezialausbildung in indonesischer Kampfkunst, Pencak Silat, war ich mit Jackie im Nahkampf nahezu unschlagbar. Die 3,4 Inch kurze Klinge durchtrennte Sehnen und riss verheerende Wunden. Mehr als einmal hatte Jackie mir das Leben gerettet und für den Notfall hatte ich auch noch Johnny im Stiefelholster.

Das Adrenalin ließ nach und eine tiefe Müdigkeit ergriff von mir Besitz. Ich zog mich aus, drehte den Thermostat hoch und stellte mich unter die heiße Dusche. Die Tropfen prasselten auf meine Haut. Brannten, stachen. Ich konnte mit dem Tod nicht gut umgehen. Mit Schuldgefühlen auch nicht.

Loster, Sie sind eine Schande für das FBI – unprofessionell und unbelehrbar. Es sind Kollegen gestorben, Loster, und das ist ganz alleine Ihre Schuld! Wieso können Sie sich nicht ein einziges Mal an die Regeln halten?, holte mich die Erinnerung an meinen alten FBI-Boss, wie er mich anbrüllte, ein. Ich wusste nicht, wie lange ich so dagestanden und seine Stimme in meinem Geist widergehallt hatte.

Irgendwann spürte ich, wie meine Lebensgeister zurückkehrten und auch meine Wut auf Mr. »Pest und Cholera«. Gut, er konnte vielleicht nicht wirklich was dafür. Aber irgendeiner musste die Arschkarte haben und ich hatte sie schon zu oft gehabt. Ich drehte den Wasserhahn auf »kalt« und begann meine Gedanken zu ordnen.

Kapitel 8 (Saint Rose)

Rich

Müde parkte ich meinen GTX vor dem Haus der Harris´ in Saint Rose und bemerkte, dass noch Licht brannte. Auch der Fernseher war noch eingeschaltet und davor saß Tamlyn Harris. Sie war offenbar eingeschlafen, was kein Wunder war. Ich schaute nur wenig fern, aber die britische Krimiserie, die hier gerade lief, kannte ich. Sie funktionierte bestens gegen Schlafstörungen und hatte so gut wie überhaupt keine Nebenwirkungen. Leise zog ich meine Schuhe aus, schulterte meine Tasche und wollte mich gerade auf den Weg nach oben zum ehemaligen Kinderzimmer machen, das Tamlyn für mich hergerichtet hatte, als sie plötzlich neben mir stand.

»Na?«, fragte sie fast flüsternd.

Wie ertappt blickte ich mich um und überlegte, was ich ihr sagen sollte, da legte sie ihre Hand auf meine Schulter und bedeutete mir, ihr ins Wohnzimmer zu folgen.

»Hast du die Nachrichten schon gehört?«

Ich schüttelte den Kopf. Das wäre der nächste Punkt der Tagesordnung gewesen. Neben checken der SD-Karte von dem armseligen Paparazzo und ein bisschen Recherche im Netz.

Tamlyn setzte sich an den Esstisch und fuhr ihr Tablet hoch. Ich setzte mich übereck und nur wenige Sekunden später hatte sie die Seite aufgerufen, die sie gespeichert hatte. Aber es war weniger ihr vorwurfsvoller Blick, weswegen es mir eiskalt den Rücken hinunterlief:

»New Orleans, Dienstag, 10. Juni 2014: Das NOPD bittet um Ihre Unterstützung. Am späten Abend wurde vor dem Coeur de Lis die Leiche des 29-jährigen Luis Pacheco gefunden. Pacheco hatte gerade erst zweifelhaften Ruhm erlangt, nachdem er nach einem Raubüberfall den Verlust historischer Dokumente anzeigte, die angeblich aus der Feder von Sonnenkönig Louis XIV. stammten. Pacheco starb noch am Tatort an den Folgen einer tiefen Schnittwunde. Die beiden Täter konnte das NOPD stellen und festnehmen. Ihre Identität konnte bislang noch nicht ermittelt werden. Möglicherweise sind sie von lateinamerikanischer Herkunft.«

Daneben sah man Bilder von zwei Männern und die Bitte um Hinweise aus der Bevölkerung.

»Das ist doch das Hotel, wo du heute diese Frau treffen wolltest?«, fragte Tamlyn und sah mich mit erwartungsvoller Miene an. »Vince hat uns schon erzählt, dass du einer Geschichte auf der Spur bist und dass so etwas selten harmlos ist.«

Ich schluckte. Wollte sie mich rausschmeißen? Sollte ich lieber ein Hotel suchen? *Wovon?*, dachte ich. Ich war ganz ernsthaft von einer harmlosen Spinnerei ausgegangen, die nicht annähernd den Sprit wert war. Nur weil die Tipps von Rob in der Regel pures Gold wert waren, hatte ich mich darauf eingelassen – ohne eine genaue Vorstellung davon zu haben, was mich erwartete. Ein harmloser Pacheco, ein Spinner Pacheco, ein cleverer, eine Geschichte gut vermarktender Pacheco ... Aber ein toter Pacheco? Ermordet zudem?

»Wenigstens bringen sich die Latinos gegenseitig um«, grummelte Tamlyn. »Sonst würden sie es uns wieder in die Schuhe schieben.«

Von Vince kannte ich solche Sprüche nicht. Wir waren auch zu lange befreundet, als dass die Hautfarbe noch irgendeine Rolle spielen konnte. Aber in New Orleans, wo nach Wirbelsturm »Katrina« die Schwarzen aus dem Zentrum vertrieben worden waren, war das sicher ein deutlich präsenteres Thema als in

Buffalo. Trotzdem war dieser Spruch von ihr schlichtweg geschmacklos.

Aber noch etwas ganz anderes ging mir durch den Kopf. Durch den Mord an Pacheco war die Sache nun über Nacht eine viel heißere Kiste geworden. Und als hätte ich telepathische Kräfte, klingelte in dem Moment mein Blackberry.

»Rich?«, rief eine von zu viel Tabak gezeichnete Stimme. »Mike Fennon hier.«

Der Herr Chefredakteur persönlich. Ich nahm Haltung an. Eine gelangweilte.

»Hattest wieder die richtige Nase, oder? Bist schon da, bevor die Dinge passieren, die ein paar Worte wert sind.«

»Wert« gleich »Kohle«, ich schaltete auf Empfang.

»Was ist mit den Budgetkürzungen?«

»Das lass mal meine Sorge sein. Du bist vor Ort! Liefere uns was Brauchbares und dann reden wir über den Preis.«

»Nein, so läuft das dieses Mal nicht!«, sagte ich mit ruhiger Stimme und blickte Tamlyn an. »Ich brauche hier einen Platz zum Pennen. Mehr als eine Nacht kann ich hier nicht bleiben. Ich hab' hier in Saint Rose ein kleines Motel gesehen – das würde mir reichen. Aber das ist eure Spesenrechnung.«

»Ja, Rich. Schon klar. Denk dran: Wenn die Investition größer wird, erwarten wir entsprechend mehr.«

Ich schnaufte. »Hab' ich euch je enttäuscht?«

»Ich sag' es nur.«

»Ja, behalt' es für dich! Das Garland Inn – buch' mir ein Zimmer ab morgen.«

Danke, schien der Blick von Tamlyn zu sagen.

Ich verabschiedete mich in mein Zimmer und war neugierig auf das, was ich auf der Karte finden würde, die der Paparazzo mir freundlicherweise überlassen hatte.

Es war in der Tat nicht viel. Genauer gesagt, war nur ein einziges Bild darauf gespeichert. Ich lachte. Cherry Loster sah köstlich aus. So böse schauend besaß sie in der Tat etwas Anziehendes.

Pacheco dagegen hatte rechtzeitig den Kopf zur Seite gedreht und versuchte, seine Arme vor sein Gesicht zu halten. Das war ihm allerdings nur zur Hälfte gelungen. Dann zoomte ich in den Hintergrund und sah zwei Gestalten. Mein Puls beschleunigte sich sofort. Waren das die beiden, die Pacheco am Ende umgebracht hatten? Befanden sich tatsächlich Bilder der Täter auf der Karte? Aber dann war ich irritiert. Es waren zwei Typen, die das Geschehen aus einer gewissen Entfernung beobachtet hatten. Die Polizei hatte auch zwei Typen festgenommen. Aber als ich den Ausschnitt noch weiter vergrößerte, versteinerte sich meine Miene. Das waren keine zwei Männer, die dort standen. Einer ja, und der passte zu dem einen Bild, das ich eben auf Tamlyns Tablet gesehen hatte. Der andere Typ … war eine Frau! Das Gesicht zur Seite gedreht und sie trug ein Cappy. Aber von der Figur her handelte es sich eindeutig um eine Frau! Jetzt raste mein Puls. Diese Frau hatte Cherry Loster mit Pacheco gesehen! Cherry war damit möglicherweise in Gefahr!

Hektisch tippte ich eine Nachricht auf Facebook, mein einziger Kontakt zu ihr. Aber es kam keine Antwort. Ich rief sofort beim NOPD an und ließ mich mit Lieutenant Donell verbinden. Der hatte überraschenderweise auch Schicht, sah aber keine Veranlassung, aktiv zu werden. Immerhin konnte er mir bestätigen, dass sie im Coeur de Lis nächtigte. Die Zimmernummer würde ich schon noch herausfinden.

Hastig rannte ich die Treppe hinunter, hinterließ einen Zettel für Tamlyn und Charly und startete den GTX. Sollte ich Cherry warnen? Es war spät und sie lag sicher schon im Bett. Nein, ich würde die Nacht irgendwo verbringen, wo ich ein Auge auf ihre Zimmertür werfen konnte. Wenn es nicht schon zu spät war.

Kapitel 9 (Hotel Coeur de Lis)

Cherry

Die Nacht hatte sich als kurz und unergiebig erwiesen. An Schlaf war nicht zu denken. Dank Pay-TV hatte ich nette Unterhaltung. Der SciFi-Channel war der perfekte Seelentröster. Als Hintergrundstimulation bei meinen Recherchen liefen »Witch Blade«, »Grimm« und diverse Folgen von »Star Trek«.

Ich grübelte über Pachecos letzte Worte nach. Unkoordiniert schossen mir die verschiedensten Gedanken und Assoziationen durch den Kopf.

»La Reina« – die Königin. So viel Spanisch verstand sogar ich. Doch welche Königin hatte Pacheco gemeint? Die USA hatten keine, Frankreich auch nicht. Spanisch – die amtierende spanische Königin? Königin Mercedes Teresa von Spanien? Oder hatte er sich auf die gestohlenen Dokumente, auf die Sonnenkönigin aus dem achtzehnten Jahrhundert, Louise de La Vallière, bezogen? Beides hörte sich zu verrückt an. Außerdem: Was hatten die Spanier mit den Franzosen am Hut? Gar nichts, soweit ich wusste. Allerdings wusste ich auch nicht gerade viel über das ganze alte Königszeugs. Ich würde Mary Anne fragen müssen.

Eines war dennoch klar, sie war nicht ganz so durchgeknallt, wie ich ursprünglich gedacht hatte. An ihrer merkwürdigen Geschichte um weltverändernde, verschollene Dokumente war etwas dran. Denn Pacheco war definitiv tot – ermordet.

Alvaro war, wenn ich mich nicht irrte, Pachecos Bruder. Das schwarze Schaf der Familie und seit gut fünf Jahren untergetaucht. Es rankten sich Gerüchte um irgendwelche dubiosen Geschäfte, als es mit dem Reichtum der Pachecos bergab gegangen war. Verdichtet hatten sich die Gerüchte, als deren Vater Pablo Pacheco 2013 bei einem Helikopterabsturz gestorben war. Ich hatte Alvaro ursprünglich als irrelevant abgetan, doch Luis Pacheco hatte, seinen letzten Worten zufolge, seinem Bruder näher gestanden als gedacht.

Doch wozu gab es heutzutage Internet? Was hatte Pacheco gerufen? »La Reina« und »Espada«, mal sehen, was das World Wide Web dazu sagte.

Unglücklich starrte ich auf den Bildschirm. »La Reina de Espadas y su mensaje en el tarot ...« Diese Suche war voll danebengegangen. Tarot – Esoterik ... Das fehlte gerade noch. Ich startete unverzüglich die nächste Suche. Mal weg mit der Königin. Espada: »La Espada – Dolfinhotel, Florida – Suiten mit Jacuzzi und privatem Butler«, »Espada Bar & Grill in Idaho«, »Espada Wellness Club, San Diego« .... Ich konnte nicht glauben, dass Pachecos letzte Worte einem Spa & Wellness Club gegolten haben sollten. Ach, ich hatte vergessen, den Übersetzer erneut zu aktivieren. Ich tippte also noch mal »La Espada« ein. »Pez Espada – Schwertfisch.« Langsam bekam ich ziemlich heftige Kopfschmerzen. Da, jetzt hatte ich es: »La Espada – das Schwert.« Das hörte sich doch vernünftig an. Oder auch nicht. Welches Schwert? Und überhaupt, was sollte dieses ganze Spanisch? Es handelte sich doch um französische Dokumente. Ein französisches Schwert? Und wieso hatte es Pacheco in seinen letzten Sekunden dermaßen aufgeregt? Mein Instinkt sagte mir, dass mehr dahintersteckte – viel mehr.

Neugier war praktisch mein zweiter Vorname. Meine Energie und mein Selbstbewusstsein kehrten langsam zurück. Geheimnisse hatten generell diese spezielle Wirkung auf mich und Schlaf wurde sowieso überbewertet, vor allem der Schlaf anderer. Ich rief also um vier Uhr früh meine Chefin an.

»Mary Anne? Hallo, ich bin es, Cherry!« Ich ahnte, dass Mary Anne über meinen Anruf nicht begeistert sein würde. Sie war, genau wie ich, eine Nachteule und kein Verfechter des »The early bird catches the worm«-Prinzips. Aber im Moment war mir das komplett egal.

»Cherry? Was willst du? Hast du um diese Uhrzeit nichts anderes zu tun?« Ein ausgiebiges Gähnen folgte.

»Mary Anne, ich habe gestern mit Luis Pacheco gesprochen …«

»Was hat er gesagt? Hast du die Dokumente gesehen? Ich will …« Von einem Moment auf den anderen schien Mary Anne plötzlich hellwach.

»Stopp! Mary Anne, Pacheco ist tot. Ermordet!« Das machte sie dann erst mal sprachlos.

»Wie gut ist dein Spanisch und was weißt du über ›La Reina, Espada‹, spanische oder französische Schwerter? Oder Tarot? Das alles hat doch hoffentlich nichts mit Esoterik und Geistern zu tun, oder?«

Mary Annes Antwort war nicht sehr freundlich. Offensichtlich hielt sie *mich* jetzt für verrückt. Humor war um diese Uhrzeit nicht ihre Stärke.

Diese Schwertsache machte mich nicht nur neugierig, sondern auch misstrauisch. Gab es vielleicht ein juwelenbesetztes Schwert? Königliche Antiquitäten, Schätze hatten schon viele zum Verräter werden lassen. Konnte es sein, dass Mary Anne ein falsches Spiel mit mir spielte? Ich hakte also nach: »La Espada – welche Rolle spielt ein Schwert in deiner Familiengeschichte? Gibt es noch etwas, was ich wissen sollte?«

Mary Anne antwortete nicht gleich. Kein gutes Zeichen. Ich fuhr mit kalter Stimme fort: »Du kennst meine Regeln. Niemand lügt mich an.« Ich litt vielleicht gelegentlich unter Paranoia, aber ich hatte immerhin meine Erfahrungen gemacht. *So what?* Ich musste mich absichern, das konnte sie mir nicht übel nehmen, oder doch?

Was dann durch den Hörer hallte, will ich nicht wiederholen. Ich wusste gar nicht, dass sie über einen derart derben Wortschatz verfügte. »Bitch« war noch das Freundlichste, was sie mir an den Kopf warf. Aber ich glaubte ihr. Wer konnte um vier Uhr morgens schon ausgefeilte Lügen und Schimpfwörter erfinden?

Langsam beruhigte sich Mary Anne wieder und wurde sachlich. In ihrer Familiengeschichte spielten Schwerter eindeutig keine Rolle. Aber Frankreich und Spanien verband eine lange gemeinsame Geschichte – auch in Bezug auf New Orleans. Ich ignorierte geflissentlich, was Mary Anne in leicht bissigem Tonfall zum Thema Allgemeinbildung ausführte. Jedenfalls glaubte sie, vor Kurzem dazu etwas in der Universitätsbibliothek gelesen zu haben, weigerte sich aber strikt, jetzt sofort hinzufahren und nachzusehen. Seufzend gab ich letztlich auf.

Rich

Gut, dass sich der Akku von meinem Tablet noch vollgesogen hatte, bevor ich das Harris Inn verlassen und mich auf den Weg zum Coeur de Lis gemacht hatte.

»Entschuldigen Sie.« Die Rezeptionistin war blond und einfältig genug. »Bevor ich jetzt umsonst hochgehe … Meine Frau ist noch nicht zurück, oder? Wissen Sie«, ich unterstrich meine Rede mit einer hilflosen Geste, »ich hab' meine Karte im Zimmer vergessen und wir waren getrennt voneinander unterwegs.«

Ich setzte mein charmantestes Lächeln auf und schaute bewusst verloren an ihr vorbei. Dann sah ich sie traurig an und sagte mit einem Schulterzucken: »Läuft gerade nicht so gut mit uns.«

Verlegen sah sie mich an und fragte nach der Zimmernummer.

»Dreihundert… Nein, vierhundertsechsund… Ach, warten Sie, ich hab' mir das irgendwo …« Nervös kramte ich in meinen Taschen. »Ach nein, es stand ja auf der Karte. Wir sind heute erst …

Es tut mir leid, wir hatten einen Megastreit und ich hab' wieder alles vermasselt. Ich weiß gerade nicht, wo ich meinen Kopf hab'.«

Meine Augen waren tatsächlich ein klein wenig feucht geworden, als ich die Rezeptionistin mit einem schüchternen Lächeln ansah.

»Wie heißen Sie denn?«, fragte sie mich dann freundlich.

»Ich? Ja, das Zimmer ist auf den Namen meiner Frau«, sagte ich betont kleinlaut. »Wir haben heute Einjähriges. Ich hab' es nicht vergessen, nur nicht dran gedacht.« War das zu dick aufgetragen?

Die Rezeptionistin lächelte, wie es ihr in ihrer Ausbildung beigebracht worden war.

»Aber an den Namen Ihrer Frau können Sie sich schon erinnern?«

Jetzt lächelte sie wirklich, wenn auch verschmitzt.

»Natürlich«, sagte ich. »Cherry Loster.«

Sie schaute in ihren Kasten und sah mich dann freundlich an.

»Ihre Frau ist auf ihrem Zimmer. Vierhundertneunundzwanzig.«

»Vierhundert*neun*undzwanzig«, wiederholte ich mit der Betonung auf der Neun. »Ich danke Ihnen!«

Auf den Fluren war kaum noch jemand unterwegs. Es gab einen kleinen Tisch mit Prospekten und anderen Tourismusinformationen. Ich setzte mich auf einen der Stühle und fuhr das Tablet hoch. Cherrys Tür hatte ich von hier aus bestens im Visier. Nun konnte ich noch einmal in Ruhe alles lesen, was die Zeitungen in den letzten Tagen geschrieben hatten. Dabei machte mich eine Sache ganz besonders stutzig. Bevor ich mich zum Motel begeben würde, um ein bisschen Schlaf nachzuholen, würde ich noch einen Anruf tätigen müssen.

Gegen Ende der Nacht hatte ich tatsächlich einen kleinen Ringkampf mit meinen Augenlidern. Aber als kurz nach fünf das erste Zimmermädchen auf der Etage zu sehen war, schluckte ich die Müdigkeit hinunter und war einfach nur froh, dass Cherry nichts passiert war. Interessiert blätterte ich in den Prospekten, während die Hotelangestellte einen Frühstückstisch an mir vorbeischob. Sie klopfte an die Tür neben Cherrys Zimmer. Gut. Jetzt, wo das Hotel langsam wieder lebendig wurde, würde sie sicher sein. Zudem wollte ich nicht, dass sie mich hier sah und sich falsche Hoffnungen machte. Oder komisch von mir dachte.

Ich nahm den Fahrstuhl in die Lobby und sah, dass an der Rezeption eine neue Blondine stand. Für einen Moment überlegte ich, dann ging ich auf sie zu und legte einen USB-Stick auf den Tresen.

»Zimmer 429, Cherry Loster, können Sie bitte dafür sorgen, dass sie ihren Stick wiederbekommt.«

Dann zückte ich mein Blackberry, öffnete Facebook und schrieb:

»Hi, Barbie! An der Rezeption liegt ein Geschenk für dich! Jag die Dame im Hintergrund mal durch die FBI-Gesichtserkennung.«

Dann zögerte ich. Smiley? Kussmünder waren alle weiblich, das fand ich irgendwie unpassend, und Cartoons waren so gar nicht meins. Also ließ ich es bleiben und schrieb nur: »Take care!«

Ich hoffte, sie verstand, dass es keine Floskel war. Ich war sicher, sie würde, wenn sie das Bild auf dem Stick erst gesehen hatte.

Cherry

Ein hartes, nicht enden wollendes Klopfen riss mich aus dem Schlaf. Das konnte doch nicht wahr sein! Ich blinzelte auf den Wecker neben dem Bett – sechs Uhr fünfundzwanzig.

Das Klopfen wurde immer lauter. Noch ein wenig mehr und der Idiot würde die Tür durchbrechen. Ziemlich angepisst nach so einer Nacht mit nicht mal zwei Stunden Schlaf, schrie ich:

»Moment! Wer ist da?« Andere würden sich vielleicht einen Schlafmantel überziehen, ich zog meine geilen Lederstiefeletten an. Sicher war sicher, so hatte ich wenigstens Johnny in Griffweite.

»Öffnen Sie die Tür, Ma'am, sofort! Und kommen Sie mit erhobenen Händen raus!«

Shit! Polizei! *Dieses* Prozedere war mir vertraut.

»Ich öffne jetzt die Tür und komme raus!«

Auf das Gesicht der Polizistin war ich gespannt. Ich hatte vor Müdigkeit vielleicht Augenringe wie ein Waschbär, aber meine Figur konnte sich sehen lassen – und meine rote Spitzenunterwäsche von Victoria's Secret auch. Cool und ohne Scham trat ich auf den Flur. Die Selbstzweifel der vergangenen Nacht hatte ich abgelegt. Ich war wieder voll da.

Das Polizeiaufgebot war nicht schlecht, ein Vier-Mann(Frau)-Trupp nur für mich? Ich verkniff mir ein Grinsen und fragte betont unschuldig, wenngleich einen Hauch süffisant: »Soll ich mich gegen die Wand stellen, Officer?« Bevor sie überhaupt Luft holen konnten, fuhr ich fort: »FBI-Operation fünf – mein Ausweis liegt auf dem Nachtisch. Im rechten Stiefel finden sie ein Karambit-Messer – falls sie mich *durchsuchen* möchten.«

Die zarte kleine Streifenpolizistin hatte sich als erste gefasst. Gewissenhaft überprüfte sie im Schnelldurchgang die Suite und meine Marke samt Ausweis.

»Alles okay, sie ist in Ordnung. Agent Loster, verzeihen Sie, aber wir mussten sichergehen, dass wirklich Sie hier im Zimmer sind – alleine. Bitte, Sie können sich anziehen.«

Bei den letzten Worten grinste sie zu ihren Kollegen hinüber, die sich bei meinem Anblick sichtlich unwohl fühlten. Das machte mir die Polizistin, die sich als Police Officer Suzanne Catrell auswies, gleich sympathischer.

»Danke, Officer Catrell, wären Sie so nett und würden mir erklären, was hier vor sich geht, während ich mich anziehe? Lieutenant Donell vom achten Revier ist über meinen Einsatz hier informiert.«

»Das ist uns bekannt. Doch die Gegebenheiten ließen vermuten, dass Sie hier vielleicht in Bedrängnis geraten sind.«

Bedrängnis – ich? So schnell kam ich nicht Bedrängnis. Was hielt das NOPD von FBI-Agenten?

Zwischenzeitig waren die restlichen Police Officer wieder nach unten verschwunden. Angezogen und ungeschminkt war ich offensichtlich nicht mehr der Renner. Typisch Mann.

»Gegebenheiten?«, fragte ich stirnrunzelnd.

»Die Nachtconcierge hat sich heute gegen fünf Uhr krankgemeldet. Jennifer Wilcox, die Assistentin der Hoteldirektion, ist für sie eingesprungen. Eigentlich nicht ihre Aufgabe, aber da sie ein Personalzimmer bewohnt, war es das Einfachste. Um fünf Uhr dreißig, als der Tagesconcierge Mr. Delaney den Dienst antrat, hat er Wilcox bewusstlos aufgefunden. Schlag auf den Hinterkopf, liegt auf der Intensivstation und kämpft um ihr Leben.«

Tragisch, aber was hat das mit mir zu tun? Abgesehen davon, dass ich ein oder vielleicht bald zwei Leichen binnen zehn Stunden in einem Nobelhotel für bedenklich hielt.

Ich sagte nichts und wartete.

Als Catrell bemerkte, dass ich nicht nachfragen würde, fuhr sie fort: »Unter dem Tresen lag ein Zettel mit Ihrem Namen, Agent, und Ihrer Zimmernummer. Delaney hat die Nachtconcierge herbestellt. Bei der Befragung sagte sie aus, dass Ihr Ehemann in der Nacht zurückgekehrt sei und seine Schlüsselkarte nicht dabeihatte. Er konnte sich an die Zimmernummer nicht mehr erinnern.«

Das ließ mich aufhorchen. *Ehemann,* was für ein gruseliges Wort in Verbindung mit mir.

»Mein EHEMANN? Wie sah der Typ aus?«

»Mittelgroß, dunkelblond, zwischen vierzig und fünfzig. Er tischte der Concierge eine rührige Geschichte von einem Streit am ersten Hochzeitstag auf. Er wirkte charmant, auf eine raue Art. Danach ist er zu Ihnen aufs Zimmer hochgegangen.«

Ich runzelte die Stirn und hatte eine vage Idee, aber das konnte nicht sein. Die Beschreibung passte auf Richmond wie die Faust aufs Auge. Aber in meinem Zimmer war er definitiv nicht angekommen. DARAN würde ich mich erinnern.

»Von Mr. Delaney wissen wir, dass sie alleine eingecheckt haben. Als ein Zimmermädchen dann auch noch berichtete, dass um fünf Uhr früh ein merkwürdiger Typ im Flur vor ihrem Zimmer herumlungerte, waren wir besorgt. Das entsprach ungefähr dem Zeitpunkt des Überfalls auf Jennifer Wilcox. Es könnte sich bei ihm um den Täter handeln und wir wollten sichergehen, dass er nicht bei Ihnen im Zimmer ist.«

»Officer, wie Sie richtig bemerkt haben, verfüge ich weder über einen Ehemann noch bin ich ermordet worden!«

»Wir werden ihn zur Fahndung ausschreiben. Oder haben Sie eine Ahnung, um wen es sich handeln könnte?«

Ich zögerte.

»Agent Loster?«

Kapitel 10 (Café Napoléon)

Rich

»Danke, dass Sie sich Zeit für mich genommen haben!«

Der Mann, der sich als Kirk Mason vorgestellt hatte und mir nun an einem kleinen Tisch im Café Napoléon gegenüber saß, nickte. Er stellte den Becher mit dem noch viel zu heißen Café au Lait ab und sah mich irgendwie merkwürdig an.

»Wir machen so was normalerweise nicht«, sagte er dann mit ruhiger und tiefer Stimme. »Sie können sich bei Owen bedanken.«

»Okay«, antwortete ich irritiert.

Ich kannte keinen Owen.

»Hat eine Menge von Ihnen gequatscht«, fuhr er fort. »Sie haben wohl mal so einen Chemietypen in die Mangel genommen – großes Kino offenbar!«

Der »Chemietyp« war Matthew Hedderby gewesen, Inhaber von Hedderby Chemicals Inc., seinerzeit der größte Chemiekonzern im Nordosten der USA und tief verstrickt in legale und illegale Waffenlieferungen während des ersten Golfkrieges. Ja, den hatte ich in die Mangel genommen – letztlich meine Eintrittskarte zu »Baker & Doyle«. Manche meinten auch, das wäre der Punkt gewesen, an dem ich meinen hart erarbeiteten Universitätsabschluss in Journalismus und eine lukrative Stelle beim »Buffalo Star« weggeschmissen und gegen den unsicheren Job eines Privatschnüfflers eingetauscht hätte. Der Ruhm, den mir dieser Fall eingebracht hatte, war auch nicht nur ein Segen gewesen. Letztlich musste man als Rookie auch erst mal lernen, mit so einem Erfolg umzugehen. Zudem hatten unter den Journalisten von Erie County fast alle meinen Namen sattgehabt, denn jeder von ihnen hätte für die Story so ziemlich alles gegeben. Dass aber fünfzehn Jahre später noch eine Rückmeldung aus New Orleans kam, darauf hätte ich kaum gewettet. Abgesehen davon besaß ich auch nicht mehr viel zum Verwetten.

»Ja, großes Kino«, grummelte ich leicht genervt.

»Gut«, sagte Kirk und beugte seinen Oberkörper leicht nach vorne. »Es geht also um Luis Pacheco. Wissen Sie, das macht mich stutzig. Sie hätten beim ›Mississippi Telegram‹ anrufen sollen oder den ›Orleans News‹. Beide haben sehr ausführlich über den Überfall und diese Geschichte berichtet.«

»Das haben doch alle.« Ich winkte ab und sah ihn prüfend an. »Nur ihr nicht. Da frage ich mich: Warum nicht? Warum berichtet ein Platzhirsch wie der ›Crescent Herold‹ nicht über die Story des Monats?«

Kirk rutschte leicht nervös auf dem Stuhl herum, während sein Gesicht versuchte, gelassen auszusehen.

»Kein Interesse«, sagte er dann knapp und räusperte sich.

»Kein Interesse?«, wiederholte ich amüsiert. »Kein Interesse an Auflage? Kirk, bitte, machen Sie sich nicht lustig über mich.«

Er seufzte und nippte erneut an seinem Kaffeebecher.

»Zu heikel«, sagte er dann. »Ich nehme an, Sie wissen, dass Pachecos Leiche heute Morgen gefunden wurde? Übel zugerichtet, lag in einer Gasse wie weggeworfen.«

»Kam in den Morgennachrichten«, antwortete ich leise. »Aber das geschah letzte Nacht. Die Entscheidung, generell nicht über den Fall zu berichten, fiel ein paar Tage früher, richtig?« Kirk sagte nichts. »Und Sie hatten auch gar nicht vor, mir etwas zu sagen, nicht wahr? Wollten nur wissen, was ich weiß? Richtig?«

»Falsch!«, knurrte Kirk. »Nehmen Sie es als Warnung, als gut gemeinten Rat. Wissen Sie, die Geschichte, die den Medien aufgetischt wurde, deckt sich mit einigen Gerüchten, die zu Zeiten meiner Großeltern eine gewisse Verbreitung fanden, den meisten heutzutage aber nicht mehr bekannt ist. Die Geschichte über die Bedienstete, die aus Europa geflohen war, über Gesandte königlicher Garden, die in New Orleans herumgeisterten und unangenehme Fragen stellten. Gesandte, die man im Mississippi wiederfinden konnte. Auf dem Weg zum Golf von Mexiko – unter Wasser, wenn Sie verstehen, was ich meine.«

Natürlich verstand ich. Oder auch wieder nicht. Ich hatte Mantel- und Degenfilme nie gemocht, aber langsam bekam ich den Eindruck, ich spielte in einem mit. Jetzt fehlte nur noch der langhaarige Schmierlappen, der den Königstreuen spielte.

»Es heißt, die Frau hatte auf der Überfahrt nach Amerika eine Waffe bei sich, die so mächtig war, dass sie Königreiche zu Fall bringen konnte.«

Ich hielt mich arg zurück, um nicht laut loszulachen. Jetzt waren wir wirklich im Bereich der Ammenmärchen angelangt.

»Was für eine Waffe sollte denn das gewesen sein?«, grinste ich. »Die Waffe einer Frau?«

Kirk schnaubte und schüttelte den Kopf. »Als Journalist sollten Sie die mächtigste aller Waffen kennen«, sagte er nur und sah mich ernst an.

»Das geschriebene Wort?«, fragte ich irritiert.

»Das erzählt man sich.«

Ich war verwirrt, aber Kirk wirkte so überzeugt, dass ich ins Grübeln kam.

»Was weiß man über diese Frau?«

»Nichts«, antwortete er ein klein wenig zu spontan. »Man sollte das ruhen lassen.«

»Warum? Die Zeit der mächtigen Könige ist vorbei. Wovor habt ihr also Angst?«

»Ach ja? Ist sie das?«, fragte er fast verächtlich. »Und doch gibt es bis heute Verschwörungstheorien zu dem Tod der einstigen ›Königin der Herzen‹. Einer abtrünnigen Prinzessin.«

»… an die ich nicht glaube!« Diesmal war ich derjenige mit dem verächtlichen Ton. Manchmal war ein Autounfall einfach nur ein Autounfall.

»Glauben Sie, was Sie wollen«, sagte er und sah mich dann lange an.

Es war offensichtlich, dass er noch etwas hinzufügen, dabei aber nicht alle Karten auf den Tisch legen wollte. Dann streckte er den Zeigefinger und führte ihn über den Tisch wie einen Kugelschreiber.

»LV?«, fragte ich amüsiert, woraufhin mich umgehend ein mürrischer Blick traf.

»Vergessen Sie nicht …« Er stand auf, legte einen Zehner auf den Tisch und beugte sich zu mir vor. »Ich habe Sie gewarnt.«

Kapitel 11 (Hotel Coeur de Lis)

Cherry

Ich hasste es, wenn ich in der Früh nicht meine Ruhe hatte. Als wäre der morgendliche Polizeibesuch nicht genug gewesen, hatte ich nun auch noch vor meiner ersten Tasse Kaffee Richmonds Facebook-Nachricht entdeckt. Der Typ hatte doch einen an der Waffel! Facebook-Nachrichten und dann schrieb er auch noch Zettelchen. Konnte sich der Typ mal zwischen Midlife Crisis und Pubertät entscheiden? Konnte er nicht anrufen oder an die Tür klopfen wie jeder normale Mensch? Jedenfalls wusste ich jetzt mit Sicherheit, dass er sich als mein *Ehemann* ausgegeben und vor meiner Tür kampiert hatte.

Während ich mir in Gedanken über Richmond klar zu werden versuchte, klopfte es tatsächlich. Verdammt, konnte ich nicht einmal eine halbe Stunde Ruhe haben? Seufzend bequemte ich mich hin und erhielt schlechte Neuigkeiten. Wie konnte es auch anders sein.

»Agent Loster, Jennifer Wilcox ist soeben verstorben. Wir suchen nun einen Mörder. Haben Sie tatsächlich keine Ahnung, wer der Mann im Flur gewesen sein könnte?«

Ich hatte keine Ahnung, ich *wusste,* wer der besagte Typ gewesen war. Allerdings wusste ich dank meiner Menschenkenntnis noch etwas: Richmond mochte ein Arschloch sein, aber kein Mörder. So sehr es dem kleinen Teufel in mir leidtat, ich log diesmal, ohne zu zögern.

»Nein, leider kann ich Ihnen da nicht weiterhelfen, Officer.«

Nachdenklich schloss ich die Tür hinter Catrell. Was immer Richmond für mich hinterlegt hatte, besaß nun der Mörder von Jennifer Wilcox. *Das* machte mir wirklich Sorgen. Es wurde Zeit, Richmond ein wenig Feuer unter dem Hintern zu machen.

Zuvor musste ich aber noch bei Mary Anne auf dem Campus vorbeischauen. »La Espada« war angeblich eine heiße Spur, hatte sie mich vorhin am Telefon wissen lassen und mich zur Universitätsbibliothek zitiert.

Die Officer des NOPD befragten immer noch die Hotelgäste und das Personal, was die Geschäftsleitung mittlerweile fast Amok laufen ließ ob des Imageschadens. Für mich perfekt, so konnte ich den Trubel in der Lobby nutzen, um ungesehen zu verschwinden.

Meine Chefin hatte zum Glück dafür gesorgt, dass mir seit heute ein Leihwagen zur Verfügung stand. Freudig registrierte ich den Audi A4 auf dem Parkplatz. Ich hatte ein Faible für deutsche Autos. Schmunzelnd hörte ich den Fahndungsaufruf des NOPD nach einem »Zeugen, einer ungefähr einen Meter siebzig bis einen Meter achtzig großen und fünfundachtzig Kilo schweren Person männlichen Geschlechts mit dunkelblonden Haaren, gekleidet in dunkle Jeans und eine schwarze Lederjacke« im Radio. Vielleicht brauchte ich ihn auch nicht zu suchen, sondern die Polizei fand ihn für mich. Der Gedanke ließ mich kurz lächeln. *Böse Cherry.* Ich trug Richmond immer noch das Desaster mit dem Paparazzo nach. Seine Schuld, meine Schuld – Pacheco war tot. Jennifer Wilcox auch – und das hätte er verhindern können. Hätte er einen Arsch in der Hose gehabt und mir den Stick persönlich übergeben. Selbst nach so einer beschissenen Nacht wie der letzten hätten sie sich an mir noch die Zähne ausgebissen und Wilcox wäre noch am Leben. Ich atmete tief durch und schloss kurz die Augen. Aber – und auch das konnte ich nicht von mir weisen – er hatte mich warnen wollen. Vielleicht, aber nur vielleicht, war er kein komplett schlechter Kerl, mein *Ehe-*

mann. Ich musste unwillkürlich grinsen. Ob er eine Ahnung hatte, auf was er sich da einließ?

Zwei Blocks weiter parkte ich meinen schwarzen Audi schwungvoll ein. Auf dem Weg zu Mary Anne - sie erwartete mich in der Bibliothek der Bienvielle-Privatuniversität – führte ich ein unumgängliches Telefonat mit Andy Kovac. Ich musste ihn unbedingt bitten, meinen FBI-Status auf aktiv zu lassen und auf eventuelle Anfragen ein Auge zu haben. Ich wollte nicht riskieren aufzufliegen.

»Andy? Hallo, ich bin's.«

Was Andy Kovacs, Leiter des OTD (Operational Technology Division) Teams 5 sagte, ließ mich frösteln.

»Zu spät? Was? Eine Officer Catrell hat bereits heute früh meine Legitimation überprüft? Shit! Die ist von der schnellen Sorte.«

»Cherry, natürlich war deine Legitimation in Ordnung. Agent Loster gilt immer noch als Undercover-Agent des Operation Teams fünf. Ich habe deinen Status nie geändert. Süße, wie gedenkst du das wiedergutzumachen?«, feixte er.

Erleichtert atmete ich auf. Ich wusste, auf Andy konnte ich mich verlassen. Er würde wirklich alles für mich tun. Der einzige Mann, dem ich nahezu hundertprozentig vertraute.

»Wie ich dich kenne, willst du aber noch etwas von mir, oder?« Er kannte mich.

»Andy, kannst du bitte alle Überwachungskameras zwischen hundertfünfundvierzigste Rampert Street und sechsundzwanzigste Dumaine Avenue anzapfen? Zwischen gestern acht Uhr abends und heute sechs Uhr morgens? Das Coeur de Lis in der Rampert Street verfügt über zwei Ein- bzw. Ausgänge. Bitte sieh nach, ob einer unserer bekannten kriminellen Freunde das Hotel während dieser Zeit betreten oder verlassen hat und ob derjenige in der Umgebung noch mal auftaucht. ... Yep, ich weiß wie lange das Programm läuft, wenn du die große Fahndungsliste abgleichst. Gib' mir Bescheid, wenn du was findest. Ach, und noch etwas: Kannst du mal Niclas Richmond aus Buffalo durchlaufen lassen? Ich brauche alles, was du über ihn hast. … Danke, Andy, und gib Melli ein Küsschen von mir, wenn du sie siehst!«

Ich ließ mir noch kurz erklären, wie ich mit Andys Geschenk den Standort jedes Social Media-Nutzers anpingen konnte. Sein kleines Programm würde mir dann die Koordinaten ausspucken. Theoretisch gesehen, wenn die Technik so wollte wie ich, was manchmal, aber nicht immer der Fall war.

Zuerst war ich aber neugierig, was Mary Anne herausgefunden hatte. Erst danach würde ich meinen *Ehemann* anpingen und ihn mir zur Brust nehmen.

Kapitel 12 (Saint Rose)

Rich

Das Motel gab sich alle Mühe, den Erwartungen, die man mit den Worten »billig« und »Vorstadt« verband, gerecht zu werden. Wie man auf diesen Matratzen ganze Nächte verbringen sollte, war mir ein Rätsel. Aber zumindest heute hatte ich das ja auch nicht vorgehabt. Ich hatte mich gerade hingelegt – und ich kann es nicht beschwören, aber ich glaube, leicht weggenickt war ich auch schon –, als mich ein lautes Hämmern gegen die Tür aufschrecken ließ.

»NOPD! Öffnen Sie die Tür, Sir, und kommen Sie dann mit erhobenen Händen raus!«

Ich gähnte.

Was wollte die Polizei von mir? Ich war nicht einmal zu schnell gefahren und auch sonst war ich mir keiner Schuld bewusst.

Wieder klopfte es, dieses Mal noch lauter.

»Jaja, NOPD, ich weiß«, rief ich genervt, machte die Hose zu und öffnete die Tür.

Ich hätte ihn erschlagen können. Er stand da nicht nur mit einem breiten Grinsen, nein, er krümmte sich vor Lachen und wischte sich Tränen aus den Augen.

»Du solltest dein Gesicht sehen!« Seine Stimme überschlug sich fast.

»Rob, du Mistbeule, musste das sein?«

»Ja.«

Eigentlich freute ich mich, ihn hier zu sehen, denn es bedeutete, dass aus irgendeinem Grund der »Buffalo Star« reges Interesse an dieser Story hatte. Sonst hätten sie nicht ihren besten Fotografen geschickt. Rob war genial, hatte einfach das Händchen für das eine Foto, für das wir, die die Story dazu schrieben, über Leichen gingen. Nicht buchstäblich, aber …

»Das ist also das ›Rich Palace‹?«, spottete er, als er seinen Kopf in das Zimmer steckte und demonstrativ einen langen Atemzug machte. »Ach, ich liebe diesen explosiven Mix aus Schweiß und Reinigungsmittel! Hab' ich dir das schon mal gesagt?«

»Nee«, antwortete ich, »passt aber zu dem, was ich sonst so bislang von dir gehört hab.«

Eine knappe Stunde später saßen wir im Cunningham's und verdrückten einen Chili-Burger.

»Du bist geflogen?«

Der »Star« war nicht gerade dafür bekannt, seine Mitarbeiter auf teure Flugreisen zu schicken.

»Flug und Taxi«, grinste Rob. »Du kennst doch unseren Werbespruch.«

»›Wir investieren in die Wahrheit‹ – ja, ich bin schon etwas länger bei dem Laden.« Wobei das technisch gesehen ja nicht stimmte.

»Also, was hast du?« Rob sah mich mit großen Augen erwartungsvoll an.

»LV«, antwortete ich und zuckte mit den Schultern.

Jetzt sah Robs Gesicht in etwa so aus wie meins, als ich ihm die Tür geöffnet hatte.

»LV?«, wiederholte er fragend. »Was ist das?«

»Sicher nicht Louis Vuitton«, sagte ich und stöhnte, auch weil Robs Gesicht nicht so aussah, als habe der diesen Namen schon mal gehört. »Aber ich habe das Gefühl, dass es irgendein Name sein muss«, fuhr ich fort.

»Könnte auch ein chemisches Element sein.«

Rob versuchte, seinem Blick einen besonders gebildeten Anstrich zu verleihen. Ein Ausdruck, der schlagartig erschlaffte, als er meine Antwort vernahm.

»Livermorium«, murmelte ich, als wäre das die fünfhundert Dollar Frage bei »Who Wants to Be a Millionaire?«.

Als Rob nicht gleich reagierte, schob ich in meinem belanglosesten Ton nach: »Wird durch Kernfusion erzeugt. Wie alle Transactinoide.«

Rob schüttelte belustigt den Kopf. »Seit du online bist, wirst du mir unheimlich!«

»Ja, aber Ausgangspunkt war letztlich Luis Pacheco. Und der faselte was vom Sonnenkönig und den krieg' ich irgendwie nicht mit Atomkraft zusammen.«

»Eher mit Sonnenenergie«, alberte Rob.

Ich konnte mir ein Schmunzeln nicht verkneifen.

»Gut, wenn du nichts hast … Was ist mit diesem Typen, nach dem gerade gefahndet wird?«

Ich horchte auf. Zwei Stunden Nickerchen und ich hatte etwas verpasst?

Rob kniff die Augen zusammen. »Du hast noch nichts davon gehört? Von der Toten im Coeur de Lis?«

Und schon wieder dachte ich an Cherry, dieses Mal mit einer nicht eben geringen Prise Panik. War ich zu früh verschwunden? Hätte ich sie doch direkt warnen sollen?

»Eine Jennifer Wilcox, Assistentin der Hoteldirektion. Muss kurz vor Schichtwechsel passiert sein. Wurde tot aufgefunden.«

Die liebe, naive Blondine, die mir verraten hatte, in welchem Zimmer Cherry Loster schlief. Mein Herz fing an, spürbar zu pochen.

»Die haben bisher nur eine Beschreibung durchgegeben, aber ich denke, bis zum Nachmittag wird entweder eine Zeichnung folgen oder vielleicht sogar was Handfesteres. Wenn wir den Typen …«

Langsam hob ich die Hand und sah Rob mit erhobenen Augenbrauen an. Ich musste nichts mehr sagen.

»Du bist …« Der Gute schnappte nach Luft. »Wieso immer du? Und warum bin ich immer dabei, wenn dir so was passiert?«

Ich stand auf und klopfte ihm auf die Schulter.

»Weil es mir sonst nicht passieren würde.«

Rob schnaufte. »Das ist … Wo willst du denn jetzt hin?«

Ja, das war eine gute Frage. Ich schwankte zwischen Lieutenant Donell, mit dem ich das Problem der Fahndung klären konnte, und Tamlyn Harris, die lange genug in New Orleans wohnte, um mir vielleicht eine Frage zu beantworten. Der beste Weg wäre gewesen, Cherry zu finden – ich hatte das Gefühl, sie hätte Antworten auf beide Probleme anzubieten gehabt. Nur wo trieb sie sich gerade herum?

»Starbucks. Nicht weit von hier. Tamlyn arbeitet da. Ich hab' das Gefühl, sie kann mir etwas über ›LV‹ sagen. Und unterwegs kannst du dir mal ein Foto ansehen, das ich auf meinem Laptop gespeichert habe. Vielleicht kennst du das Mädel?«

Rob schüttelte missmutig den Kopf.

»Dann hoffen wir mal, diese Tamlyn hat eine Idee. Ich hab' keine …«

Ich hatte eine und sie klang verrückt.

LV entsprach Louise de La Vallière – die Sonnenkönigin. Zufall?

Kapitel 13 (Bienvielle-Privatuniversität)

Cherry

Die Bibliothek der Bienvielle-Privatuniversität war gut besucht, aber es herrschte Grabesstille. Ob die Studenten hier wohl wirklich lernten oder einfach nur ein Nickerchen hielten? Mir war nicht klar, was ich hier sollte. Nahezu alles an Informationen war im Internet oder – in brisanteren Angelegenheiten – im Darknet zu finden und Mary Anne bestellte mich in eine biedere Privatbibliothek?

»Hi, Boss!«

»Cherry, hallo und sei nicht kindisch!«

Oha, dachte ich. Was immer sie gefunden hatte, lieferte offensichtlich keinen Grund für Freudentänze.

»Cherry, sieh her!« Verkniffen starrte sie auf die vor ihr ausgebreiteten vergilbten Blätter. Wie die typische Lehrerin dozierte sie: »Diese Universität wurde anlässlich des Pariser Friedens von 1763 von französischen und spanischen Adelsangehörigen hier in New Orleans gegründet. Das spanische Königshaus stiftete eine beträchtliche Summe …«

Meine Gedanken schweiften ab. Alleine bei der Jahreszahl 1763 und französischen Adeligen verdrehten sich meine Gehirnwindungen. Und jetzt kamen auch noch die Spanier dazu.

»Jetzt rate mal, wer die Spende überbracht hat und woraus diese Spende noch bestand? Cherry?«

Seufzend versuchte ich mich auf das Wesentliche zu konzentrieren.

»Muss ich wissen, was der Pariser Frieden ist?«

Mary Annes Blick drückte irgendetwas zwischen Belustigung und Entsetzen über meine Unwissenheit aus, aber wenigstens war der verkniffene Ausdruck aus ihrem Gesicht verschwunden.

»Sorry, ich bin halt nicht das Geschichte-Genie«, fuhr ich achselzuckend fort.

»Cherry, ich weiß, dass du durchaus über grundlegende Kenntnisse der französischen Geschichte verfügst. Also hör auf, mir das Dummchen vorzuspielen. Bei mir zieht das nicht – mein Gehirn sitzt im Kopf und nicht zwischen den Beinen«, erklärte Mary Anne trocken.

Mir entfuhr ein lautes Lachen. Ich hatte ganz vergessen, dass Mary Anne nicht nur superintelligent war, sondern auch über einen trockenen Humor verfügte. Ein fast bösartiges Zischen rundherum machte mir unmissverständlich klar, dass ich einen furchtbaren Fauxpas begangen hatte – vermutlich hatte ich die schlafenden Studenten aufgeweckt.

Konzentriert studierte Mary Anne die vor ihr auf dem Tisch liegende Mappe. Ihre kinnlangen dunkelbraunen Haare standen wirr ab. In diesem Moment wirkte sie unendlich jung. Sie hätte meine jüngere Schwester sein können.

Ich beugte mich zu ihr hinunter. Ein Zeitungsausschnitt des »New Orleans Letter« aus dem Jahre 1763 fesselte ihre Aufmerksamkeit. Mehr konnte ich nicht lesen, die Schrift war für mich nicht entzifferbar. Ich konnte nicht mal sagen, ob diese Hieroglyphen englische Schriftzeichen darstellen sollten oder irgendetwas anderes. Mary Anne richtete sich seufzend auf.

»Einer der Gründungsväter, der Marqués Alfonso Philippe Pacheco – na, sagt dir der Name etwas? – überbrachte die Spende des spanischen Königs. Ein kleines Vermögen, 15.000 Escudos als Zeichen des Wohlwollens, und einen Ring des Königshauses als

Zeichen, dass die Universität unter dem Schutz des spanischen Königshauses stand.«

Mary Annes Wangen waren nun gerötet und ihre Augen strahlten, als sie triumphierend auf eine Zeichnung zeigte, die die Übergabe des Ringes an Francois de Bienvielle, den damaligen Rektor der Universität, darstellte. Der Ring war detailliert abgebildet und beschrieben.

»Hier steht, dass der Ringkopf die Farbe des Königshauses – Purpurrot – im Hintergrund trägt. Im Vordergrund steht eine Elfenbeinschnitzerei, die Bourbon-Lilie und das Schwert des spanischen Königs als Zeichen des Schutzes.«

In meinem Leben hatte ich niemals zuvor gehört, dass es Elfenbeinschnitzereien auf Ringen gab. Ich nickte trotzdem und versuchte so viel wie möglich auf der Zeichnung zu erkennen. Das Schwert des spanischen Königs. La Espada? Konnte das wirklich sein?

»Cherry, ich habe diesen Ring schon einmal gesehen, zweitausenddreizehn, zur Zweihundertfünfzig-Jahr-Feier der Universität, ist er ausgestellt worden.«

In der gleichen Sekunde durchfuhr es mich eiskalt. Ich hatte so einen Ring auch schon gesehen. Vor ein paar Tagen bei meinen Recherchen über Luis Pacheco. Ich hatte Fotos von ihm gesehen, da hatte Pablo Pacheco genau so einen Ring am kleinen Finger seiner linken Hand getragen.

»Mary Anne, kannst du über die Bibliothekscomputer hier die Zeitungsartikel über Pablo Pachecos Helikopterabsturz aufrufen?«

Sie konnte. Wir sahen uns an und wussten, dass wir eine Spur hatten. Eine Spur, von der wir erwartet hatten, dass sie nach Frankreich führte. Doch jetzt hatten wir Spanien auf dem Schirm. Der tote Pacheco und die tote Blondine vom Hotel, Lisette de La Vallières Tagebücher, Spanien und Frankreich. Wie passte das zusammen? Mein Bauchgefühl meldete sich unangenehm, bei zwei Leichen in so kurzer Zeit war Gefahr im Verzug. Ich musste zusehen, dass ich an weitere Informationen kam.

»Mary Anne, kannst du das alles fotografieren und dann per E-Mail an mich weiterleiten?«, bat ich.

Mary Anne merkte, dass ich unruhig wurde, und wollte wissen, was ich vorhatte. Doch dazu war es zu früh. Sie wusste noch nichts von Richmond. Warum hatte ich ihr eigentlich nichts über ihn erzählt?

Noch bevor sie wusste, wie ihr geschah, hatte ich schon ein lautes »Bye, Boss!« gerufen und war auf dem Weg nach draußen. Natürlich zischte es rundherum wieder wie einer Schlangengrube im alten Ägypten. Was für Spießer!

Ich machte mich auf den Weg zu meinem schwarzen Flitzer und aktivierte Andys Programm. Mal sehen, ob sein Gimmick funktionierte und mich zu Richmond führte. Ein Fähnchen zeigte mir seinen Standort.

Wow! Ich war Andy wirklich was schuldig. Ein kleines boshaftes Lächeln konnte ich mir nicht verkneifen. Wenn das Ding funktionierte, saß mein *Ehemann* im Starbucks keine 200 Meter entfernt. Rasch zog ich mir die Lippen nach und sprühte noch ein wenig »Beautiful« auf. Mein Lieblingsparfum – betörend und genau das Richtige. Ich öffnete auch gleich noch einen Knopf meiner schwarzen Seidenbluse. Ich musste wissen, was er mir hatte zukommen lassen wollen. Ich brauchte ihn.

Kapitel 14 (Saint Rose)

Rich

Tamlyn war überrascht, mich zu sehen. Rob kannte sie noch nicht und begrüßte ihn mit einer entsprechenden Distanz. Es gehörte eine gehörige Portion Überzeugungskraft dazu, um sie für wenigstens fünf Minuten vom Tresen wegzulocken.

»Ich will hier nicht mit euch gesehen werden«, zischte sie. »Zieht mich nicht in irgendwas rein!«

»Tamlyn«, sagte ich in einem Ton, bei dem normalerweise ein »Babe« folgen würde, wäre es nicht völlig unangebracht gewesen. »Du kennst hier doch jedes Gerede und jede Geschichte, die man sich erzählt. Hast du schon mal von Louise de La Vallière gehört? Oder sagen dir die Initialen LV etwas?«

»Die Sonnenkönigin. Die Mätresse von Louis XIV. Angeblich.«

»Wieso angeblich?«

Robs Gesicht sprach in etwa das aus, was mir durch den Kopf ging. Worüber redeten wir überhaupt?

»Es gibt Gerüchte, Legenden um Dokumente, die aus Frankreich eingeführt worden sind. Geschichten um Kämpfe darum, um einen spanischen Geheimbund, der königstreue Abgesandte schickte, die Dokumente zu stehlen.«

Hatte ich davon nicht schon mal was gehört? Wurden Räuberpistolen wahrer, wenn sie von verschiedenen Personen erzählt wurden?

Dann sah sie sich um, als könnte sie jemand beobachten, und flüsterte mir fast ins Ohr, so nah kam sie mir mit ihrem Kopf.

»Und jemand hat!«

»Hat was?«, fragte Rob herausfordernd.

Tamlyns dunkle Augen verengten sich bedrohlich.

»Die Dokumente gestohlen!«

Der Gesichtsausdruck der biederen Coffeeshop-Verkäuferin mutierte langsam zu dem einer angsteinflößenden Voodoo-Priesterin.

»Aber sie sind nie benutzt worden. Und sie sind auch nie wieder aufgetaucht.«

Wenn das wahr wäre, dachte ich mir, gab es zwei, nein, drei Möglichkeiten. Derjenige, der sie gestohlen hatte, stellte fest, dass sie nichts wert waren, und sie waren inzwischen verschollen, vernichtet, vergessen. Oder er hatte sie benutzt, indem er sie gerade nicht veröffentlichte und somit von dieser Geheimhaltung mitprofitierte. Oder derjenige, dem sie gestohlen worden waren, hatte sie sich wieder zurückgeholt, aber das lieber für sich behalten. *So! Auf welche Zeit stellen wir nun die Zeitmaschine ein, um eine Antwort auf diese Frage zu erhalten?*

»Mehr weiß ich auch nicht«, sagte sie in einem Ton, der keine Nachfrage mehr zuließ. Gerne hätte ich noch mehr zu dem Thema gehört, aber den einzigen Ton, den ich vernahm, war der SMS-Ton meines Blackberrys für unbekannte Eingänge. Was ich brauchte, war ein Klingelton für merkwürdige Eingänge …

»Salut, Cherie. Ich krieg´ dich gerade nicht aus meinem Kopf. Es ist total bescheuert, aber … können wir uns sehen? Heute Abend? Dan's Pub? Cherry«

Mit Kirschen, Kussmund und Herzchen.

Nicht, dass mich das wunderte. Was mich wirklich wunderte, war, dass sie gerade am Fenster vorbeiging, das Handy in der Hand, und in wenigen Sekunden durch die Tür hereinkommen würde. Sollte die Botschaft an jemand anderen gehen?

Sie kam rein und lächelte. Nicht freundlich, nicht verführerisch. Eher wie eine Frau, die etwas ausheckte. Ich war auf alles gefasst. Auf fast alles.

Cherry

Ich steckte mein Handy weg und setzte mein strahlendstes Lächeln auf. Ich sah Richmond sofort. Er mich auch. Huh, seine stahlgrauen Augen brachten mein Herz doch glatt zum Stolpern. Kurz, ganz kurz nur. Kürzer, ein Zehntelsekunde, nein, vielleicht gerade mal eine Hundertstelsekunde. Wie auch immer, ich war hier, um ihm auf den Zahn zu fühlen und die Wahrheit aus ihm herauszukitzeln. Ein wenig horizontaler Spaß mit einem undurchsichtigen Reporter, oder wie auch immer Richmonds Berufung lautete, war es nicht wert, mir diesen Job zu versauen.

Genugtuung machte sich in mir breit, als ich sah, mit wem er am Tisch saß. Mein Lächeln wurde noch einen Tick breiter. Mit wiegenden Hüften ging ich zielstrebig auf Richmond zu, legte ihm die Arme um den Hals und küsste ihn mitten auf den Mund.

Dann erst begrüßte ich ihn in voller Lautstärke: »Nicky-Bär, da bist du ja! Ich habe dich schon so vermisst. Die letzte Nacht mit dir war einfach unglaublich – und es macht mir wirklich nichts aus, dass du diese besonderen Pillen nehmen musst, Schatz.« Gekonnte verwuschelte ich mit meiner rechten Hand seine Haare, setzte mich neben ihn und blickte ihn aus weit aufgerissenen Augen unschuldig an.

Rich

Es gingen mir so gerade in etwa geschätzt zweiundvierzig Gedanken gleichzeitig durch den Kopf und etwa genauso viele Gefühle. Das passte alles überhaupt nicht zusammen. »Cherie« hatte sie mich genannt in der SMS. Eine SMS, die klang, als hätte ich ihr irgendwie den Kopf verdreht, als käme sie nicht wirklich damit klar und hätte einfach Redebedarf. So, und das passte ohnehin schon einmal gar nicht zu einer Cherry Loster. Jetzt mal ehrlich: Wenn ich etwas hatte, dann war das Menschenkenntnis.

Zumindest was Frauen betraf. Frauenkenntnis oder wie man das sonst nennen sollte. Feminalogie vielleicht – da konnte ich Kurse geben, wenn ich dazu Lust gehabt hätte. Aber gut, angenommen, das sollte einer der wenige Fälle sein, in denen ich mich irrte und Cherry sollte tatsächlich Gefühle für mich haben, die sie aus der Bahn warfen und die sie so sehr beschäftigten, dass sie meinte, sie mit mir teilen zu müssen – wie passte das nun mit dem zusammen, was gerade passiert war?

Ich hatte gerade erst versucht, die SMS zu verarbeiten und diese damit in Verbindung zu bringen, sie vor Starbucks zu sehen, als sie plötzlich auf mich … zustürmte. Das beschrieb es wohl am besten. Das Lächeln war unecht, das sah ich gleich, und ein wenig befürchtete ich, dass sie immer noch sauer auf mich war wegen der Paparazzo-Geschichte. Es wäre für mich wenig überraschend gewesen, wenn sie mir eine geknallt hätte. Nicht, dass ich es verdient gehabt hätte. *Aber ich hab' ihr dazwischengefunkt und letztlich hat sie dadurch Pacheco aus den Augen verloren, was für den wiederum eher nicht so gut ausging.* Und somit war einer der zweiundvierzig Gedanken der, ob ich an seinem Tod schuld war. Kein Szenario, das neu war für mich. Ich hatte nicht auf ihn geschossen, ich hatte keinen Auftrag, ihn zu schützen – ich musste mir keine Schuld an seinem Tod einreden. Und doch … So einfach war das Leben nicht.

Der nächste Eindruck war von visueller Natur. Cherrys dunkelrote Mähne kannte ich schon und hatte sie als ganz nett eingeordnet. Ganz nett! Ich war sicher, sie hätte sich da andere Superlative erhofft, aber ich meinte es positiver, als es sich anhören mag. Der Eyecatcher war ihre schwarze Seidenbluse. Schlicht, sexy. Sexy von der Art, dass ich ein wenig befürchtete, ertappt zu werden, dass mein Blick einen Tick zu lange darauf verweilte.

Und dann schmeckte ich Ferrari-Rot auf meinen Lippen und kam nicht einmal dazu, den Kuss ernsthaft zu erwidern. Für einen Moment dachte ich, vielleicht hatte sie sich ja Mut angetrunken, aber ihr Atem roch frisch und angenehm, wenn er sich nicht mit dem etwas zu aufdringlichen Parfüm vermischt hätte …

Das ist nicht professionell, sagte mir meine innere Stimme und das war die Untertreibung des Jahrhunderts.

Zu allem Überfluss blickte mein rechtes Auge zu Rob hinüber, als Cherrys Finger überraschend zärtlich durch meine Haare glitten und meine Ohren ihre schrille Stimme erfassten. Rob war völlig fassungslos in seinen Stuhl gesunken und sah mich mit starrem Blick an. Als dann seine Lippen lautlos *Nicky-Bär* formten und sich sein ganzes Gesicht in ein einziges Fragezeichen verwandelte, war es mit der Zurückhaltung vorbei. Ich lachte schallend und umso lauter, je länger ich in Cherrys verdutztes Gesicht blickte. Das war offensichtlich nicht die Wirkung, die sie sich erhofft hatte.

»Was du ›besondere Pillen‹ nennst… Das sind Roofies«, grinste ich. »Helfen ungemein, um solche Nächte schnell zu vergessen.«

Rob pustete aus dicken Backen. War ich zu weit gegangen? Ich fand den Spruch noch harmlos.

»Jetzt mal im Ernst.« Ich wandte mich an Cherry und hob bedeutungsvoll die Augenbrauen. »Kannst du diesen ›Nicky‹-Quatsch nicht mal lassen?«

Wieso?, fragte mich meine innere Stimme. *Ich finde das süß.* Innere Stimmen leben gefährlich!

Cherry

Der kurze Moment tiefster Zufriedenheit, den mir Robs aufgerissene Augen und der offenstehende Mund der Starbucks-Lady neben unserem Tisch beschert hatten, war von Richmond brutal zerstört worden.

»Chapeau, *Nicky*«, sagte ich und zwinkerte ihm kurz zu.

Er hatte tatsächlich Eier in der Hose, das musste ich ihm lassen. Ob ich diesen »Nicky-Quatsch« lassen könnte? Ich könnte, wenn ich wollte. Wollte ich? Nein! Ich hätte zu gerne gewusst, zu welcher Sorte Mensch Richmond gehörte. Irgendwas an ihm zog mich an, aber andererseits hatte ich da dieses Eiszapfen-Gefühl in meinem Bauchnabel. Alte Männer hatten es im Urin – ich im Bauchnabel. Vielleicht war ich aber auch einfach nur paranoid. Ich vertraute nicht mal Rob und dabei gehörte der zu der Handvoll Menschen, die mich nie enttäuscht hatten.

»Rob, schön dich zu sehen! Er gehört zu deinen Freunden? Du hältst die Hand für ihn ins Feuer?«, fragte ich mit einem Seitenblick auf Richmond. Die Zeit für Scherze war vorbei.

Rob sprang wie von der Tarantel gestochen auf.

»O-Oh … Sorry, Leute, ohne mich. Da halte ich mich raus, dafür kenne ich euch beide schon zu lange. Rich, wir sehen uns später … Cherry!«

Ich atmete durch, knöpfte meine Bluse zu, fasste meine Haare zusammen und steckte sie mit einem Kugelschreiber, der herumlag, hoch. Ich konnte auch anders.

»Na gut! Wo stehen wir?«

Rich

Ja, wo standen wir?

Für einen kleinen Moment sah ich sie irritiert an. Was sollte das? Ich verstand die ganze Aktion nicht. Wäre ich ein Typ, wie es sie zu tausenden da draußen gab, wäre ich an dieser Stelle sauer gewesen. Was, wenn ich sie gemocht hätte? Also, nicht so, wie ich Frauen mochte, sondern so, wie es hoffnungslose Romantiker taten? Solche, die in solchen Momenten ihr Herz hören und ihren Puls spüren konnten? Die sich vielleicht Hoffnungen gemacht hätten? Ich war froh, keiner von denen zu sein. Ich suchte Frauen nach zwei Hauptkriterien aus: Optik und Verfügbarkeit. Das war keine besonders sympathische Eigenschaft von mir, aber ich hatte mich ganz gut damit arrangiert. Und hochgesteckte Haare mochte ich nun mal absolut überhaupt nicht. Meine Urgroßmutter hätte das modisch gefunden. Im einundzwanzigsten Jahrhundert wirkte das auf mich aber eher wie Männer im Gehrock. Somit konnten wir uns nun auf das konzentrieren, warum sie eigentlich wirklich da war.

»Du musst hier weg«, sagte ich dann und glaubte in keinem Moment, dass das das Ende der Diskussion sein konnte.

Cherry lachte. Sie beugte sich nach vorne und legte ihre Hand auf meinen Arm. Das war angenehm, dennoch zog ich ihn nach der Nummer eben zurück. Ich wollte ihr umgekehrt keinesfalls Hoffnungen machen.

War das tatsächlich Unsicherheit in ihrem Blick? Es hatte für einen Moment fast den Anschein, dann hatte sie sich wieder gefasst.

»Netter Versuch«, lächelte sie kopfschüttelnd. »Ist das alles, was du hast? Ich muss hier weg?«

Ich schaute mich um, ob uns jemand beobachtete. Das war schließlich nicht gänzlich auszuschließen.

»Hör zu, Cherry oder wie du richtig heißt.« Eine Sekunde hielt ich inne, als erwartete ich darauf eine Antwort. Die erhielt ich auch in Form eines angedeuteten Lächelns. »Was ich dir habe zukommen lassen wollen, war ein USB-Stick mit den Fotos des Paparazzo.«

Oh, wie sich ihr Blick verfinsterte. Sie war richtig böse und für einen Moment befürchtete ich, ihr aufsteigendes Adrenalin könnte direkt aus ihren zusammengekniffenen Augen herausspritzen.

»Kannst du das bitte wiederholen?«

Ihre Stimme klang gespenstisch ruhig. Ihre Vamp-Maske war gefallen und mir wurde klar, dass ihr das alles ganz und gar nicht gefiel. Sie offenbarte plötzlich unfreiwillig eine Sicht auf eine ganz neue Facette, eine menschlichere: Sie wirkte auf einmal verletzlich. Das gefiel mir. Zum Glück konnte sie meine Gedanken nicht lesen.

»Denkst du, ich lass´ den Typen mit einem Foto von dir entwischen?«, fragte ich fast beleidigt.

Ein Auge blickte immer wieder vorsichtig zu ihrer rechten Hand, so als rechnete ich jederzeit mit einer Ohrfeige. Wäre nicht meine erste gewesen …

Cherry Loster war sprachlos. Ich redete einfach weiter in der Hoffnung, sie würde sich schnell wieder fangen.

»Hab' sie ihm direkt nach dem Foto abgenommen, als du den Gang an uns vorbeigerauscht bist.«

Das darauffolgende Grinsen hatte ich nicht geplant.

»Rich, du bist ein Arsch. Aber ich nehme an, ich bin nicht die Erste, die dir das sagt.«

Das Grinsen mutierte zu einem verlegenen Lächeln, unterstützt von einem Achselzucken und einem entschuldigenden Blick.

»Wo ist der USB-Stick jetzt?« Ihr Tonfall war bei eiskalt angekommen.

»Tja, in den falschen Händen offenbar. Ich hatte ihn an der Rezeption für dich hinterlegt. Wenn du ihn nicht erhalten hast …«

»Hab' ich nicht! Das war also das Todesurteil für Jennifer Wilcox? Der USB-Stick mit meinem Bild drauf?«

»Nicht nur du warst drauf. Im Hintergrund waren noch zwei Personen zu sehen, die dich und Pacheco beobachtet haben. Und das waren nicht die beiden Männer, die festgenommen worden sind.«

»Und da bist du dir so sicher, weil …?« Cherry sah mich aus großen Augen erwartungsvoll an.

»Weil einer der beiden eine Frau war.«

»Bitte?«, schrie sie so laut, dass der halbe Laden seine Blicke auf uns richtete. »Rich, und wann wolltest du mir das sagen? Ich weiß, du warst im Hotel, aber dann bist du einfach weg. Gibst der armen Rezeptionistin den Stick und ihr damit eine Verantwortung, der sie sich überhaupt nicht bewusst war, oder? Und lässt mich alleine, ohne dass ich weiß, dass ich da auf dem Präsentierteller stehe? Beschreibt das ungefähr den Ablauf? Warum zum Teufel hast du mir das Bild nicht über Facebook geschickt?«

Jetzt hatte es Cherry geschafft, dass ich meinen Puls spürte. Aber nicht auf die romantische Art …

»Ich dachte, du wärst sicher da, nachdem überall auf den Gängen Personal herumschwirrte. Und per Facebook? Ernsthaft? Ich verschicke so sensible Daten doch nicht über das Internet!«

»Nein, du gibst sie lieber der Rezeptionistin deines Vertrauens.« Cherry schüttelte den Kopf. »Warum hast du nicht einfach geklopft? Warum … «

Ja, gute Frage.

»Ich dachte, du kämst auf falsche Gedanken. Ich wollte nicht …«

Cherry

Sollte ich ihm gleich eine knallen oder erst, nachdem ich ihn wie eine Zitrone ausgequetscht hatte? In mir brodelte ein Vulkan und mit geschlossenen Augen versuchte ich, ihn unter Kontrolle zu bringen. Sinnlos! Langsam, ganz langsam beugte ich mich vor. Richmond hatte keine Ahnung, wie nah er am Abgrund stand. Als wir fast Nasenspitze an Nasenspitze waren, flüsterte ich: »Fuck you! Gottverdammtes Arschloch. Ich habe zwei Killer am Hals und du machst dir Sorgen um … Um was eigentlich? Dass ich dich in mein Bett schleife und über dich herfalle? Glaubst du wirklich, ich hätte es so bitter nötig?«

Ich sah die Szene direkt vor mir. Meine Wut fiel in sich zusammen und ich schaffte nur es mühsam, mein Lachen zu unterdrücken. »Das hast du dir gedacht? Echt?« Mein Schmollmund und mein Augengeklimpere hätten Marilyn Monroe vor Neid erblassen lassen. »Oder hattest du Angst, dass du meiner Leidenschaft nicht Herr wirst?«

Niclas Richmond schluckte. Ich hätte meinen Arsch drauf verwettet, dass er peinlich berührt war, doch dann passierte etwas Unerwartetes: Niclas Richmond gähnte. Während ich ihn gerade nach allen Regeln der Kunst auszuzählen versuchte, gähnte er und wagte es danach, mich auch noch freundlich anzulächeln.

Er räusperte sich. »Cherry, ich dachte …«

»Oh, ich hoffe doch, dass du denken *kannst*. Und jetzt fang damit an. Was weißt du noch? Vielmehr, was geht dich die ganze Pacheco-Sache eigentlich an? Rob sagte nur, dass du auch dran bist. Bist du einer dieser Yellow Press-Vertreter? Dann hast du deine Sensation doch schon. Pacheco ist tot und du kannst dich vom Acker machen.«

Meinen Pseudo-Charme hatte ich wieder weggepackt, ich brauchte Fakten. Es sah allerdings nicht so aus, als hätte er welche. In dem Moment gab mein Handy ein Brummen von sich und ich wusste, Andy schickte eine SMS:

»Niclas Richmond – ›Hedderby-Skandal‹ (1990). FBI-Zusammenarbeit mit Richmond – Stan Willeford, illegale Autorennen – Mafiaverbindung? Fehlschlag! Hab dir die wichtigsten Seiten fotografiert – siehe Anhang. Pass auf!«

Eine Erinnerung blitzte auf. Vor fünf Jahren war ich kurze Zeit in der Taskforce »Lolita« gewesen. Kinderpornografie, Kinderprostitution und Mädchenhandel. Tagelang hatte ich die uralten Akten aller Mafia-Angehörigen durchforstet. Da war irgendwas mit einem Journalisten gewesen, dem man die Schuld am Misslingen eines Einsatzes zugeschoben hatte. Die Details hatte ich nicht mehr im Kopf. Hedderby, ich hatte mich also richtig erinnert. Richmond war *der* Richmond, der aufgehende Stern am Journalistenhimmel damals gewesen.

»Wer bist du nun wirklich, Cherry Loster? Für wen arbeitest du? FBI? Ernsthaft? Ich kenn´ den Laden ganz gut. Du passt da rein wie Madonna in einen Kirchenchor. Soll ich dir sagen, was ich denke? Du arbeitest für irgendeine scheiß Versicherung, die diese Dokumente zurückhaben will. Irgendwie so was. FBI …

Pff!« Er lehnte sich mit verschränkten Armen und hochgezogener Augenbraue zurück. »Wenn ich Yellow Press wäre, was hätten wir beide uns dann wohl noch zu sagen?«

Oh, war der Herr sensibel in Bezug auf seine Profession? Ich hatte keine Zeit mehr für Spielchen und stand auf.

»Schade, Rich. Ich war wirklich bereit, dir eine Chance zu geben. Rob arbeitet normalerweise nicht mit Idioten. Ruf' mich an, falls du es dir anders überlegst!«

Ich zog den Kugelschreiber aus meinen Haaren und schnippte ihn im Vorbeigehen auf den Tresen. Die Starbucks-Lady namens Tamlyn hatte sich zwar zurückgezogen, uns aber nicht aus den Augen gelassen. Wahrscheinlich war sie heiß auf Richmond. Ich konnte es mir nicht verkneifen.

»Süße, wenn du heute Nacht Spaß haben willst, gib' ihm nicht zu viel Kaffee. Du weißt schon … In seinem Alter … Das Herz, er bringt's dann nicht mehr!«

Ich lächelte sie mit meinem süßesten Beste-Freundinnen-Lächeln an und sah, dass ich wegkam. Ich war nicht mal mehr sauer, sondern nur noch enttäuscht. Heimlich hatte ich gehofft, mit Richmonds Hilfe ein wenig Licht in dieses Chaos zu bringen. Ich würde mich wohl doch noch mal mit Tommy Donell unterhalten müssen. Ins Rathaus wollte ich auch noch. Dort gab es meistens eine Sekretärin mit langer Dienstzugehörigkeit, die alle Tratsch- und Klatschgeschichten der Stadt kannte.

Rich

Ich wusste nicht, worauf ich als Erstes reagieren sollte. Ja, ich war verärgert und genau das hemmte meinen Gedankenfluss. Ich wurde aus dieser Frau nicht schlau. Sehr wohl hatte ich gehört, was Cherry im Vorbeigehen zu Tamlyn gesagt hatte, und hatte mich fast für sie geschämt. Das war so … *unerwachsen*! Ich hätte es verstanden, wenn Cherry zwanzig gewesen wäre, aber das musste lange her sein. War es ihr gar nicht peinlich, dass ihr Lolita-Auftritt bei mir nicht gezündet hatte? Die meisten Männer hätten wohl einiges dafür getan, um von ihr geküsst zu werden. Aber ich war nicht »die meisten Männer« und das war mir einfach zu aufgesetzt gewesen. Eine Weile, als sie mir längst wieder gegenübergesessen hatte, waren ihre Lippen auf den meinen immer noch spürbar gewesen. Angenehm spürbar. Aber das hatte ich mir nicht anmerken lassen.

Und dann, ganz ehrlich, wusste sie, dass ich Journalist war, und sie wusste, dass ich die Karte gehabt hatte. Konnte sie ernsthaft glauben, ich hätte keine Kopie davon angefertigt? Wenn sie sich nicht so von ihren Gefühlen hätte leiten lassen, wäre ihr das klar gewesen! Das war schlichtweg unprofessionell!

Oder hatte sie gehofft, ich würde ihr nun wie ein Idiot hinterherrennen? Na, das konnte sie sich abschminken.

Ganz ruhig stand ich auf und setzte meine unschuldigste Miene auf, die meine Gesichtsmuskeln hergaben.

Tamlyn dagegen sah aus, als hatte sie einen Geist gesehen.

»Die Frau ist böse!«, sagte sie in einem Ton, der zartbesaiteten Zeitgenossen einen Schauer über den Rücken jagen konnte. »Bring´ sie nie wieder hierher!«

Ich konnte mich nicht entsinnen, sie jemals hier hergebracht zu haben.

»Ich muss wissen, was sie weiß!«, antwortete ich.

Aus irgendeinem Grund wurde ich das Gefühl nicht los, sie wusste mehr, als ihr Girlie-Auftritt gerade hatte vermuten lassen.

»Okay.« Vielsagend sah mich Tamlyn mit weit aufgerissenen Augen an, die sich vergewisserten, dass keine weiteren Mithörer in der Nähe waren.

»Ich kenne eine Frau, die Geschichte studiert hat. Sie ist eine absolute Koryphäe, wenn du mehr erfahren willst über Dinge, die in New Orleans passiert sind. Schreckliche Gräueltaten vergangener Jahrhunderte, vergessene Geheimbunde und solche, die angeblich bis in die heutige Zeit überlebt haben. Damit ist nicht zu spaßen. Manche nennen sie verrückt, ich nenne es leidenschaftliche Recherche. Ich schicke dir nachher eine SMS, wo du sie treffen kannst. Wenn sie dich treffen will. Und ...« Ihre Hand krallte sich in meinen Arm und sie zog mich an sich. »... wenn du sie wirklich treffen willst. Überlege es dir gut! Die Dinge, die hier gerade passieren, beunruhigen mich, und ich möchte auf keinen Fall noch tiefer da hineingezogen werden. Nimm es als finale Gefälligkeit.«

Tamlyns Augen wurden immer kleiner, ihre Stimme immer leiser, je länger sie sprach. Ich spürte ihre Angst. Sie war so echt, dass meine Hand unabsichtlich nach meiner Glock tastete, um zu prüfen, ob sie sich noch am rechten Fleck befand.

Höflich bedankte mich und ging hinaus auf die Straße. Als Erstes musste ich nun Lieutenant Donell anrufen und mit ihm einen Treffpunkt ausmachen. Der Einfachheit halber bestellte ich ihn ins Cunningham's. Den Laden kannte ich wenigstens schon. Natürlich konnte ich ihn nur überreden, weil ich ihm erzählte, Neuigkeiten über den Typen im Hotel zu haben. Tommy war gleich Feuer und Flamme und nur eine halbe Stunde später saßen er und eine sehr junge Kollegin mit mir am selben Tisch.

»Wo fang´ ich an?«, grinste ich. Direkt war wie immer das Beste. »Also, ihr könnt die Fahndung nach dem Typen im Hotel einstellen. Das war ich.«

Die Kollegin war schon im Begriff aufzuspringen und mir Handschellen anzulegen, was für sie ziemlich übel ausgegangen wäre. Mit Handschellen hatte ich alles andere als gute Erfahrungen gemacht, auch wenn es da weniger um eine Verhaftung gegangen war. Zum Glück konnte Tommy seine Kollegin schnell wieder beruhigen.

»Das ist Niclas Richmond«, sagte er sehr leise. »Ich kann dir da Storys erzählen ... Wenn er im Hotel war, dann sicher nicht, um eine Rezeptionistin zu überfallen, eher um sie zu ...« Er redete nicht weiter, sondern zwinkerte mir breit grinsend zu.

Mir war klar, worauf er anspielte. Die Geschichte von mir und der hübschen Rezeptionistin aus Toronto kannte wohl jeder in Erie County und da kam ja auch Tommy ursprünglich her. Das war mir zwar ziemlich unangenehm und auch seine Kollegin sah erst ihn und dann mich ziemlich angewidert an, aber wenn es half, hier meine Haut zu retten, konnte es mir nur recht sein.

Mir war klar, dass Tommy nicht viel sagen würde, wenn ich ihn nach dem Stand der Ermittlungen fragte. Umgekehrt war auch klar, dass ich ihm von der SD-Karte nichts erzählen wollte. War das NOPD da erst mal dran, war die Story tot für mich. Aber eines wollte ich doch noch wissen.

«Jetzt mal ehrlich: Cherry Loster … Was ist die Geschichte dahinter? FBI? Ehrlich? Ich glaub das nicht.«

Tommy wurde rot und seine Kollegin sah ihn nur streng mit dem »Du wirst doch nicht darauf antworten«-Blick an.

»FBI«, sagte er dann etwas zu unsicher. »Haben die Kollegen gleich vor Ort überprüft.«

»Ihre Marke …«, begann ich, aber er fiel mir gleich ins Wort.

»… die ist nicht gefälscht. Und zudem haben die Kollegen das auch mit dem FBI aufgenommen.«

»Mit wem da?«

»Rich!« Tommy beugte sich nach vorne, während seine Kollegin am liebsten im Erdboden versunken wäre. Frisch von der Akademie, da lernte man natürlich, auf solche Fragen nicht einzugehen. Ganz leise, sodass der Frischling nichts mithören konnte, flüsterte er: »Frag nicht weiter nach, das bringt nichts. Ich kann für Cherry genauso die Hand ins Feuer halten, wie ich es gerade für dich gemacht habe. Ihr verschwendet beide Energie, wenn ihr euch aufeinander konzentriert.« Um dann wieder lauter zu werden. »Glaub mir, Rich, es ist zu gefährlich. Für euch beide. Ihr solltet eure Zelte abbrechen.«

Seine Kollegin schnaubte verächtlich, denn Tommy war nicht gerade ein Meister der Scharade. Vielleicht hatte ich auch einfach zu breit gegrinst.

Kapitel 15 (New Orleans)

Cherry

Fassungslos stieg ich in meinen Flitzer. Hatte er mir tatsächlich vorgeworfen, ich wäre … Ja, was eigentlich? Ein Blick in den Spiegel bestätigte mir, dass ich sicher nicht dem Bild der typischen FBI-Agentin mit dem Stock im Arsch entsprach. Aber das hatte ich nie. Na und? Ich war in meinem Job immer gut, wenn nicht sogar die Beste, gewesen.

Ich konnte mich nicht erinnern, wann ich mich das letzte Mal so wütend und gleichzeitig so gekränkt gefühlt hatte. Nur weil ich gerne flirtete und Spaß hatte, glaubte der Kerl ernsthaft, ich wollte ihm unbedingt an die Wäsche? So sehr, dass er mir den USB-Stick mit dem Foto nicht direkt geben konnte? Gut, er hatte mich nicht gleich über die Klinge springen lassen und offensichtlich Wache gehalten. Als ob ich auf einen Journalisten oder Privatdetektiv – Was war er überhaupt? – angewiesen gewesen wäre. Wie man sehen konnte, hatte seine Aktion Jennifer Wilcox das Leben gekostet. Ich hasste es, wenn Leichen meinen Weg pflasterten. Unbeherrscht hämmerte ich mit meiner Faust auf das Lenkrad und beschloss, den Typen vorerst zu vergessen. Mit chauvinistischen Selbstdarstellern und Arschlöchern konnte ich nichts anfangen. *Scheiß´ auf das Foto!* Er hatte sicher irgendwo eine Kopie abgespeichert, das taten diese Zeitungsfuzzis doch immer, aber *ihn* würde ich nicht anbetteln. Jeden anderen, aber nicht ihn. Dabei hatte ich ihn anfänglich wirklich für einen coolen Typen gehalten.

Auf der Fahrt zu Madame Bourbons – Éclairs et Croissants du Roi beruhigte ich mich wieder. Ich hatte immerhin einen Job zu erledigen.

»Hallo Kindchen«, begrüßte mich Madame Bourbon. »Was ist mit Ihnen passiert? Ihren geröteten Wangen nach … steckt da ein Mann dahinter?«

Kindchen? Ich? Ich konnte nicht anders als zu lächeln.

»Es steckt doch immer ein Mann dahinter, oder, Madame Bourbon?«, fragte ich leicht sarkastisch, bevor ich erklärte, warum ich wirklich hier war.

»Ich brauche etwas, um ein paar Herzen im Rathaus zu erweichen, Madame. Können Sie mir da helfen?«

»Ich bin einfach Maggie, Kindchen, und ich habe das absolut Richtige für Sie – Nougat-Marzipan-Croissants. Ein paar Minuten brauchen sie noch im Ofen. Trinken Sie einen Kaffee in der Zwischenzeit, das beruhigt die Nerven«, meinte sie und stellte mir eine Tasse echten italienischen Espressos hin. Der Duft, den dieser Fingerhut an Kaffeetasse verströmte, ließ mich das Desaster mit Richmond fast vergessen, und als Maggie noch einen Löffel Schlagsahne mit Zimt obenauf gab, wähnte ich mich im Himmel. Ich liebte Schlagsahne mit Zimt.

Zwanzig Minuten später betrat ich ausgeglichen mit noch warmen, duftenden Croissants das Rathaus. Seit 9/11 waren auch hier Body Scanner im Einsatz. Sogar mein FBI-Ausweis half mir nichts, ich musste durch und Jackie und Johnny abgeben.

»Billy, Sie passen doch gut auf die beiden auf?«, fragte ich den Security-Beamten, der meine kleinen sichelförmigen Kampfmesser mit bewundernden Blicken bedachte, bevor sie in der dafür vorgesehenen Box verschwanden.

»Was macht eigentlich Delacroix, Agent Loster?«

Ich machte immer meine Hausaufgaben und so wusste ich, dass Delacroix vor zwei Jahren aus dem Amt ausgeschieden war.

»Delacroix befindet sich im wohlverdienten Ruhestand. Zudem arbeite ich nicht im hiesigen Büro. Bin aus Los Angeles abkommandiert worden, um einen alten Helikopter-Unfall zu überprüfen. Dachte, hier ist sicher jemand, der mir was ›off the record‹ sagen kann. Ich brauch' ein paar richtig gute Infos, damit ich punkten kann. Hab' es mir auf der letzten Weihnachtsfeier mit der Frau vom Boss verscherzt.«

Ich grinste Billy leicht verunsichert an. Er konnte mir oder eher – seiner schnuppernden Nase nach zu urteilen – dem Duft der warmen Croissants nicht widerstehen.

»Haben Sie hier wirklich das drin, wonach es riecht? Dann reden Sie am besten mit Millicent Mercer. Sie war beim alten Bürgermeister Sekretärin und bei dem davor und davor. Nach ›Katrina‹ wurde ja aufgeräumt und Milli, die gute Seele, musste leider auch dran glauben. Sie haben sie ins Archiv gesteckt.«

Ich sah ihn fragend an.

»Milli hat sich damals die Zunge verbrannt«, sagte er. »Sie erinnern sich nicht an die Presseartikel ›Whistleblower in der NOLA City Hall‹?«

»Der Skandal um verschwundene Spendengelder aus dem Katastrophenfonds?«

»Milli wusste immer schon ganz genau, was richtig und falsch ist. Nichts hätte sie davon abhalten können, die Wahrheit zu sagen. Aber das haben Sie nicht von …«

»Klar doch. Nicht von Ihnen, Billy. Danke.«

»Nehmen Sie den Aufzug links, zweiter Stock, Gang rechts nach hinten bis zum Ende, durch die Glastür und dann den Halbstock hinauf. Und lassen Sie ein Stück für mich übrig.«

Ich zwinkerte Billy zu und machte mich auf den Weg zu Millicent Mercer. Richmond mochte Journalist sein, aber er war nicht der Einzige, der wusste, wie man Leute zum Reden brachte. Ich pfiff auf seine Informationen und kam alleine sowieso viel besser zurecht.

Rich

Ich hatte nicht einmal einen Namen. Das machte mich nervös. Normalerweise hatte ich immer einen und mit Glück konnte ich mir dadurch vorher schon ein kleines Bild machen. Früher war ich darauf angewiesen gewesen, dass irgendeine Gazette oder das Fernsehen diesen schon einmal erwähnt hatte. Aber seit mir mein Freund Vince sein altes Blackberry überlassen hatte, ergänzten sich Google und ich nahezu perfekt.

Warum hatte Tamlyn da nur so ein Geheimnis draus gemacht? Ich sollte eine Frau treffen, die Geschichte studiert hatte, keine Spionin. Und doch stellte ich mich im Geiste schon mit »Ich bin Richmond. Niclas Richmond« vor und schmunzelte. Das »Rich-Girl« würde wahrscheinlich noch älter sein als ich, eine dicke, dunkle Brille und aus der Mode geratene Gesundheitslatschen tragen. Und natürlich einen großen Hut, der ihr Gesicht verdeckte, denn sie war ja verdammt noch mal auf geheimer Mission.

Der Treffpunkt führte mich ins French Quarter, die St. Louis Street hoch an den Mississippi. Direkt am Fluss, der sich an dieser Stelle nur wenig spektakulär präsentierte, befand sich ein überdachtes Rondell. Ich setzte mich auf eine der Stufen mit Blick auf den Ol' Man River. Es waren einige Leute da und es konnte jede Frau sein, die allein unterwegs war, daher machte ich mir nicht die Mühe, sie herbeischauen zu wollen.

»Niclas Richmond?«, hauchte eine Stimme neben mir mit einem sehr charmanten, leicht neckischen Unterton.

Ich hob den Kopf und verschluckte fast das »Ja«.

Cool bleiben, sagte ich mir.

Vor mir stand die Geschichtskoryphäe und sah so ganz anders aus als die aus dem Katalog. Hollywood-Barbies mussten vor Neid erblassen! Vor mir stand die ultimative Bestbesetzung für Wonderwoman! Schlanker, durchtrainierter Körper mit langen Beinen, dennoch einer sehr weiblichen Note und einem fast kindlichen Gesicht, das von langen, dunkelrotbraunen Haaren umspielt wurde. Ich schätzte sie auf Ende Zwanzig.

»Rich, darf ich?« Ihr Ton war sehr vertraut, fast intim, sodass ich Tamlyns Geheimniskrämerei noch viel weniger verstand.

Ich nickte und sie setzte sich neben mich. Und zwar so nah, dass ihr rechtes Bein mein linkes leicht berührte.

»Ups«, kicherte sie und zwinkerte mir zu, während sie leicht wieder von mir abrückte.

COOL BLEIBEN! Meine innere Stimme schrie ins Leere, während meine Nase ein dezent, aber wirkungsvoll aufgetragenes Parfüm erfasste, das ich nicht sofort einordnen konnte. Es war ein rosiger Duft mit einem leichten Kaffeearoma. Nie zuvor hatte ich so etwas gerochen und ich hätte dieses Mal keinen Tipp abgeben können, abgesehen von der Einschätzung, dass man so einen Duft in einem ordinären Drogeriemarkt nicht bekommen konnte. Dafür musste man sicher eine Menge Scheine hinblättern.

»Kein Problem«, antwortete ich mit meinem gelassensten Gesichtsausdruck.

»Okay, gut«, lachte sie und ihre Augen strahlten mich an. »Ich bin Sandrine Lorraine. Du wolltest mich sprechen, ich bin hier. Was willst du wissen?«

Sie war direkt und kam sofort zur Sache, das gefiel mir. Ebenso gefiel mir ihr französischer Akzent, der ihrer Stimme noch einen Hauch mehr Charme verlieh.

»Du hast von dem Toten gehört vor dem Coeur de Lis?«

»Luis Pacheco.« Wonderwoman nickte. »Ging durch die Presse. Vor allem nach den Verschwörungstheorien, die er zuvor verbreitet hat.«

»Verschwörungstheorien?« Ich schüttelte den Kopf. »Das ist so ein neues Modewort, oder? Wenn man jemanden unglaubwürdig erscheinen lassen möchte, gibt es keinen passenderen Ausdruck dafür! An Verschwörungstheorien glauben ja nur die naivsten Menschen. Wer will sich dazu schon zählen?«

Sandrine lächelte. »Tamlyn hat mir einiges über dich erzählt. Aber sie scheint nicht zu wissen, dass du auch Hobbypsychologe bist.«

War da ein ironischer Unterton?

»Ich bin von Beruf her Skeptiker«, sagte ich achselzuckend.

»Ehrlich? Für so was würde ich auch gerne mal bezahlt werden«, erwiderte sie mit funkelnden Augen. Schokobraun.

RICH!

»Also«, versuchte ich es noch einmal sachlich. »Warum sollte ein Mann solch eine Geschichte erfinden? Dokumente zu besitzen, die angeblich vom Sonnenkönig persönlich verfasst worden sind? Um sich wichtig zu machen?«

»Das ist eine gute Frage. Er hat auf sich aufmerksam gemacht«, antwortete Sandrine.

»Ja, ist ihm ja prächtig bekommen!«, schnaubte ich verächtlich.

»Du darfst nicht vergessen, dass er die Geschichte erst erzählt hat, nachdem er überfallen wurde. Warum nicht vorher?«

Das war in der Tat ein wichtiger Punkt. »Was mich noch mehr interessiert, ist die Frage, von wo er diese Dokumente erhalten haben will. Wie kommt man an Besitztümer von altertümlichen Königen?«

Sandrine lachte.

»Was?«

»Du hast Altertum gesagt.«

Sie sah mich an wie einen Schuljungen.

Unschuldig hob ich die Schultern. »Falsch, oder?«

»Nur um etwas mehr als tausend Jahre.« Sie lachte und sah mich mitleidig an. »Ihr Amerikaner wisst nichts über Geschichte, über Europa, über Frankreich, oder? Alleine, den Vordenker seiner Zeit ›altertümlich‹ zu nennen, ist ein Frevel! Der König hätte nach Riechsalz verlangt! Und zwar mehr, als es seiner Gesundheit gutgetan hätte.«

Das machte mich nervös. Sie wusste genau, wie ich das Wort »altertümlich« gemeint hatte. Wenn *ich* so etwas tat, nannte man mich einen Klugscheißer.

Fast hatte ich die eigentliche Frage vergessen.

»Nun gut«, entsann ich mich schließlich. »Nehmen wir doch einfach mal an, es gab geheime Dokumente des Sonnenkönigs, die noch nie an die Öffentlichkeit gelangt sind. Was zum Teufel machen die in Louisiana? Und wie sollen die dort hingekommen sein?«

»Oh, da gibt es so viele Möglichkeiten«, schmunzelte Sandrine. »Es gibt in Versailles ...« Sie stockte und sah mich prüfend an. »Du kennst Versailles, oder?«

Ich verzog beleidigt das Gesicht.

»Entschuldigung, ich war mir nicht sicher. Im Schloss Versailles gibt es viele Geheimgänge. Viele Möglichkeiten, etwas zu verstecken. Schon sein direkter Nachfolger war ihm nicht sehr wohlgesonnen, so hat er vielleicht einem Vertrauten die Schatulle überlassen. Und so wurde sie vielleicht übergeben, von Generation zu Generation bis hin zur Französischen Revolution.«

An die erinnerte ich mich. Das hatten wir irgendwann mal in der Schule lernen müssen und ich musste zugeben, dass ich von dem eh übersichtlichen Wissen seinerzeit kaum etwas hatte bewahren können. Von einer Schatulle hatte ich allerdings in diesem Zusammenhang noch nie etwas gehört. Befanden sich darin die Dokumente, von denen Pacheco gesprochen hatte?

»Das Schloss stand leer. Über eine sehr lange Zeit. Und es war nicht wirklich so, dass es bewacht wurde. Vielleicht hat jemand die Dokumente gefunden und nicht gewusst, wie er sie einsetzen konnte. Oder nicht verstanden, was uns der König damit sagen wollte. Andererseits sind viele Adelige geflohen, die die Zeichen der Zeit vorausgesehen haben. Es gab in London ganze Viertel voll mit verarmtem französischen Adel, der vom englischen König eine Weile unterstützt worden ist. Die Überfahrt nach England kostete manchen die letzten Reserven. Möglicherweise hat jemand versucht, den Fund dort zu Geld zu machen. Und dann kam die Zeit, wo der englische König selber in die Bredouille kam, da die Kosten für die Unterstützung sich kaum noch rechtfertigen ließen. Da wird der, der es sich noch leisten konnte, überlegt haben, ins gelobte Land auszuwandern. Und für Louisiana haben sich viele Franzosen entschieden, insofern wäre es eine größere Überraschung gewesen, in Los Angeles darauf zu stoßen.« Verschmitzt sah sie mich an. »Außer in eurem Hollywood vielleicht!«

Amüsiert registrierte sie mein Augenrollen. Das war ja alles gut und schön, klärte aber nicht das Hauptproblem.

»Es bleibt dann trotzdem die Frage: Warum ist das im Jahre zweitausendvierzehn einen Mord wert?«

»Das weiß ich auch nicht!«

»Die Frage ist zudem: Was wäre so wertvoll, dass eine Schatulle wie diese auch nach der dritten Generation noch weitergegeben wird? Sicher wird doch jede Generation irgendwann neugierig sein und wissen wollen, was sich darin befindet. Das muss ja mindestens über Jahrzehnte eine Brisanz gehabt haben, denn sonst wäre sie schon viel eher verschollen.«

»Wer sagt, dass sie das nicht längst ist?« Sandrine hob die Augenbrauen.

»Aber es wäre möglich?«

»Vielleicht, ja. Es gab immer wieder Ereignisse in der Geschichte, die alles infrage stellten, was man vorher meinte zu wissen.«

Nachdenklich wandte ich meinen Blick auf den Mississippi. »Die beiden Männer, die festgenommen wurden, hatten wie Pacheco spanische Wurzeln. Vielleicht sind sie sogar Spanier, wir warten da leider immer noch auf die offizielle Pressekonferenz der Polizei von New Orleans.«

»Das ist dein Metier. Meines ist die Geschichte. Und ich glaube, entweder hat die Schatulle nie existiert oder, wenn doch, dann ist sie in England konfisziert oder verkauft worden. Spätestens in England, glaube ich, verliert sich die Spur.«

Ich konnte zustimmen oder nicht. Aber wenn Sandrine Lorraine einräumte, dass es eine Schatulle gegeben und sie es bis nach England geschafft haben konnte, dann gab es keinen Grund, daran zu zweifeln, warum sie nicht die Staaten hätte erreichen können. Mir schwirrte der Kopf.

»Eine Frage habe ich noch. LV. Was kann das bedeuten?«

Sandrine sah mich fast etwas erschrocken an. Das war merkwürdig.

»In welchem Zusammenhang?«, fragte sie und zum ersten Mal entdeckte ich Unsicherheit in ihrem Blick.

»Ich weiß es nicht. Vielleicht in dem mit dem Mord? Jemand gab mir einen Tipp.«

Sandrine lachte.

»Du 'ast einen Tipp bekommen bezüglisch des Mordes? Und der Tipp lautete LV?«

Ihren französischen Akzent konnte sie auf einmal nicht mehr verbergen. Ebenso ihre plötzliche Verunsicherung. Auch nicht dadurch, dass sie mir beim zweiten Satz zuzwinkerte und ihre Hand über mein Haar auf meine Schulter gleiten ließ.

»Louise de la Vallière, richtig?«, fragte ich ruhig und hielt ihrem Blick stand.

»Sie ist lange tot«, sagte Sandrine leise und nahm zu meinem Bedauern ihre Hand von mir. »Ich kann dir beim besten Willen nicht helfen.« Dann stand sie auf, sah mich noch einmal an und sagte: »Wenn das alles ist, was du hast, hast du nichts.«

Ich blickte ihr danach noch lange hinterher in dem sicheren Gefühl, dass sie unrecht hatte.

Cherry

Ich folgte Billys Beschreibung und landete irgendwann vor einer schmalen Tür. Daneben ein Schild mit der Bezeichnung »Public Archive of New Orleans, Millicent Mercer, Administration Manager«. Wie übertrieben die Bezeichnung war, wurde mir in der Sekunde klar, als ich das Büro nach einem kurzen Klopfen betrat. Büro war ein unzureichender Begriff, Besenkammer hätte es besser getroffen. Mrs. Mercer erinnerte mich an die verstorbene Queen Mum, die kleine englische Lady mit ihren bonbonfarbenen Kostümen.

»Guten Tag, Miss Loster, wie kann ich Ihnen behilflich sein?«

Unwillkürlich erwiderte ich ihr Lächeln, obwohl ich verdammt noch mal wissen wollte, woher sie meinen Namen wusste.

»Verzeihung, *Agent* Loster, natürlich.« Ihre Augen blitzten vergnügt. »Billy hat mich informiert, er ist mein Enkel.«

Irritiert sah ich zu, wie sie sich unter den Schreibtisch bückte.

»Ma'am?« Ich räusperte mich kurz, bevor ich fortfuhr: »Ich ermittle für das FBI in einem alten Fall und stieß auf den Unfall von Pablo Pacheco. Offensichtlich war er ein hochdekorierter Bürger ihrer Stadt. Das war …« Ich kam nicht dazu auszureden.

»2013. Er stürzte mit dem Helikopter ab und landete im Mississippi. Ich könnte sagen, tragisch. Armer Pablo. Aber das wäre gelogen! Setzen Sie sich!«

Plötzlich tauchten ein Flachmann und zwei Gläser vor mir auf. Rasch füllte Queen Mum Mercer die Gläser zur Hälfte mit einer karamellfarbenen Flüssigkeit.

»Danke, Ma'am, aber …«

»Wenn Sie von mir alles über Señor Pablo Potente Pacheco hören wollen, trinken Sie mit mir. Cheers!«

»Cheers, Ma'am.« Mir blieb offensichtlich nichts anderes übrig, als das Spiel mitzuspielen.

Wow! Das war keine Queen Mum, das war eine verfluchte Schwarzbrennerin. Die alte Lady hatte mir Moonshine-Whiskey serviert. Ohne mit der Wimper zu zucken, fragte ich: »Wie viel? Vierundsechzig Prozent? Familienrezept?«

»Herrlich, nicht wahr?« Sie schloss genießerisch die Augen. »In meinem Alter muss man auf die Gesundheit achten. Dreimal am Tag ein Schlückchen – das bringt den Kreislauf in Schwung.«

Lachend überreichte ich ihr die Tüte mit den Croissants. Ich vergaß auch nicht zu erwähnen, dass eins für Billy wäre.

Auf dem Flur ertönten Schritte und zuerst dachte ich, sie würde den Whiskey verschwinden lassen. Doch nicht einmal, als sich die Tür öffnete und ein Mann in Mrs. Mercers Alter hereinsah, fühlte sie sich dazu veranlasst.

»Hallo, ich bin Jim Lancaster, Miss! Verzeihen Sie die Störung … Millie, ich komme später wieder.«

»Jimmy, komm' doch herein und leiste uns Gesellschaft. Das ist Agent Loster vom FBI. Sie möchte was über Potente Pachecos Unfall wissen.«

Jimmy Lancaster ließ sich nicht lange bitten und quetschte sich in den Sessel neben mir.

»Ich ermittle in einem alten Fall. Es geht um Verbindungen zur europäischen Mafia.« Angedeutete Mafiaverbindungen machten sich immer gut und brachten fast jeden zum Reden. »Den Medienberichten nach passierte der Unfall unter mysteriösen Umständen. Können Sie mir etwas dazu sagen? Und verraten Sie mir auch, warum Sie ihn ›Potente Pacheco‹ nennen?«

»Missie«, begann Jimmy Lancaster und ich fragte mich, was in diesem gottverdammten New Orleans in der Luft lag – ich war weder ein Kindchen noch eine Missie. Am liebsten hätte ich geknurrt.

»Potente? Ganz einfach, er konnte seine Hände und – sie wissen schon – nicht bei sich behalten. Er schwängerte alles, was ihm näher als zehn Meter kam und einen Rock anhatte. Seine Frau hat es irgendwann nicht mehr ertragen und den Strick genommen. Es war furchtbar, vor allem für die beiden Jungs. Kein Wunder, dass sie auf die schiefe Bahn geraten sind.«

Millicent Mercers Stimme klang gepresst. »Pacheco war ein typisch spanischer Schweinehund. Er legte Wert auf seine adelige Herkunft, aber, pah …« Kurz dachte ich, die alte Lady würde auf den Boden spucken. »Sein Verhalten …«

Jim Lancaster setzte ihre Erzählung fort. »Pacheco hatte sich an Millis Enkeltocher herangemacht. Sie war erst siebzehn, als er sie verführt hat. Clarissa war geblendet von seinem guten Aussehen und seinem Charme. Hat ihm jedes Wort geglaubt. Naiv, ja, aber … Jedenfalls hat Clarissa am Abend seines Todes bei der Gala an der Universität serviert und ihn dort auf dem Schreibtisch des Dekans in flagranti mit einer dunkelhaarigen Schönheit erwischt. Clarissa hat ihn zur Rede gestellt, doch Pacheco hat sie nur ausgelacht. Als sie ihm daraufhin einen Whiskey ins Gesicht geschüttet hat, ist er mit der anderen Frau eng umschlungen und turtelnd hinausspaziert.«

Millicent Mercer hatte sich wieder gefasst und erzählte weiter: »Clarissa hat gesehen, wie diese Frau mit ihm in seinem Wagen weggefahren ist. Noch in derselben Nacht ist Pacheco mit seinem Helikopter über dem Mississippi abgestürzt. Doch in keinem Polizeibericht, nirgends wurde später jemals diese Frau erwähnt, obwohl Clarissa ausgesagt hat.«

Ich konnte mich auch nicht erinnern, etwas von einer Frau in Pachecos Begleitung gelesen zu haben, und runzelte die Stirn. Dennoch, nichts davon war wirklich mysteriös. Die beiden hatten sich vermutlich vor dem Flug getrennt.

»Diese Frau, sie war nicht im Hubschrauber, als Pacheco abgestürzt ist.«

»Vielleicht nicht«, antwortete Jim, »vielleicht schon. Das Seltsame an der Geschichte ist: Pacheco gehörte New Orleans Night Skies – die Firma veranstaltet Helikopterflüge in der Nacht für Touristen. Sie liegt samt Landeplatz im French Quarter, dort stand auch sein Auto. Aber eines ist sicher: Pacheco ist nicht selbst geflogen – zumindest nicht freiwillig.«

Hubschrauber-Nachtflüge für Touristen, ich kannte die Werbung, sie lag im Hotel aus.

»Wieso kann er nicht selbst geflogen sein?« Was entging mir hier?

»Ich weiß von Clarissa, dass er seit einiger Zeit nachtblind war. Pacheco konnte nachts nicht mal mehr mit dem Auto fahren und bediente sich eines Limousinen-Services beziehungsweise eines Chauffeurs! Und erst recht konnte er nicht mehr selbst fliegen. Aber eitel, wie er war, hat er natürlich nicht öffentlich darüber gesprochen. Clarissa sagte, diese dunkelhaarige Frau hätte ihn an diesem Tag gefahren, sowohl zur Gala als auch wieder weg. Also wenn Pacheco seine neue Geliebte ans Steuer seines heiß geliebten Ferraris gelassen hat, wäre er doch wohl kaum so blöd gewesen, den Hubschrauber selbst zu fliegen!«

»Hm, könnte ich mit ihrer Enkelin sprechen?«

»Clarissa studiert jetzt an der Columbia in New York City. Aber ich kann Ihnen ihre Nummer geben.«

Ich tippte die Nummer in mein Handy, doch irgendwas funktionierte nicht richtig. Der Speichervorgang dauerte ewig. Sicherheitshalber steckte ich den Zettel ein, den Queen Mum Mercer mir hinhielt. Noch immer hatte ich das Gefühl, dass mir die alte Dame nicht alles sagte.

»Gibt es noch etwas, was ich wissen sollte?«

Wieder tauschten die beiden einen Blick.

»Jim? Bitte, es könnte wichtig sein!« Treuherzig blickte ich Lancaster an.

»Seien Sie vorsichtig. New Orleans ist geschichtsträchtiger Boden und der Einfluss der französischen und spanischen Könige reichte und reicht noch immer weit. Manche, die in der Geschichte New Orleans' herumwühlten, tauchten nie wieder auf. Oder wenn, dann übel zugerichtet. Denken Sie nur an Luis Pacheco. Nicht immer steckt die Mafia dahinter.«

»Sie glauben, Pablo und Luis Pachecos Tod …«

»Die Bürger von New Orleans sind die Erben Frankreichs und Spaniens. Denken Sie nach … Die Namen überall: Orleans, Bourbon, La Vallière, Hernandez. Woher stammen die wohl? Waren Sie schon im Kloster? Sagt Ihnen der Name La Vallière etwas?«

»Lisette de La Vallière? Sie war im Kloster, kam 1727 nach New Orleans. Ja.«

Millicent Mercer beugte sich zu mir vor und flüsterte: »Die Pachecos kamen zur gleichen Zeit nach New Orleans. Wie kam es wohl, dass ein armes Mädchen, eine ehemalige Gefangene, wie Lisette de La Vallière denselben Namen trug wie die Sonnenkönigin Frankreichs? Waren Sie schon im Archiv des Klosters? Aber seien Sie vorsichtig!«

Jim Lancaster tätschelte meinen rechten Arm. »Die Wahrheit kann tödlich sein, wie lange sie auch immer her ist!«

Ich fand, es war an der Zeit, mich zu verabschieden.

Ich trank den letzten Schluck aus meinem Glas. Moonshine-Whiskey ließ man nicht verkommen.

Auf dem Rückweg holte ich mir meine Messer bei der Security ab und hinterließ Grüße für Billy, der gerade Pause machte.

Pablo Pacheco war ein Schwein gewesen und nachtblind. Doch war das wichtig für meinen Fall? Königliche Mächte, Leute die verschwinden ... Ich wusste nicht recht, was ich davon halten sollte. So viel historisches Zeugs verursachte mir Kopfschmerzen.

Am besten fuhr ich aber zuerst mal hinüber ins French Quarter und nahm New Orleans Night Skies unter die Lupe. Die Firma erbte dann wohl nach dem Tod von Luis dessen Bruder Alvaro Pacheco. Den würde ich auch noch ausfindig machen müssen. Ich ging also zu meinem Wagen zurück und machte mich auf den Weg, als mir einfiel, dass ich Andy vergessen hatte. Ich hatte doch wissen wollen, was die Überwachungskameras rund um das Hotel aufgezeichnet hatten.

»Andy anrufen!«

Ich seufzte. Weder reagierte die Sprachaktivierung, noch koppelte das Handy mit der Freisprecheinrichtung. Irgendwas stimmte mit dem Gerät nicht. Ich musste mich allerdings auf den stärker werdenden Verkehr konzentrieren und so gab ich nach zwei weiteren erfolglosen Versuchen auf.

Leicht genervt parkte ich den Wagen vor Pachecos Firma. Es schien alles geschlossen zu sein. Weit und breit war niemand zu sehen. Merkwürdig. Ich nutzte die Gunst der Stunde und genoss die frische Luft. Ich spazierte ein Stück den Mississippi entlang und resetete währenddessen mein Smartphone. Danach funktionierten Anrufe wieder, andere Anwendungen nur ansatzweise. Meine diversen Social Media-Anwendungen nahezu gar nicht. Eigenartig. Zumindest konnte ich nun mit Andy sprechen.

Leider hatte er keine guten Nachrichten für mich. Die Überwachungskameras rund um das Hotel waren von einem Profi deaktiviert worden. Er glaubte, am Tag vor dem Mord auf der Kamera gegenüber vom Hotel eine Frau mit Kappe gesehen zu haben, die sich auffällig lange umgeblickt hatte. Ansonsten konnte er mir nichts liefern. Ich war keinen Schritt weiter.

Frustriert suchte ich mir ein nettes Plätzchen auf der Wiese und lehnte mich an einen Baum. Andy hatte mir zwischenzeitlich das Memo über Richmonds letzte und, wie ich feststellte, nicht ungefährliche Zusammenarbeit mit dem FBI geschickt. Richmond war echt eine Nummer für sich.

Der fehlende Schlaf der letzten Nacht machte sich bemerkbar. Ein paar Minuten Energietanken würde mir guttun, bevor ich bei Tommy Donell im Revier aufschlug.

Ein Kichern störte meine ruhigen fünf Minuten. Stille, dann hörte ich es wieder. Es waren einige Leute unterwegs, sie unterhielten sich, aber nur dieses künstliche Kichern traf einen Nerv in mir. Ich drehte mich zur Seite. Drüben, dort vom Rondell hallte es herüber. Ich glaubte, meinen Augen nicht zu trauen. Mir warf er vor, unprofessionell zu sein? Und dann schmiss er sich an dieses dunkelhaarige Luder ran? Gott, wie ekelhaft. Was war das überhaupt für eine Tussi? Auf die Entfernung konnte ich ihr Alter schlecht schätzen, aber sie war jung, sehr jung, und hatte definitiv einen Hang zum Theatralischen. Doch was ging es mich an, wenn der alte Rich auf junge Pussies stand. Sollte er doch. Die Luft hier war plötzlich gar nicht mehr so gut.

Rich

Mir schwirrte der Kopf. Sandrine Lorraine war so gar nicht die Person, die ich erwartet hatte, nachdem mir Tamlyn nicht einmal den Namen hatte verraten wollen. Sandrine hatte nicht den Eindruck vermittelt, dass sie ein Geheimnis darum machen wollte. Gleich mit Vor- und Nachnamen hatte sie sich vorgestellt. Dass ich mir unter dem Wort »Koryphäe« eine ältere Dame vorgestellt hatte, war möglicherweise mein Problem gewesen. Aber dass sie unsicher wurde bei der Frage nach LV … Das hatte ich mir nicht eingebildet. Fast abrupt hatte sie danach das Gespräch beendet und der freundliche Blick vom Anfang war nur noch eine nette Erinnerung gewesen. Sie war immer noch bemüht freundlich. Aber auch wenn sie Männerköpfe im Akkord verdrehen mochte, hatte meiner noch fest genug auf dem Hals gesessen, um diesen Unterschied wahrnehmen zu können.

Für einen kurzen Moment hatte ich überlegt, ihr zu folgen, als sie fast schon aus der Sichtweite war. Aber meistens war so etwas Zeitverschwendung. Ich nahm mir vor, am Abend noch mal kurz bei den Harris' vorbeizuschauen. Vielleicht hatte Tamlyn eine Idee, warum sich ihre Bekannte so merkwürdig verhalten hatte.

Ich griff zu meinem Blackberry.

»Rob? … Ja … Nein, ich versteh schon …« *… dass du ein erbärmlicher Feigling bist!* »Nein, du hast eine ganz besondere Verbindung zu Terry. Was? … Cherry, richtig. Ja, sie ist der Hammer, klar. Bitte, Rob, du weißt doch, ich und Frauen … Ich steh da niemandem im Wege. Und meinem besten Kollegen erst recht nicht. … Kein Problem, da nicht für! Was? Pablo Pacheco? … Ja, okay. Wann war das? … Das war der Vater? … Danke!«

Ich grinste. Rob und Cherry? Rob war in Ordnung und sah auch einigermaßen passabel aus – das war ja keine Frage. Aber eine Chance bei Ferrari-Red Cherry Loster? Bei so einer Schnitte war es selbst für mich keine Selbstverständlichkeit zu landen.

Nur, *ich* kannte den Unterschied zwischen Job und Privatvergnügen! Ich konnte zwar noch nicht einschätzen, welche Rolle sie tatsächlich spielte, aber eine Protagonistin mit gebrochenem Herzen wäre nur schwer zu ertragen gewesen. Ich hatte auch eigentlich ein ganz anderes Problem: Luis Pacheco. Seit Jahren war ich keiner mehr, der einfach drauflosstürmte – das hatte mir Doyle gründlich ausgetrieben. Am Anfang hatte ich immer das Gefühl gehabt, der Typ bremste mich aus, aber nach einer Weile hatte ich verstanden.

»Wie willst du Schachspielen, wenn du nicht weißt, welche Figuren auf dem Brett welche Funktion haben? Oder wenn du nicht weißt, ob eine Figur zu den weißen oder den schwarzen gehört, bevor es eine deiner Figuren erwischt? Wenn du nicht weißt, dass der Verlust der Dame die Niederlage zumeist unausweichlich macht?«

Die Frage war hier: Welche Dame …? Ich hatte das Gefühl, es lief alles völlig falsch, und zwar von Anfang an. Ich war nicht nach New Orleans gefahren mit dem Enthusiasmus, der mich all die Jahre immer zuverlässig angetrieben hatte. Und vor allem kannte ich keine der Figuren in diesem Spiel. Vor dem Losstürmen stand die Recherche.

Ich hatte bei irgendeinem meiner Burger-Stopps versucht, im Internet etwas über Luis Pacheco herauszufinden und tatsächlich war ich fündig geworden. Er besaß eine kleine Firma, die Rundflüge für Touristen organisierte. New Orleans Night Skies. Ich hatte dem wenig bis keine Bedeutung beigemessen, aber nun hatte mir Rob gerade mitgeteilt, dass Luis′ Vater Pablo Pacheco ein Jahr zuvor bei einem Helikopterabsturz ums Leben gekommen war.

»Niclas Richmond?«

Dafür, dass mich in dieser Stadt eigentlich niemand kannte, wurde ich überraschend häufig mit meinem vollen Namen angesprochen. Dieses Mal mit einem gerollten R und einer hohen Stimme, die zu einem Mann gehörte, der bedrohlich nah rechts von mir Platz nahm. Ich wollte ein Stück abrücken, aber zu meiner Linken setzte sich ein weiterer Typ, der mich unverschämt angrinste.

»Was wollte sie von dir?«, fragte der erste und drückte meine Schulter hinunter, als ich aufstehen wollte.

»Das würde ich lassen«, sagte ich ruhig und wandte meinen Blick von seiner Hand zu seinen Augen.

Schleimig grinsend nahm er in einer sehr theatralischen Bewegung seine Hand wieder weg.

»Ihr Amerikaner«, spottete er. »Ihr könnt nie eure Lage realistisch einschätzen.«

Was hatte er für ein Problem? Zwei Latino-Klappergestellte gegen Einen? Das war in der Tat unfair, wenn ich der Eine war.

»Aber du hast nichts zu befürchten.«

Tat ich auch nicht.

»Du musst uns nur sagen, was sie von dir wollte. Mehr wollen wir gar nicht.«

Es wurde immer absurder. Ich traf eine Geschichtswissenschaftlerin mit französischem Akzent, philosophierte mit ihr über den verarmten französischen Adel und wurde nun von zwei Witzfiguren danach befragt. Einer der beiden sprach unüberhörbar mit spanischem Akzent, der andere blieb stumm.

»Und das ist auch völlig okay«, antwortete ich. »Das ist ein freies Land, ihr habt jedes Recht, die Frage zu stellen.«

Ich beugte mich ruhig nach vorne, mit dem Blick auf den Mississippi, und bereitete mich langsam darauf vor, dass die Sache eskalierte.

»Hör mal, ich könnte dir jetzt einen ganz wichtigen Ausweis zeigen, aber … Wie soll ich es formulieren? Unsere Autorität auf amerikanischem Boden ist beschränkt. Das ist korrekt. Aber wir finden andere Mittel und Wege, die viel unangenehmer sind.« Dem letzten Halbsatz fügte er ein widerliches Augenzwinkern hinzu.

Ich lachte. Es klang nach dem Geheimdienst von Puerto Rico oder so was. War Sandrine Lorraine eine Agentin? Wiederum, gewundert hätte es mich nicht.

»Ich könnte noch stundenlang mit euch abhängen«, sagte ich dann und brachte meinen Körper auf Spannung. »Aber ich muss jetzt wirklich los.«

Der Schleimer versuchte erneut, seine Hand auf meine Schulter zu legen, und schrie laut auf, da ich sie schnell zu fassen bekam. So war er um eine schmerzhafte Erfahrung reicher.

»Hey!«, schrie der andere mich an und zeigte mir, dass er in seiner Jackentasche eine Pistole in der Hand hatte, die er auf mich richtete. »Lass ihn los!«

»Nichts lieber als das!«, sagte ich angewidert, drehte seine Hand aber zuerst versehentlich noch mal in die falsche Richtung. Er schrie laut auf.

»Ups!«, grinste ich. »Gut, jetzt mal Tacheles! Von welchem Verein seid ihr?«

Der Typ mit der Knarre musterte mich für eine Weile und nickte dann vielsagend.

»Weißt du, das ist der Moment, wo in Fernsehserien der Special Agent sagt, dass dieses Wissen weit über deine Gehaltsstufe geht. Also noch mal: Was wollte sie von dir?«

Ja, wir Amerikaner können einfach Situationen nicht richtig einschätzen.

»Ich formuliere es mal so: Das ist der Moment, wo in Fernsehserien dem kleinen Agenten gesagt wird, dass die Antwort leider außerhalb seiner Sicherheitseinstufung liegt.«

Ein kleiner Stoß auf den richtigen Vitalpunkt und ich wusste, er würde den Arm, der seine Schusshand führte, für einen Moment nicht bewegen können. Zeit genug für einen zweiten Schlag. Hart genug, dass dieser ihm Atemnot bereitete, ihm aber keine Rippe brach. Fast gleichzeitig schlug meine rechte Hand mit voller Wucht nach hinten und erwischte die Nase des Schleimigen. Gute Wahl, fand ich, und holte gleich noch mal aus.

Zehn Sekunden später hatte ich die Waffen beider in der Hand. Früher hätte ich sie wahrscheinlich nun einfach in den Mississippi geworfen, aber ich wollte nicht am Ende noch wegen Umweltverschmutzung verknackt werden. Also morste ich Tommy an, dass er die beiden einsammeln sollte.

»Du machst einen großen Fehler«, sagte der mit der blutigen Nase.

Grinsend schüttelte ich den Kopf.

»Ihr seid komische Gesellen«, sagte ich. »Aber mich würde trotzdem brennend interessieren, was ihr von einer französischen Geschichtswissenschaftlerin wollt.«

Die beiden Männer schauten sich an und dann lachte der Schleimer so schallend, dass es mich echt irritierte. Okay, ich hatte den Verdacht, dass mit der Dame irgendwas nicht stimmte, und offenbar hatte ich so falsch nicht gelegen.

»Was?« Fragend hob ich die Augenbrauen.

»Du glaubst, das war eine französische Geschichtswissenschaftlerin? Die ist so wenig eine Französin wie eine Wissenschaftlerin.«

Er kriegte sich kaum wieder ein.

»Du bist ein Idiot, Richmond!«

Cherry

Zum achten Revier war es nicht weit. Mit ungeduldig auf das Lenkrad trommelnden Fingern steuerte ich den Audi durch das Verkehrschaos und mit jeder Sekunde, die ich im Schneckentempo dahinkroch, näherte sich meine Laune mehr dem absoluten Nullpunkt.

Seufzend rief ich: »Hey Larry! Mary Anne anrufen!«

»Larry« funktionierte wieder, ebenso die Freisprecheinrichtung. »Green, Mary Anne wird angerufen.«

Eigentlich hatte ich für die Spracherkennungssoftware meines Mobiltelefons eine erotische Männerstimme gewählt, aber mit dem »Erotisch« haperte es eindeutig.

Mary Annes Stimme riss mich aus meinen Gedanken.

»Hallo? Ich bin es, Cherry. Ich habe ein paar Neuigkeiten. Der alte Pacheco war anscheinend ein Schwerenöter und nicht sonderlich beliebt. Wieso hast du mir nichts davon gesagt? Du bist doch von hier!«

Angesichts der Lautstärke von Mary Annes Antwort auf meine unbedarfte Frage – und ihrer Wortwahl – war mir sofort klar, dass ich meinen Finger in eine offene Wunde gebohrt hatte. Scheiße, ich hatte mich wieder mal in die Nesseln gesetzt.

Das Gespräch endete abrupt. Woher hätte ich bitte wissen sollen, dass James Francis Green und seine Frau Nicole kaltherzige Egoisten waren, denen ihre Tochter scheißegal und auch schon immer gewesen war? Sie hatten Mary Anne nach dem Tod von Louise Angélique nicht nur in verschiedene Internate gesteckt und sich selbst überlassen, sondern auch alle Wurzeln in New Orleans abgebrochen – das eigene Anwesen und das Haus der Großmutter verkauft. Mit gerade mal dreizehn oder vierzehn Jahren hatte Mary Anne alles an Heimat verloren. Erst nach Abschluss ihres Studiums hatte sie sich von den Mitteln ihres Treuhandfonds in New Orleans wieder ein Zuhause erschaffen. Mir entfuhr ein Seufzer, ich hasste persönliche Empfindlichkeiten, wenn ich arbeitete. Deshalb hielt ich die meisten Leute auf Distanz – emotional gesehen. Mary Anne war es gelungen, meine Verteidigung mit ihrer Ernsthaftigkeit und Hartnäckigkeit zu unterlaufen, trotzdem blieb sie mir ein Rätsel. Ich verstand nicht, wie jemand, der nahezu zehn Jahre jünger war als ich, sich *so alt* benehmen konnte. Und dann war sie plötzlich wieder so sensibel wie eine Zweijährige, die einen mit tränenumflorten Augen ansah, weil jemand ihrer Puppe den Kopf abgerissen hatte. Unglaublich.

Kopfschüttelnd löste ich mich von meinen Gedanken und drückte auf die Hupe. Ich hasste es, im Stau zu stehen. Es reichte mir. Ich quetschte den Wagen in eine Parklücke – im wahrsten Sinn des Wortes – und beschloss, zu Fuß weiterzugehen. Trotz der feuchten, drückenden Luft war das Wetter im Mai noch angenehm. Neben mir diskutierte ein junges Touristenpärchen aus Kanada über die Notwendigkeit von Insekten-Abwehrsprays. Amüsiert überlegte ich, ob ich dem Burschen sagen sollte, dass er gegen seine Freundin sowieso keine Chance hatte. Zu spät, sie sprühte ihn schon rundherum mit irgendeinem stinkenden Zeug ein. Ich grinste. Mich mieden die Viecher ja. »Böses Blut«, hatte mein Ausbilder immer gesagt, als wir in Floridas Sümpfen unterwegs gewesen waren, oder: »Wieso sollte dich etwas stechen? Plagen erkennen einander.«

»New Orleans Jazz & Heritage Festival« sprang mir von riesigen Plakaten ins Auge. Zum Glück war der Spuk schon vorbei. Massenveranstaltungen waren nicht meins und Jazz schon gar nicht.

Ich stellte mir immer noch die Frage, wie und wann die Pachecos in die ganze Angelegenheit involviert worden waren. Meine erste Priorität war nun, Alvaro Pacheco zu finden – mit Tommys Hilfe, wenn ich Glück hatte. Denn er würde mir ein paar Fragen beantworten können, zumindest was es mit dem Ring des Vaters auf sich hatte. Mein Bauchgefühl sagte mir ganz deutlich, dass ich hier ansetzen sollte, auch wenn es sich noch so verrückt anhörte, dass royale französische Originaldokumente aus dem siebzehnten oder achtzehnten Jahrhundert in New Orleans gelandet sein sollten. Ich hatte auch nur Mary Annes Wort, dass Louise de La Vallière wirklich die rechtmäßig angetraute Ehefrau von König Louis XIV., dem größten König der Bourbonen gewesen war. Offiziell galt sie als seine »Amante«. Mary Anne legte großen Wert auf den korrekten Gebrauch solch alter Wörter. »Mätresse« fand sie nicht passend. Sie hatte mir ausführlich erklärt, dass das Wort »Mätresse« nicht widerspiegeln würde, was Louise de La Vallière damals für Louis XIV. bedeutet hätte. Ich verstand den Unterschied ehrlich gesagt noch immer nicht. Würden nicht mysteriöse Todesfälle den Weg dieser Dokumente begleiten, ich hätte sowieso alles für eine dieser hirnrissigen Verschwörungstheorien gehalten.

Die meisten Cops nickten mir grüßend zu, als ich das Police Department betrat. Die Eclairs und Croissants, die ich bei meinem letzten Besuch mitgebracht hatte, zeigten also doch Wirkung. Officer Catrell erkannte mich auch wieder. Kein Wunder, nachdem mein Auftritt in roter Unterwäsche gerade erst ein paar Stunden her war.

»Officer, hi, ich suche Lieutenant Donell. Er hat gesagt, ich könnte nachmittags vorbeischauen. Ich wollte sehen, was sich in Luis Pachecos Fall getan hat. Vor allem, ob Alvaro Pacheco sich gemeldet hat.«

Natürlich hatte Tommy nicht gesagt, dass ich vorbeischauen konnte, das war schlicht und einfach gelogen. Ich hoffte, dass er nicht gleich um die Ecke biegen würde. Seit ich wusste, dass Rob auch in der Stadt war, war ich vorsichtig. Immerhin waren sie Cousins. Catrells Blick wirkte irgendwie misstrauisch. Oder bildete ich mir das nur ein? Nein, sie zögerte. Ich setzte mein freundlichstes Lächeln auf und fragte: »Ist er da?«

Catrell kam näher, aus ihrem Haarknoten hatten sich ein paar blonde Strähnen gelöst, die ihr Gesicht umschmeichelten. Sie war wirklich hübsch und hatte offensichtlich auch einen guten Riecher. Immerhin hatte sie mich überprüft.

»Agent … *Miss* Loster, Lieutenant Donell ist nicht da. Aber da Director Kovacs vom OTD 5 Ihren Auftrag bestätigt hat …« Sie bedeutete mir, ihr zu folgen.

Ich lächelte innerlich – *Danke, Andy*. Laut sagte ich: »Officer, ich weiß die Unterstützung des NOPD zu schätzen. Aber sagen Sie, hatten Sie schon Kontakt mit Alvaro Pacheco?«

Catrell, nahm ihre Polizeikappe ab und öffnete den Kragen ihrer Uniform – hm, sagen wir mal so, nicht nur den Kragen, sondern ihre ganze Jacke – ziemlich weit. Sie mutierte vom weiblichen Robocop zur Frau. Dem alten Richmond wären jetzt wahrscheinlich die Augen aus dem Kopf gefallen und der Mund sabbernd offen stehengeblieben. Ich stellte mir das bildlich vor. Mein kleiner innerer Teufel lachte hämisch. Als Catrell auch noch den Haarknoten öffnete und lange blonde Locken herunterfielen, musste allerdings sogar ich als Frau anerkennen, dass diese zierliche Person mehr als nur ganz hübsch war.

Sie lachte mich entschuldigend an und meinte: »Dienstschluss – seit drei Stunden schon. Aber um Ihre Frage zu beantworten: Nein, Alvaro Pacheco war noch nicht auf dem Revier. Er ahnt sicher, dass ein paar unangenehme Fragen hinsichtlich seiner Nebentätigkeiten auftauchen könnten. Nicht, dass es ihm langfristig helfen wird. So oder so wird er irgendwann mit uns reden müssen.«

Ich war erstaunt, wie locker sie Alvaro Pacheco abtat. Ich hatte mehr Engagement, Enthusiasmus von ihr erwartet. Nicht, dass es mir nicht gelegen kam, denn ich hatte vor, Alvaro ganz für mich zu beanspruchen, und zwar am liebsten ohne Tommy zu involvieren. Ich wollte vermeiden, dass er Informationen an Rob oder gar Richmond weitergeben konnte.

Das Stimmengewirr rundherum wurde plötzlich lauter.

»Du verfluchter Hundesohn, nimm gefälligst deine dreckigen Pfoten von mir. Du geiler Sack, du glaubst, weil ich eine Stripperin bin, bin ich auch eine Nutte und du kannst mich betatschen? Nimm gefälligst deine Fresse aus meinem Busen!«

Es folgte eine Reihe von derben Flüchen. Catrell seufzte laut hörbar, als sie sah, wen ihre Kollegen verhaftet hatten. Eine große wohlgeformte Afroamerikanerin stand mit blitzenden Augen vor eine Gruppe Cops. Einer davon versuchte verzweifelt, die Lady zu bändigen, wobei ihm seine geringe Körpergröße tatsächlich etwas hinderlich war. Seine Nase schien im Busen der Frau zu stecken, was seine Kollegen zu hämischem Gelächter anstachelte.

Catrell wandte sich zu mir um: »Warten Sie hier!«

Sie rief schon von Weitem: »Hey, Dolores! Lass Chucky in Ruhe. Und ihr haut ab, was soll das überhaupt? Dolores, ich dachte, du bist clean?«

Ich wartete natürlich nicht, sondern blieb Catrell auf den Fersen. Die Szene gefiel mir.

»Hi Babe, sag' den Affen, dass ich mit der Szene nichts mehr zu tun habe, seit ich im Noir arbeite. Ich *bin* clean!«

»Chucky, zieh Leine, Donell reißt dir dafür den Arsch auf!«

Hm, ich hatte Catrell eigentlich für einen Rookie gehalten, aber irgendwie parierten die älteren Cops und trollten sich. Ganz besonders Chucky. Da war irgendwas faul. Tommy jemandem den Arsch aufreißen? Vielleicht war er doch nicht mehr der Trottel von früher.

Während ich mich an den Tisch hinter mir lehnte und grübelte, nahm Catrell Dolores die Handschellen ab und führte sie ins Büro von Tommy.

»Loster, los! Mitkommen!«

Catrell war irgendwie anders als noch vor ein paar Stunden … vor ein paar Minuten. Mal sehen, was da für eine Sache abging. Ich hatte vom Le Masque Noir gehört. Es war der größte legale Strip-Club in New Orleans und niemand wusste, wem er tatsächlich gehörte. Die Reichen und Schönen verkehrten dort. Der Besitzer ließ sich von allen nur »Le Roi Noir«, der schwarze König, nennen und trug Gerüchten zufolge immer eine schwarze Maske. Ich schloss die Tür und wieder traf mich von Catrell ein Blick, den ich nicht einordnen konnte. Ebenso von Dolores.

»Kann ich Ihnen trauen? Mir ist egal, ob Sie vom FBI oder sonst wo herkommen. Wenn Sie es versauen, sind Sie am Arsch.«

Gerade kam ich wie die Jungfrau zum Kind. Jedenfalls fühlte es sich für einen Augenblick so an.

»Sie suchen Alvaro Pacheco?«

Was wollte diese kleine Polizistin von mir?

»Jaaa …« Ich zögerte.

»Warum genau? Und warum waren Sie bei Luis Pacheco in der Gasse? Ich glaube nicht, dass Sie zufällig dort waren. Zufall? Wohl kaum, Agent Loster!«

Langsam machte mich Catrell wütend. Ich wollte nicht vor allen Leuten »Agent« genannt werden und ihr sicher nicht alles auf die Nase binden. Ich hatte wahrheitsgetreu angegeben, was Luis Pacheco gesagt hatte. Fast zumindest.

»Das FBI muss sich vor Ihnen rechtfertigen? Das glaube ich kaum. Ich bin offiziell legitimiert, Bundesermittlung. Also?« Ich spielte auf Risiko und es funktionierte.

»FBI hin oder her! Ich warne Sie, vermasseln Sie uns nicht diese Ermittlung.«

Erst nach einem weiteren prüfenden Blick erbarmte sich Catrell und fuhr fort: »Darf ich vorstellen: Detective Amanda Rosen – undercover im Einsatz als Stripperin im Le Masque Noir. Sie gehört, ebenso wie ich und Donell, der Taskforce ›Matrjoschka‹ an. Wir vermuten, dass Stan Willeford Le Roi ist und das Le Masque Noir als Schleuse für den Handel mit russischen Mädchen benutzt. Alvaro Pacheco ist angeblich seine rechte Hand. Dolores wird gelegentlich wegen Drogenbesitzes verhaftet, damit sie uns informieren kann. Ihre Tarnung wurde über Jahre hinweg aufgebaut. Und jetzt sagen Sie mir, was Sie mit Pacheco zu schaffen haben! Was wissen Sie über den Überfall auf ihn, über die angeblichen Dokumente? Ist das historische Gequatsche ein Fake – ein Code? Hat es in Wirklichkeit mit dem Mädchenhandel zu tun?«

Mit funkelnden Augen und verschränkten Armen stand Detective Catrell vor mir und versuchte … Ja, was? Mich einzuschüchtern?

Sie war gut, richtig gut, aber erstens lag sie, was den Inhalt der Dokumente betraf, komplett daneben und zweitens war sie bei mir mit ihrer Polizeiautorität an die falsche Person geraten.

Ich dagegen entspannte mich, hatte ich doch schon fast, was ich wollte, und gleich würde das auch Catrell und Amanda Rosen alias Dolores klar werden.

»Wussten Sie schon, dass ich eine begnadete Tänzerin bin, Detectives?«

Rich

Sie war sicher irgendwann mal hübsch gewesen. Wenn sie lächelte, blitzte in ihren Augen immer noch ein kleines Feuerchen auf, das sicher vor einigen Jahrzehnten mal Herzen hatte in Flammen setzen können. Es reichte immer noch für eine angenehme Wärme, die sie ausstrahlte und die ich dankbar aufnahm.

»Mike Callaghan«, stellte ich mich vor. »Key Account Manager von Wilson Brothers Agency.«

Lässig schob ich ihr meine Karte über den Tresen. Hatte ich mir letztes Jahr mal drucken lassen und sie hatte schon gute Dienste geleistet.

»Wir vertreten landesweit Großveranstalter und so ziemlich alle Bereiche der Touristik. Einer der ganz neuen Player, Sie haben vielleicht schon davon gehört, sind die Old Rose Bus Tours. Die haben in San Francisco angefangen und sind da inzwischen eines der drei größten Busunternehmen. L.A. und Boston folgten und nun arbeiten wir an New York und New Orleans.«

»Old Rose Bus Tours«, sagte sie. »Also, gehört hab' ich davon wohl schon mal. Und die gibt es jetzt hier auch?«

Echt jetzt? Ich unterdrückte ein Schmunzeln und wunderte mich einmal wieder darüber, wie einfach man Gehirne doch manipulieren konnte. Old Rose Bus Tours …

»Nein, noch nicht. So was muss ja gut vorbereitet werden. Wir sprechen vor Ort zunächst mit verschiedenen Veranstaltern. Zum Beispiel haben wir schon einige der Raddampferreeder ins Boot geholt.«

Jetzt schmunzelte ich. Erst über mein eigenes Wortspiel, dann darüber, dass die gute Iris – man konnte ihren Namen auf einem Schild an ihrem Blazer sehen – anerkennend nickte.

»Na ja, und Helikopterflüge über New Orleans. Ich bin gerade zufällig hier vorbeigekommen und ein junger Mann gab mir einen Prospekt.«

Das entsprach sogar der Wahrheit. Ich musste allerdings dreimal an ihm vorbeigehen, bis er mich endlich ansprach und mir den Flyer gereicht hatte.

»Wir schnüren da für die Touristen interessante Pakete zusammen. Natürlich muss das einen Preisvorteil geben, da müssten wir uns mal genauer unterhalten, aber …«

»Ach so«, unterbrach sie mich. »Ja, ich bin hier ja nur angestellt. Ich fände es eine tolle Sache, wenn Old Rose Bus Tours mit uns zusammenarbeiten würde.«

Wahnsinn! Sie hat sich sogar den Namen gemerkt. Vielleicht sollte ich mir den schützen lassen …

»Aber darüber müssen Sie mit dem Chef reden.«

Ja, ich weiß …

»Das verstehe ich natürlich«, sagte ich mit gutmütiger Miene. »Wie oder wo kann ich ihn denn erreichen?«

Sie sah tatsächlich traurig aus. »Das ist kompliziert«, sagte sie mit gesenktem Kopf. Ging ihr der Tod von Luis Pacheco so nah? »Der Inhaber ist gerade verstorben.«

Jetzt verriet ihr Blick sie. Sie wusste noch nicht, ob es weiterging mit New Orleans Night Skies.

»Ich würde mir da keine Gedanken machen«, sagte ich in einem beruhigenden Ton. »Helikopterflüge sind eine tolle Sache. Und mit einem starken Partner wie Old Rose Bus Tours an der Seite startet ihr erst so richtig durch!«

Es war schon irgendwie nicht nett von mir, aber ich musste einfach wissen, wer der Erbe der Firma sein könnte. Und ich musste an ihn möglichst schnell herankommen. Ich hatte als Journalist angerufen und hatte von derselben Dame eine schnelle Abfuhr erhalten mit dem Hinweis darauf, dass der neue Eigentümer keine Zeit habe für mich. Also brauchte ich einen Plan. Und mit Old Rose Bus Tours lief es perfekt.

»Also gut«, lächelte sie, zückte einen Stift und suchte aus ihrem Handy eine Nummer heraus. »Alvaro Pacheco. Es ist der Bruder von Luis. Eigentlich ist es jetzt die beste Zeit, ihn zu erreichen. Abends ist er immer unterwegs. Niemand weiß genau, womit er sein …« Sie stockte und beendete den Satz nicht. Stattdessen legte sie ein leichtes Flehen in ihren Blick und ärgerte sich offensichtlich darüber, dass ihr das herausgerutscht war.

Ich bedankte mich und wünschte ihr viel Glück. Wieder draußen auf der Straße wählte ich die Nummer von Alvaro Pacheco.

Cherry

Schallendes Gelächter brach los und ich wusste nicht recht, ob ich mitlachen oder angepisst sein sollte. Ich beschloss, Contenance zu bewahren, und zog arrogant eine Augenbraue hoch. Dolores wischte sich die Lachtränen aus den Augen und auch Catrell blieb das Lachen im Hals stecken, als sie bemerkte, dass meine Ansage vollkommen ernst gemeint war und ich vorhatte zu strippen.

»Niemals! Wir haben eine klare Vereinbarung mit dem FBI, dass ihr euch nicht in unsere Ermittlungen einmischt, solange wir kein grünes Licht geben. Wir haben da schon zu viel investiert, um das jetzt aufs Spiel zu setzen.«

Dolores schwieg. Ihr Blick wanderte prüfend, gefühlsmäßig hätte ich gesagt abschätzig, über mich. Ich konnte nicht anders, es juckte mich in den Fingern, dieses junge Püppchen auf ihren Platz zu verweisen.

»Süße, ich bin vielleicht ein paar Jährchen älter als du, aber mindestens genauso gut in Form.«

Ich verlieh meiner Stimme einen heiseren Klang und trat so nahe an Dolores heran, dass nicht einmal eine Fliege zwischen uns Platz gehabt hätte. Ich wusste, alleine mein blumig-schweres Parfum würde das seine tun, und erklärte ihr: »Glaub' mir, wenn ich die Stange zwischen meinen Beinen habe, wird sogar dein Höschen feucht.«

Als ich ihr über das rechte Ohrläppchen leckte, zuckte Detective Amanda Rosen alias Dolores entsetzt zurück. Keine Nerven, die Jugend von heute. Ich grinste in mich hinein. Catrell war allerdings nicht so leicht zu schockieren. Ihr Blick verhieß: »Nicht mit mir!«

»Warum sollte ich dem zustimmen? Außerdem obliegt die endgültige Entscheidung darüber theoretisch Lieutenant Donell. Oder?«, fragte sie.

Mir schwante, dass sich diese blonde, auf den ersten Blick harmlos wirkende Polizistin nicht so leicht abwürgen ließ. Sie erinnerte mich an eines dieser putzigen weißen Hündchen mit Schleife am Kopf. Klein, süß und unwahrscheinlich lästig, wenn die sich mal in was verbissen hatten. Egal, ob sie einen Tritt kassierten oder nicht, sie ließen nicht mehr los.

»Bieten Sie mir was! Sie wollen dort rein? Ihre Geschichte stinkt zum Himmel. FBI, undercover – alles schön und gut. Aber wieso sind Sie alleine hier? Das FBI arbeitet immer zu zweit. Wo ist Ihr Partner? Wer ist Ihr Partner und was haben Sie mit den Pachecos am Hut? Ich gefährde unsere Ermittlung nicht für eine leichtsinnige FBI-Agentin. Ich will jetzt wissen, was Sache ist, und wenn ich das gesamte FBI umgraben muss.«

An ihrem verkniffenen Gesichtsausdruck konnte ich erkennen, dass sie meinte, was sie sagte. Was mich in die unangenehme Situation brachte, dass ich ihr zumindest etwas erzählen musste. Doch was? Die Wahrheit? Niemals!

Die Dokumente waren jetzt *mein Ding,* Richmond war für mich raus aus der Sache, aber die Zeit drängte, davon war ich felsenfest überzeugt. Der Typ bedeutete Ärger. Was wusste Catrell über Richmond? Wusste sie, dass er da mitmischte?

Ich wusste aus Andys Akte, dass Richmond bei einer verdeckten Ermittlung dem FBI in die Quere gekommen war. Einerseits hatte er offenbar dadurch den Drahtzieher einer Drogenschmugglerbande, Stan Willeford, ungewollt gewarnt, wodurch es dem FBI nicht gelungen war, ihn auf frischer Tat zu ertappen. Aber wenn man zwischen den Zeilen lesen konnte, dann war auch klar, dass es Richmond gewesen war, der Willeford das Millionengeschäft versaut hatte, ohne dass dieser erfahren hatte, wem er den Misserfolg zu verdanken hatte. Es war ein böser Gedanke, aber konnte ich dieses Wissen gegen Richmond verwenden? Wäre ich er, gäbe es nur einen Menschen, vor dem ich Angst hätte: Stan Willeford. Jedenfalls musste ich vorsichtig vorgehen, denn von ihm ausgebootet zu werden, kam gar nicht infrage, und um das zu vermeiden, musste ich unbedingt in Pachecos Nachtclub.

Rich

Für Alvaro Pacheco musste ich mir einen anderen Plan überlegen. Diese Nummer mit den Touristenbussen brauchte ich bei ihm nicht zu fahren. Ich musste etwas finden, womit ich ihn unter Druck setzen konnte, aber noch wusste ich zu wenig über ihn. Überhaupt musste ich mir die Frage gefallen lassen, wie denn mein Plan aussah. Ich hatte das Gefühl, es war eine Menge passiert, seitdem ich hier in New Orleans eingetroffen war, aber nichts davon passte so richtig zusammen. Wie ich daraus eine Schlagzeile basteln sollte, war mir ein Rätsel.

Ich brauchte eine Pause und fuhr nach kurzer Überlegung zurück nach Saint Rose in mein kleines Zimmer. Auf dem Weg schob ich mir einen Cheeseburger rein. Der beschäftigte meinen Magen eine Weile. Kritisch zählte ich die Scheine in meinem Portemonnaie und warf dann wieder einen Blick auf mein Blackberry.

»Salut, Cherie. Ich krieg dich gerade nicht aus meinem Kopf. Es ist total bescheuert, aber … können wir uns sehen? Heute Abend? Gegen neun in Dan's Pub? Cherry«

Mit Kirschen, Kussmund und Herzchen. Was zum Teufel sollte das? Spielte sie mit mir? Wahrscheinlich. Gab es irgendeinen Grund, warum sie mich ausgerechnet in Dan's Pub lotsen wollte? So wie sie mich zu dem Krankenhaus hatte lotsen wollen? Wobei, da war es ja nicht darum gegangen, mich irgendwo hinzulocken, sondern nur darum, mich loszuwerden. Was mich als Mann betraf, war ich weiblichen Reizen gegenüber immer schon offen gewesen und es mochte ein Leichtes sein, meine Aufmerksamkeit zu erregen. Die richtige Frisur, die passende Klamotte und leuchtende Augen, gemischt mit einem ansprechenden Lächeln, und mein Interesse war ihr sicher. Den Journalisten in mir jedoch, der nie aufgehört hatte, jede interessante Neuigkeit in eine Schlagzeile umwandeln zu wollen, von seinem Ziel abzulenken … Das hatte noch keine Frau der Welt geschafft und Cherry Loster würde da nicht die erste sein. FBI hin, FBI her.

Das war eh eine seltsame Geschichte. Ein Special Agent vom FBI im Alleingang? Ohne Backup? Oder Partner? Irgendetwas stank da zum Himmel. Aber warum las ich gerade ihre SMS das dritte Mal? Sie war der Hauptgrund, warum ich noch einmal zurück nach Saint Rose gefahren war. Der Kampf gegen die beiden Latinos hatte mich zwar nicht gerade ins Schwitzen gebracht, aber es war ein warmer Tag in Louisiana und es schadete nicht, sich kurz vor dem Date mit Cherry noch ein wenig frisch zu machen und ein sauberes Hemd anzuziehen. Beige. Ich liebte freundliche, schlichte Farben.

Tamlyn hatte ich die vergangenen Stunden nicht erreichen können. Vielleicht hatte sie auch nicht rangehen wollen. Irgendwie war unser Start nicht der beste gewesen. Aber nun sah ich ihre Nummer auf dem Display meines Blackberrys. Ich vergaß immer, dass Anrufe Nachrichten hinterließen, und fragte mich erst, was sie wohl von mir wollen könnte.

»Tamlyn Harris hier«, sagte sie, überflüssigerweise. Aber immerhin gab es mir die Zeit, mich an meinen Anruf zu erinnern, auch wenn mich ihr etwas unfreundlicher Ton irritierte.

»Danke für den Rückruf!«, sagte ich.

»Rückruf? Ich rufe nur an, weil ich mich frage, was du mit Sandrine gemacht hast.«

Es kam mir immer noch komisch vor, dass Tamlyn Harris zu Sandrine Kontakt hatte. Wie hatten die sich je begegnen können?

»Gar nichts«, sagte ich. »Aber es war eine durchaus interessante Begegnung.«

Ich hoffte, dass sie da nichts reininterpretierte. Mein Ruf eilte mir voraus und der war nicht besonders gut, gerade aus der Sicht einer anständigen Frau, die sonntags in die Kirche ging.

»Ist sie noch bei dir?«

»Was? Nein. Schon lange nicht mehr.«

Schweigen.

»Aber du hast nichts gemacht, das dazu führen könnte, dass Sandrine nun sauer auf mich ist? Das würdest du doch nicht tun, oder?«

Ich schluckte, denn sie klang so, als würde sie mir definitiv zutrauen, dass ich genau das getan hatte.

»Was denkst du von mir!«, wiegelte ich ab und war froh, ihren Gesichtsausdruck nicht sehen zu müssen. »Die ist doch auch viel zu jung für mich!«

Schweigen. Dieses Mal länger.

»Außerdem …«, begann ich.

»Wie meinst du das, zu jung für dich?«

Hallo? Sie schien wirklich gar nichts von mir zu halten.

»Wie soll ich das meinen?«

Sie lachte verlegen.

»Du hast sie doch gesehen, oder?«

»Ja …«

»Also, sie würde sich sicherlich geschmeichelt fühlen, aber dann solltest du es ihr direkt sagen. Oder meinst du, ich reiche ihr deine Schmeicheleien wie in der Schule weiter?«

Tamlyn benahm sich merkwürdig.

»Hatte ich dir nicht gesagt, dass sie zwanzig Jahre lang für ihr erstes Buch recherchiert hat?«

Nein, hatte sie nicht erwähnt.

»Sie und ich – wir sind derselbe Jahrgang. Also, was sollen die Albernheiten?«

Ich schluckte. Das konnte nicht sein und langsam sich fügte das Puzzle zusammen. Hatten die Latino-Klappergestelle also die Wahrheit gesagt? Die Frau, die ich getroffen hatte, war weder Französin noch Geschichtsprofessorin, so ähnlich hatten sie sich doch ausgedrückt. Und mir war die ganze Sache ja auch spanisch vorgekommen.

»Ich rede von Sandrine Lorraine …«, sagte ich vorsichtig.

»Ja, ich auch.«

Es hätte mir viel früher klar sein müssen, aber jetzt jagte mein Herz meinen Adrenalinspiegel in den kritischen Bereich.

»Wo wohnt sie?« Ich stellte die Frage laut und fordernd, aber Tamlyn antworte nur mit einem verächtlichen Schnaufen.

»Tamlyn! Die Frau, die ich getroffen habe, hatte einen französischen Akzent und gab sich als Historikerin aus. Aber sie war zwanzig irgendwas, niemals, Entschuldigung, niemals im selben Jahrgang wie du.«

Das Schnaufen wurde schwerer und vermischte sich mit Sorge und Verärgerung.

»Wo hast du mich da reingezogen, Rich?«

Sie klang fast ein wenig wütend. Ich konnte das wirklich nachvollziehen, war mir aber keiner Schuld bewusst.

»Tamlyn, wo wohnt Sandrine Lorraine?« Dieses Mal schrie ich fast ins Telefon.

Es dauerte eine Weile, bis sie endlich verstand und mir die Adresse nannte.

»Sollten wir nicht die Polizei anrufen?«, fragte sie zögerlich.

»Ich rufe Tom an, wenn ich vor Ort bin. Die sollen mal eine Streife vorbeischicken. Aber erst mal will ich mir ein Bild machen von der Lage.«

Ich legte auf und spurtete zu meinem Wagen wie in alten Zeiten. Und wie damals bekam die ganze Straße mit, wenn ich ihn startete, das Gaspedal nach unten drückte und Vollgas gab.

Zum Glück wohnte Sandrine auch in Saint Rose. Es waren nur wenige Straßen, bis ich meinen Road Runner vor ihrem Haus zum Stehen brachte. Ich telefonierte grundsätzlich nicht während der Fahrt, aber dieses Mal hatte ich eine Ausnahme gemacht. Tom hatte den Ernst der Lage anhand des Tonfalles sofort verstanden. »Wo?«

Von außen gab es keinen Hinweis auf ein gewaltsames Eindringen. Keinen offensichtlichen. Und doch war mir relativ schnell klar geworden, dass genau das hier passiert war. Es war die Fußmatte. Es konnte wirklich Zufall sein, aber es sprang mir förmlich ins Auge. Der Garten von Sandrine Lorraine war nicht nur gepflegt, er war wie die Kopie eines englischen Vorgartens und passte zu Saint Rose wie ein Swimmingpool zu Alaska. Er war perfekt. Dasselbe galt für die Blumenkästchen vor dem Haus und auf den Fensterbänken. Es war eine hundertprozentige Symmetrie in allem, was das Haus umgab. Die Fußmatte jedoch lag krumm und schief vor der Haustür. Und sie war ein gutes Stück vom Eingang entfernt. So als habe es eine kurze Rangelei gegeben. Das konnte Zufall sein, aber ich hätte nicht drauf gewettet.

Vorsichtig schlich ich mich um das Haus herum. An der Seite hinten war ein Carport und darin stand ein weißer Ford Focus älteren Jahrgangs, der aber sehr gepflegt aussah. Hier in dieser Gegend war man in der Regel zu Hause, wenn das Auto vor der Tür stand. Ich atmete bewusst ruhig und regelmäßig. Sollte ich auf die Streife warten oder es auf eigene Faust versuchen?

Die Tür, die vom Carport ins Haus führte, schien nur angelehnt. Vorsichtig schob ich sie einen Spalt auf und spähte hinein. Nichts. Ich vernahm keinen Laut. Trotzdem, oder vielleicht gerade deswegen, musste ich vorsichtig bleiben. Wo blieb die verdammte Streife? Ich schaffte es, mich ohne das kleinste Geräusch ins Haus zu schleichen. Leise zu sein, hatte erst mal höchste Priorität. Vielleicht war ich allein im Haus – oder auch nur der einzige Lebende. Sandrine Lorraines Leiche lag vielleicht irgendwo auf dem Teppich. Oder sie wurde als Geisel festgehalten. Oder war nur betäubt und gefesselt. War noch jemand bei ihr? Es mussten Stunden vergangen sein, seit jemand eingedrungen war und sie ausgeschaltet hatte. Nur mit welchem Ziel? Was hatte die falsche Sandrine davon, sich mit mir zu treffen?

Ich arbeitete mich weiter durch einen Flur vor. Schritt für Schritt. Für einen Moment war ich mir nicht sicher, ob ich ein Stöhnen oder Ähnliches gehört hatte. Von diesem Gang ging eine Art Waschküche und ein Abstellraum ab. Beide Räume waren leer. Ich tastete nach meiner Glock, entsicherte sie und öffnete ganz vorsichtig die Tür, die offenbar zum Wohnbereich führte. Wieder dachte ich an die Streife und ob ich nicht doch vielleicht hätte warten sollen. Aber meine Neugier war einfach zu groß, denn hätte ich gewartet, hätten die mich erst mal aus dem Spiel genommen. So was zu verhindern, war seit Jahrzehnten eine Art Sport für mich gewesen. Wenn ich dabei sein wollte, war ich es auch. Warten war für 'n Arsch.

Tatsächlich war es unmöglich, gänzlich geräuschlos vom Flur in den Wohnbereich zu gelangen. Aber dort hörte ich es dann ganz deutlich. Erst ein leises Wimmern und dann, als sich unsere Blicke trafen, ein gedämpftes Schreien. Da half auch kein beruhigendes Wort von mir. Plötzlich riss sie ihre Augen weit auf, versuchte vergeblich, sich aus ihren Fesseln zu befreien, und schrie, was das Zeug hielt. Aber da hatte jemand ganze Arbeit geleistet, denn durch das Tuch im Mund und das Klebeband darüber war alles Schreien ohne große Reichweite. Und dann vernahm ich den Grund ihrer Anstrengungen. Das war jetzt echt nicht wahr …

Es klingelte. Draußen vor der Haustür standen zwei Polizeibeamte und … klingelten. Ich in einem fremden Haus, in der Hand eine Pistole, allein mit einer Frau, die ich nicht kannte und die in ihrem Wohnzimmer an die Heizung gefesselt auf dem Boden lag. Geknebelt, nicht zu vergessen, und schweißgebadet vor Angst. Lief gut.

Officer, es ist anders, als es aussieht!

Das hätte ich ja selber nicht geglaubt. Und nein, ich hatte keine Großmutter mehr, der ich die Geschichte hätte erzählen können.

Ich steckte meine Glock wieder ein, holte mein Blackberry raus und wählte eine wohlbekannte Nummer. Nach ein paar Worten schlenderte ich gelassen zur Haustür. Skeptisch sah mich der Größere der beiden prüfend an und versuchte, ins Haus zu spähen.

»Wir haben einen Anruf erhalten bezüglich einer Sandrine Lorraine. Ist sie zuhause?«

Ich nickte.

»Ja, sie ist nur etwas unpässlich gerade.«

Das war nicht gelogen …

Der Kleinere baute sich nun kerzengrade vor mir auf und kniff etwas verwegen die Augen zusammen. Erinnerte mich an irgendeinen Sheriff in einem Westernfilm. Konnte mich nicht mehr entsinnen, an welchen, aber überlebt hatte er nicht.

»Und wer sind Sie?«

»Niclas Richmond, ›Buffalo Star‹. Ich bin an dieser Pacheco-Sache dran und wohne für die Zeit bei Sandrine. Ich gehöre quasi zur Familie.«

Ich wusste, dass ich mit der Erwähnung Pachecos Mitleid genug erheischte. Durch seinen Tod waren jetzt wieder alle Journalisten sämtlicher Südstaaten an der Sache dran, und dann kam einer aus Buffalo …

»Ein Yankee also …«

»Ich mag mehr die Buffalo Bills.«

Ob die Cops die Anspielung auf Baseball verstanden? Shorty kniff so verwegen die Augen zusammen, dass es mir richtig schwerfiel, dabei ernst zu bleiben.

»Was fuchteln Sie eigentlich die ganze Zeit mit ihrem Handy vor meiner Nase.«

Jetzt durfte ich grinsen.

»Der Anruf ist für Sie!«

Ein Gesichtsausdruck für das Foto des Jahres. Der Größere nahm mir das Handy aus der Hand, ohne den starren Blick auf mich zu unterbrechen.

»Sergeant Colburn, Saint Rose Police Departement. … Lieutenant wer? … Okay, können Sie sich legitimieren? … Danke.«

Es war schon ein bisschen seltsam, dass er mich weiter anstarrte. Aber immerhin konnte er, solange er das tat, nirgendwo anders hinschauen.

Nach einer Minute gab er mir mein Blackberry zurück. Er starrte immer noch und dann schüttelte er mit einem arroganten Lächeln den Kopf.

»Also, Sie haben die Polizei gerufen, weil Mrs. Lorraine nicht zuhause war, ist das richtig?«

Ich schluckte und nickte, als wäre mir das hochgradig peinlich.

»Und dann fanden Sie Mrs. Lorraine unpässlich im Bett liegend und haben gerade erneut angerufen, dass sich das erledigt hat?«

»Ein bisschen paranoid, unser Yankee«, spottete der Kleinere verächtlich.

»Willkommen in den Südstaaten!«, lachte der Größere.

Drei Kopfschütteln später drehten die beiden um und gingen zu ihrem Streifenwagen.

Sandrine Lorraine musste tausend Tode gestorben sein, als sie mitbekam, dass die Beamten wieder abzogen. Daher beeilte ich mich, sie von ihren Fesseln zu befreien und ihr klarzumachen, dass ich mit Tamlyn befreundet war – diese war ja nicht da, um dem zu widersprechen. Es dauerte eine Weile, bis sie verstanden hatte, dass ich zu den Guten gehörte.

Ich verstand nun auch, was Tamlyn gemeint hatte. Sandrine war in ihrem Alter, sie war vielleicht zwei, maximal drei Jahre jünger als ich. Und sie und die Frau, die ich unter dem Namen Sandrine Lorraine kennengelernt hatte, sahen sich nicht mal annähernd ähnlich. Die echte hatte längere, wellige Haare, die einmal braun gewesen sein mussten und nun eher gräulich schimmerten.

»Wer hat Ihnen das angetan«, fragte ich sie, als sie sich ein wenig beruhigt hatte.

Und dann beschrieb sie genau die Frau, von der ich gedacht hatte, sie wäre sie.

»Wir kennen uns aus dem Internet«, sagte sie dann. »Sie ist Spanierin und studiert Geschichte. Und sie ist so gut darin, dass sie ihren Professoren Vorträge halten sollte, nicht umgekehrt. Ich kann ohne Übertreibung sagen, dass ich mir im Laufe meines Lebens, insbesondere was die Geschichte der europäischen Königshäuser angeht, ein beträchtliches Wissen habe aneignen können. Aber diese junge Frau ist für mich ein Phänomen. Sie war sehr nett, sprach Französisch fast akzentfrei, was für Spanier sehr schwierig ist, und auch wenn ich es kaum sagen mag, aber es war ein Gespräch auf Augenhöhe.«

»Gab es ein spezielles Thema?«, hakte ich nach.

»Oh ja. Es ging um die Sonnenkönigin und ihr Vermächtnis. Um etwas, das man heute Verschwörungstheorie nennen würde. Es gibt Gerüchte über Dokumente, die durch den Überfall auf den armen Luis Pacheco befeuert wurden. Viele, die immer schon geglaubt haben, dass die spanische Königin zu Unrecht das Zepter trägt, sehen sich darin nun umso mehr bestätigt. Es gab am Wochenende wieder erhebliche Unruhen in ihrem Heimatland, vor allem in Katalonien und dem Baskenland, aber auch im Süden. Unruhen gegen die Monarchie an sich. Ein Zweifel über die Rechtmäßigkeit der Krone würde da Öl ins Feuer gießen.« Sie schüttelte den Kopf.

»Und was glauben Sie?«, fragte ich.

»Wir hatten schon online diese Debatte. Sie versuchte mich immer zu überzeugen, dass die geschriebene Geschichte nicht der Wahrheit entspricht. Dem stimmte ich zu, aber an die Legende glaube ich ebenso wenig.«

Ich hatte keine Ahnung, wovon sie sprach. Aber es schienen intensive, sehr kontroverse und doch fruchtbare Diskussionen gewesen zu sein. Wie konnte so ein Austausch so übel enden?

»Und wie, ich meine, was löste letztlich aus, dass sie …«

»… mich überwältigte und fesselte?«, ergänzte sie. »Tamlyns Anruf. Ich hab' ihr erzählt, dass Tamlyn mich fragte, ob ich sie treffen wolle. Du seist ein verbissener Journalist aus Buffalo und Tamlyn wollte, dass du möglichst schnell kriegst, was du willst.«

Damit ich möglichst schnell wieder verschwand. War mir schon klar.

»Und dass Sie in diesem Hotel waren, wo dieser Pacheco erstochen wurde. Tamlyn regte sich zudem über eine Frau namens Cherry auf. Ich sehe, Sie wissen, wer das ist?«

In dem Moment jagte ein kleiner Stich durch mein Herz. Die falsche Sandrine war also Spanierin und sie wusste anhand der Beschreibung und der Tatsache, dass ich Journalist war, wer ich war? Das Blut schoss mir förmlich in den Kopf. Konnte das sein? Konnte es sein, dass sie mich schon einmal gesehen hatte? Und Cherry auch? Die Frau auf dem Bild, deren Gesicht ich nicht erkennen konnte – die neben dem Spanier gestanden hatte, der später festgenommen worden war wegen Mordes an Luis Pacheco – ich versuchte, sie mir so deutlich es ging auf mein inneres Auge zu projizieren. Mein Herz raste. Konnte ich so blind gewesen sein? Aber je mehr ich sie in Gedanken anstarrte, umso sicherer wurde ich mir. Die Frau auf dem Bild, das war niemand anderes als die falsche Sandrine Lorraine. Das war der Moment, in dem mir klar wurde, dass ich zur Zielscheibe geworden war.

Cherry

»Ich dachte, ihr wollt Stan Willeford? Ich will Alvaro Pacheco. Sein Bruder starb in meinen Armen, Alvaro Pacheco wird mir vielleicht nicht trauen, aber ich bin mir ziemlich sicher, dass er mit mir reden wird. Ich kriege ihn und alles, was er über die Dokumente seines Bruders weiß. Dafür liefere ich euch über Willeford alles, was ich finde. Deal?«

Amanda Rosens Augen verhießen nichts Gutes und ihr Südstaatenakzent wurde noch breiter: »Was denkst du, dass du aus Pacheco rausbringst, was ich nicht längst habe? Willeford lässt sich nie wirklich blicken und ich arbeite seit einem Dreivierteljahr im Le Masque Noir. Wir vermuten nur, dass er der Typ mit der schwarzen Maske ist, der sich als Le Roi ausgibt. Der Einzige, der ihn identifizieren könnte, ist Pacheco und der hält bis jetzt dicht. Die Bodyguards schirmen Pacheco und Willeford – sofern er Le Roi ist – vollkommen ab. Er lässt nicht mal uns Mädchen an Le Roi nahe genug ran und du glaubst, *du* schaffst es?«

In dieser Sekunde schoss mir ein gemeiner Gedanke durch den Kopf. Mein Bauch sagte *Los, mach schon, sag es!* Genau der Bauch, der dafür gesorgt hatte, dass ich mich jetzt mit solchen Scheißfällen herumplagen musste. Aber hatte ich eine Wahl? Kaum.

Ich bluffte: »Es ist doch so, dass ihr alleine auf weiter Flur seid und nichts, aber auch rein gar nichts in der Hand habt. Ihr konntet bislang weder konkrete Verdachtsmomente bezüglich Mädchenhandel, Waffenhandel noch für organisiertes Verbrechen nachweisen, richtig? Nun, ich kenne jemanden, der mit Willeford früher zu tun hatte und ihn auch mit Maske identifizieren kann – kein Bulle, kein FBI-Agent, jemanden, der an ihn rankommt. Im Gegenteil, wenn Willeford wirklich Le Roi ist, wird er sich ihm nähern und nicht umgekehrt.«

Ich fühlte den Sieg in greifbarer Nähe und verkniff mir das Grinsen.

»Wen hast Du, wer könnte Willeford als Le Roi identifizieren? Spucken Sie den Namen aus und Sie sind drinnen.« Catrells Stimme war die Anspannung anzuhören.

»Was?« Rosen war noch immer nicht begeistert und versuchte das Unabwendbare zu verhindern.

Ich unterbrach sie. »Mit welchen Stangen arbeitet ihr im Club? Wie sieht es mit Silks aus? Ich bin auch ganz gut im Chairdance und meine Floorwork-Elemente sind auch okay.«

Auf einmal drückte ihr Blick Anerkennung, aber auch Resignation aus.

»Du hast Erfahrung mit U-Aerial Silks?« Ich nickte. Rosen senkte den Kopf und schnaubte, zwar immer noch nicht begeistert, aber immerhin zustimmend: »Gut. Dann komm' heute um Fünf in den Club. Ich warte am Hintereingang auf dich. Und sei pünktlich. Suzanne?«

Catrell nickte. »Trotzdem, wer ist Ihr Mann? Wer kann Willeford identifizieren? Geben Sie mir irgendetwas!«

Ich wusste von Andy, dass Richmond und Willeford sich schon einmal in die Quere gekommen waren. Ich war wütend auf Richmond, aber wenn Willeford zum organisierten Verbrechen gehörte … würde ich Richmond eiskalt ans Messer liefern. Wollte ich das wirklich?

»Sie kriegen Ihren Zeugen, Catrell, versprochen. Aber zuerst will ich mal rein und mir selbst ein Bild machen, bevor ich Ihnen den Mann liefere«, log ich und hoffte, Richmond würde sich, sollte der schlimmste Fall eintreten, selbst verteidigen können.

Du solltest lieber hoffen, dass dieser gar nicht erst eintritt, ermahnte mich meine innere Stimme, *sonst sitzt du ziemlich in der Scheiße!* Ja, für den Platz buchte ich ohnehin immer die Jahreskarte.

Kapitel 16 (Hotel Coeur de Lis)

Rich

Nachdem Sandrine Lorraine, die echte, wieder einigermaßen bei Kräften war, verabschiedete ich mich und ging zur Vordertür hinaus. Natürlich nicht, ohne sie um ein ausführlicheres Gespräch zu bitten, sobald sie sich von dem Schock erholt hatte. Sah so aus, als hatte ich einen besseren Eindruck bei ihr gemacht als bei der notorisch skeptischen Tamlyn Harris. Und dass, obwohl unser Start deutlich holpriger gewesen war.

Aber jetzt durfte ich keine Zeit mehr verlieren. Ich würde ohnehin ein wenig zu spät kommen, aber das war nicht schlimm. Frauen musste man warten lassen, damit sie einen ernst nahmen. Und so verzweifelt, wie Cherrys Nachricht klang, konnte ich mir ein wenig Zeit lassen. Nicht zu viel, denn die Dame hatte einen gewissen Stolz. Genau das war der Grund, warum ich die SMS und ihre Verfasserin noch nicht zusammensetzen konnte. Ich war mir ziemlich sicher gewesen, dass sie mit dem überfallartigen Kuss letztlich lediglich ihr Revier hatte markieren wollen. Anfänglich waren ihre Lippen kühl und grob gewesen, so als hätte sie einen Pokal oder ein neues Paar Schuhe geküsst. Aber ich konnte immer noch ihre Finger spüren, die mir bestimmt, aber zärtlich durch die Haare gefahren waren. Das hatte sich in der Tat sehr angenehm angefühlt und für den einen Moment, in dem ich ihren Kuss erwidert hatte, war es so gewesen, als wären wir gemeinsam in unserer ganz eigenen Welt versunken. Aber wie bei einem Magneten hatte eine kleine Wendung in Form eines

USB-Sticks gereicht, um Anziehungskraft in Abstoßung umzuwandeln. Und trotzdem wollte sie mich treffen. Ich hatte keinen Plan, warum, aber deswegen fuhr ich ja hin.

Dan's Pub lag mehr oder weniger direkt neben dem Coeur de Lis. Es war inzwischen etwa zehn nach neun und ich stellte mir vor, wie Cherry gelangweilt an einem Drink arbeitete und sich über mich ärgerte. Ich grinste.

Was will ich hier? Es war klar, dass zwischen Cherry und mir nichts laufen konnte. Zumindest nicht, solange wir an dem Fall arbeiteten. Aber warum nicht ein bisschen reden und vielleicht … wenn man die Flamme ein wenig am Köcheln hielt … Konnte ja sein, dass, wenn sie mir erst vertraute, sie mir dann ein bisschen von dem verriet, was sie bislang herausgefunden hatte. Denn wenn sie so gut war, wie ihr Ruf, der ihr vorauseilte, dann konnte ein Gespräch mit ihr mich durchaus weiterbringen. Wenn ich ehrlich war, hatte ich, was europäische Geschichte betraf, bestenfalls Elementarkenntnisse. Vor allem, wenn es um Königshäuser ging. Die Sonnenkönigin – davon hatte ich nie gehört. Der Sonnenkönig, von dem ich meinte zu wissen, er habe »Der Staat bin ich!« gesagt. Um nun lesen zu müssen, dass ihm das wohl fälschlicherweise in den Mund gelegt worden war. Immerhin erinnerte ich mich an eine Nachrichtensendung, in der ein aufgeregter spanischer Journalist über eine Urkunde berichtet hatte, durch die eine späte Heirat des Sonnenkönigs mit einer unglaublich jungen Comtesse bewiesen werden konnte. Nein, da war ich mir sicher, dass Cherrys Recherchen gründlicher waren.

Deutlich mehr bekam ich von der Tagespolitik mit. Erst an jenem Morgen waren in den Nachrichten wieder Bilder von wütenden Demonstranten aus Barcelona und Valencia gezeigt worden, die Plakate mit dem Konterfei der Königin Mercedes Teresa verbrannten und lautstarke Parolen für die Abschaffung der Monarchie riefen. Das war schon ein Jahr zuvor anlässlich ihrer sündhaft teuren Silberhochzeit mit Luis Javier eskaliert. Vor allem, als im Internet die vermeintlich wahren Summen veröffentlicht worden waren. Was Spanien derzeit erlebte, suchte in seiner Geschichte bislang seinesgleichen und hatte inzwischen auch die politische Bühne erreicht. Es gab immer heftigeren Widerstand, nicht mehr nur von den Linken, sondern auch von der rechtspopulistischen Gruppierung La Tercera República. Diese war mit einem sehr zweifelhaften Programm am Start, aus dem sie nach außen hin vor allem einen Punkt herausstellten, nämlich die Abdankung der ungeliebten Königin Mercedes Teresa erzwingen zu wollen. Die »Revolution des Volkes«, wie sie es nannten. Und dabei waren sie sich nicht zu schade, sich bezüglich des Parteinamens ausgerechnet bei dem linken Widerstand gegen die Monarchie zu bedienen.

Ich weigerte mich zu glauben, dass das irgendwas mit *meinem* Fall zu tun haben konnte. Aber es schadete nicht, sich da noch ein bisschen schlauer zu machen. Erneut verfluchte ich die kurze Vorbereitungszeit. Völlig untypisch für mich.

Vor Dan's Pub stand ein Türsteher, das hatte ich schon bei Google nachgeschlagen. Ich wollte es nicht riskieren, dass er meine Glock ertastete. Also ließ ich sie so gut versteckt in meinem GTX, wie es eben ging. Ebenso wie mein Laptop. So kam ich ohne Probleme in den Pub und lauschte den Bluesklängen eines E-Gitarristen namens Jimmy, der einen Klassiker von B.B. King in einer selten gehörten Perfektion spielte.

Ich war enttäuscht. Von Cherry Loster keine Spur. Hatte ich sie mir ernsthaft traurig am Tresen sitzend vorgestellt? Schmachtend auf mich wartend?

Ja, die Zeiten sind vorbei, in denen Frauen dieser Kategorie das taten, dachte ich. Ich bestellte mir ein alkoholfreies Bier und lauschte fasziniert Jimmys virtuosem Spiel, als mir jemand von hinten auf die Schulter tippte.

»Wir müssen reden! Aber nicht hier!«

»Cher…«, rief ich verwundert aus.

Aber nicht Cherry Loster stand hinter mir. Es war Fake Sandrine Lorraine. Das war ja wohl kaum zu fassen! Dachte die ernsthaft, ich glaubte immer noch, dass sie die Geschichtsprofessorin war, für die sie sich ausgegeben hatte? Offenbar tat sie das, denn sie sprach immer noch mit französischem Akzent.

»Ich warte hier auf jemanden«, sagte ich bemüht gelangweilt und drehte mich wieder um.

»Du hast wirklich geglaubt, dass Cherry Loster hier erscheint und … auf dich steht?«

Dieser Ton, irgendwo zwischen Verwunderung und Mitleid, gab mir einen kleinen Stich. Zumal ich ja selbst Zweifel daran gehabt hatte.

Ich drehte mich wieder um und sie schien meine Gedanken lesen zu können.

»Oh non non non!«, säuselte sie abwehrend.

Dieser vermeintliche, leider richtig gut imitierte französische Akzent begann langsam, mir auf die Nerven zu gehen. Auf der anderen Seite verlieh er ihrer hübschen Stimme einen zusätzlich interessanten Klang. Um das Wort »sexy« mal zu vermeiden …

»Ich meine, du bist ein Alphatier, Cherry Loster ist ein Alphatier. Das kann nicht gut gehen.«

Sie zwinkerte mir zu. Bitte! Aber sie war unglaublich hübsch …

Und unglaublich jung!

Notiz für mich selbst: Meine innere Stimme mal zum Schweigen bringen! Wichtiger war eigentlich, dass sie an dem Mord an Luis Pacheco beteiligt gewesen war, oder etwa nicht? Und nun wollte sie mit mir sprechen, *aber nicht hier*?

Wieso nicht hier? Zu viele Zeugen?, wollte ich erst fragen. Aber dann dachte ich: Warum sollte ich den Trumpf, dass ihr Identitätsklau aufgeflogen war, jetzt schon ausspielen? Und vor allem: Woher zum Teufel wusste sie, dass Cherry mich hier treffen wollte? Woher kannte sie die vermeintliche FBI-Agentin überhaupt? Und wieder schien sie Gedanken lesen zu können.

»Deine Augen sind wie ein offenes Buch«, lächelte sie. »Du fragst dich: Warum ist sie hier? Und woher sie weiß das mit Cherry?«

Sie stellte sogar die Sätze um, als wüsste sie es nicht besser. Und sie sprach den Namen von Agent Loster wie »Cherie« in »Ma Cherie« aus. Das machte sowohl Cherry als auch Fake-Sandrine noch attraktiver. Mir schwirrte der Kopf.

»Allerdings«, antwortete ich trocken.

»Oh«, schmollmundete sie. »Es tut mir leid.« Dann beugte sie sich zu mir herunter und flüsterte mir ins Ohr: »Es ist total bescheuert, aber können wir uns sehen?«

Das war der Moment, in dem ich anfing, meine Glock zu vermissen. Es war Fake-Sandrine gewesen, die die Nachricht geschickt hatte!

Sie hatte offenbar Cherrys Account geknackt!

»Wo ist Cherry Loster?«, fragte ich mit fester Stimme und noch festerem Blick, während sich mein inneres Auge Bilder einer an eine Heizung gefesselten Cherry vorstellte. Ich hätte sie am liebsten gepackt und geschüttelt, aber ein fast Fünfzigjähriger, der eine schöne Frau in den Zwanzigern in einem Pub auf den Tresen drückte … Das konnte mir ganz sicher zu einer Schlagzeile verhelfen. Aber genauso sicher zu keiner, die mir gefallen hätte.

»Du bist süß«, lächelte sie. »Sie hat auf dich Eindruck gemacht. Ich sehe das! Aber ich kann dich beruhigen. Ich habe gar kein Interesse an Cherry Loster.« Augenaufschlag Fake-Sandrine. »Nur an dir!«

Als wenn mich ein verführerisches Lächeln einer schönen Frau je dazu gebracht hätte, etwas Unkluges zu tun!

»Aber wir haben keine Zeit!«

Was konnte ich verlieren? Außer mein Leben?

»Ich hab' Zeit«, antwortete ich gelassen und grinste.

»Hast du nicht!«, sagte sie und auf einmal war der französische Akzent wie weggeblasen. »In wenigen Minuten wird dein Zimmer in Saint Rose durchsucht. In einem Motel gibt es nicht viele

Möglichkeiten, etwas zu verstecken. Ja, und mein Auftrag ist es, dich hierherzulocken und dich, falls die Sucherei doch noch mehr Zeit in Anspruch nimmt, ein bisschen zu beschäftigen.«

Ich schüttelte den Kopf. Das konnte nicht wirklich wahr sein! Ich hatte mich auf nichts eingelassen außer ein unverbindliches Treffen mit Cherry Loster, öffentlich, in einem Pub. Und jetzt saß ich hier, ausgetrickst wie ein Anfänger, und wurde noch verhöhnt. Oder wie sollte ich das deuten, dass …

»Noelia«, sagte sie. »Ich heiße Noelia.« So langsam wurde sie mir unheimlich. Sie sagte das ohne ein Lächeln. Sie hatte sich sogar umgesehen, wohl um sich zu vergewissern, dass wir nicht beobachtet wurden.

»Wir müssen wirklich los!«, sagte sie in einem Ton, der unmissverständlich klarmachte, dass sie selber unter gehörigem Druck stand.

»Wohin?«

»Vertraust du mir?«

Ich lachte. Diese Frage konnte nicht wirklich ernst gemeint gewesen sein.

»Ich gebe dir Antworten. Ich habe auch ein Zimmer im Coeur de Lis, aber das weiß niemand. Außer dir jetzt. Ich gebe dir Information, du gibst mir Information. Ich verspreche dir, du wirst deine Sensation kriegen!«

Gehe nie mit jemanden mit, der dir Süßigkeiten anbietet, dachte ich mir.

»Was für Informationen sollte ich dir geben können?«, fragte ich skeptisch.

»Erklär´ ich dann.«

»Nein«, lächelte ich, »so läuft das nicht. Den Weg können wir uns sparen. Du willst das Foto von dir auf der Karte dieses Paparazzos. Danach sucht ihr doch? Oder worum geht es bei meinem Laptop? Um den Ehevertrag der Wilberts? Um die Bürgermeisterschaftswahl zweitausenddreizehn in Buffalo?«

Die Berichterstattung des »Buffalo Star« darüber wurde in der Stadt sehr kontrovers diskutiert. Viele Fälle und Artikel hatte ich auf dem Laptop nicht drauf. Es war noch recht neu, aber während des Wahlkampfes hatte ich noch mal ganz ordentlich verdienen können. Wobei manche Kollegen angesichts meiner klaren Worte sicher meinten, ich würde noch etwas ganz anderes verdienen.

»Das war kein Paparazzo! Damit geht es schon mal los.« Noelia verdrehte die Augen. »Kommst du jetzt mit? Wir haben nur ein kleines Zeitfenster!«

Nur ein kleines …?

Aber sie hatte mich gepackt. Nicht, weil sie attraktiv war, sondern weil sie mich neugierig gemacht hatte. Natürlich war das ein Paparazzo gewesen! Was denn sonst? Aber dadurch hatte sie gewonnen.

»Okay, aber ich muss vorher noch zu meinem GTX. Und du bleibst draußen vor dem Pub stehen. Ich bin in zwei Minuten wieder bei dir.«

Irgendwo zwischen genervt und belustigt sah sie mich an.

»Okay, zwei Minuten. Dann hol deine Waffe, wenn du dich damit sicherer fühlst.«

Wenige Minuten später betraten wir die Lobby des Coeur de Lis und schnurstracks ging Noelia zum Fahrstuhl. Die Nummer, auf die sie drückte, kam mir sehr bekannt vor.

»Ja, das Zimmer liegt gegenüber von dem deiner FBI-Freundin.« Der Fahrstuhl setzte sich in Bewegung und Noelia zwinkerte mir erneut zu. »Du weißt schon, dass sie nicht wirklich vom FBI ist?«

Ich atmete tief durch. Ich hatte es geahnt, aber ich war mir nicht sicher gewesen. Noelia wusste offenbar eine Menge. Zum Beispiel, dass ein Journalist aus dem weit entfernten Buffalo in New Orleans auf der Suche nach einer Schlagzeile war.

»Wir sind hier schon allein. Warum ich? Was willst du von mir?«

Noelia lächelte, als sich die Fahrstuhltür öffnete.

»Rich«, sagte sie und auch ohne französischen Akzent klang mein Name aus ihrem Mund verführerisch. »Entspann´ dich mal. Du gehst sicher nicht das erste Mal mit einer jungen Dame auf ein Hotelzimmer.« Jetzt lachte sie und legte den Arm um mich. »Du hast so schöne Augen … Lass sie doch mal strahlen!«

In dem Moment lachte ich wirklich, denn das war der billigste Anmachspruch, den ich mir vorstellen konnte.

So lachten wir beide, als wir vor der Tür ihres Zimmers standen.

Eine Sekunde später stockte mir der Atem. Eine total aufgetakelte Cherry Loster kam aus ihrem Zimmer und … Was trug sie da? Ein Latexkleid? Wenn man das schwarze, glänzende Etwas überhaupt noch »Kleid« nennen durfte. Es war eher ein Nichts – mit nichts darunter. So sah es zumindest aus. Das einzig Gute: Cherry sah mich – *uns* – genauso fassungslos an wie wir sie. Sie holte tief Luft, als ob sie etwas sagen wollte, rauschte aber dann ohne ein Wort an mir vorbei.

Kapitel 17 (Le Masque Noir)

Cherry

Ich war spät dran, so wie immer eigentlich. Ich hasste es, in diesem Fummel das Zimmer verlassen zu müssen. Das Kleid war vorne durchgehend geschnürt. Theoretisch gesehen! Praktisch gesehen sprang mein doch recht üppiger Busen fast heraus und ein knapp zehn Zentimeter breiter Streifen an nackter Haut wurde nur von den überkreuzten Schnüren unterbrochen. An strategisch wichtiger Stelle war eine schwarzgoldene Rose platziert. Unter dem Nichts von Kleid trug ich einen hauchfeinen Nylonstring-Tanga. Aber der war mehr für mein persönliches Wohlgefühl denn als Sichtschutz.

Amanda Rosen alias Dolores hatte mich heute Nachmittag als Vertretung für eine kranke Kellnerin eingeschleust und dazu gehörte nun mal dieses schwarze Latexminikleid. Wenn ich Glück hatte, konnte ich heute Abend noch vortanzen, damit ich Zugang zum VIP-Poledance-Bereich bekam. Dann standen die Chancen gut, dass ich mich an Pacheco ranmachen konnte.

Während ich weiter über Pacheco nachgrübelte und mir schon fast zwischen die Beine fassen und den Nylon-String zurechtzupfen wollte, registrierte ich, dass jemand an der gegenüberliegenden Tür stand. Es war Richmond. Allerdings war er nicht alleine. Ich glaubte es nicht! An ihm hing dieses Püppchen aus dem Park von heute Mittag. Wenn er da nicht mal eine Professionelle aufgegabelt hatte. Aber was ging es mich an.

Hi Nicky, ist es nicht ein wenig früh fürs Bett? Selbst für Schulmädchen?

Es lag mir auf der Zunge, aber als ich sein verdutztes Gesicht sah, beließ ich es bei einem mitleidigen Lächeln. Ich lief den Flur entlang zum Treppenhaus. Zwar würde ich heute noch genügend Bewegung bekommen, aber ich wollte nicht auf den Lift warten neben Nicky und … seiner Tussi.

Das Klingeln meines Handys riss mich aus dem Schock über das Wiedersehen mit Richmond. Es war Alexander Du Moine, mein ehemaliger FBI-Ausbilder. Endlich! Seit Tagen wartete ich auf seinen Rückruf. Nach seinem Ausscheiden beim FBI hatte er, wie so viele Ex-FBI-Leute, eine Security-Firma gegründet. Über die hatte er mir auch den Job bei der Ausstellung an der Sorbonne verschafft. Hoffentlich hatte er gute Neuigkeiten für mich.

»Cherry, wo bist du nur wieder hineingeraten? Du bringst mich in Teufels Küche.«

»Hi Alex. Danke, mir geht's gut!«, versuchte ich zu scherzen, denn seine Stimme klang sehr ernst, selbst für seine Verhältnisse.

»Cherry, du weißt, dass ich mich für niemand anderen so weit aus dem Fenster lehnen würde, oder?«

»Alex, bitte, konntest du etwas über die Dokumente in Erfahrung bringen? Kopien?«, fragte ich voller Hoffnung. Alex' wunderbare sexy Stimme hatte heute einen Unterton, der mir nicht gefiel.

»Cherry, hör zu. Du sitzt in der Scheiße. Was immer du und deine Freundin, diese Green, da am Laufen habt, ist brisant. Genau die Passagierlisten der Schiffe und die Erbfolgetafeln, die dich interessieren, sind verschwunden. Sie waren Teil eines Dokumentenpakets des französischen und des spanischen Königshauses aus dem siebzehnten und achtzehnten Jahrhundert. Die Sache ist im Moment mehr als nur leicht brisant, sie ist brennend heiß!«

Hm, ich fühlte mich gerade etwas überfordert.

»Cherry? Hast du denn nicht die Nachrichten gesehen?«

»Wieso? Nachrichten aus Frankreich ... Nein, was meinst du, Alex?«

Klar war die Sache irgendwie heikel. Altes Zeug der Königshäuser war nun mal einen Batzen Geld wert. Das wusste sogar ich, auch wenn es für mich komplett unverständlich war. Dennoch, Luis Pacheco war mausetot und wenn es nach Mary Anne ging, waren ebenso alte Dokumente daran schuld.

»Cherry, doch nicht in Frankreich! Sag mal, siehst du nicht fern?« Alex klang richtig aufgebracht. »Ist doch überall in den Medien. Die Monarchie in Spanien wackelt und diesmal ordentlich. Zuerst die Katalanen, die das Land spalten, und nun auch noch das restliche Volk, das sich gegen die Königsfamilie stellt. Gestern ist jedenfalls eine halbe Armee Spanier bei mir aufgekreuzt und hat alle Ausstellungsstücke eingesackt. Das waren Typen direkt vom spanischen Königshaus und noch ein paar andere vom Geheimdienst. Was immer die auch gedreht haben, die Gerichtsbeschlüsse sahen echt aus und der Museumskurator ist im Kreis gehüpft. Ich kann dir nur eines sagen: Sei vorsichtig und halte dich da raus.«

Ich konnte nicht anders, als zu lachen.

»Alex, du willst mir nicht wirklich sagen, dass diese Dokumente, die ich für Mary Anne ausfindig machen soll, direkten Einfluss auf die spanische Regierung haben, oder?« Glauben konnte ich das nun wirklich nicht, auch wenn Alex ein alter Hase war und irgendwann mal den Special Forces angehört hatte.

»Cherry, hör mal, nicht nur auf die spanische Regierung. Auch das Königshaus. Ist dir überhaupt klar, was das bedeutet?«

»Ehrlich gesagt, Alex, ist mir bei diesem Fall gar nichts klar, aber das spanische Königshaus macht mir die geringsten Sorgen. Diese Königin Mercedes Dingsda und ihr Mann sind kinderlos, soweit ich weiß. Ich schätze mal, die spanischen Majestäten haben ohne Erben sowieso ein Ablaufdatum am Arsch kleben«

»Cherry, das mag sein, aber es geht um Macht. Königin Mercedes Teresa und Luis Javier sind noch nicht im Greisenalter. Die lassen sich nicht einfach die Butter vom Brot klauen«

Rich

»Hello, Mister!«, Noelia sah mich lächelnd an.

Ich spürte den Reflex, Cherry folgen zu müssen. Wo zum Teufel wollte sie in diesem Aufzug hin? Da war doch irgendwas im Busch. Sie würde doch so nicht zu einem Date gehen? ... Oder doch? Und wo steckte eigentlich Rob?

Noelia pustete schwer durch die Wangen.

»Okay, verstehe. Noelia gegen Cherry im Latexkleid: Null zu Eins. Muss ich mich auch erst in so einen Fummel schmeißen, um deine Aufmerksamkeit zurückzugewinnen?«

Ich schluckte. Hier ging es doch nicht um Eifersucht! Es ging darum, dass ich gewettet hätte, Cherry war undercover unterwegs, und dann hätte ich gerne gewusst, wohin.

»Uff«, stöhnte Noelia. »Sie geht ins Le Masque Noir.«

»Woher weißt du das?«, fragte ich mit offenem Mund. Und vor allem, wieso konnte diese Frau meine Gedanken lesen?

Noelia ballte ihre rechte Hand zu einer Faust.

»Ich weiß so einiges und ich würde gerne auch ein wenig davon mit dir teilen, aber du bist ja zu abgelenkt, um zuhören zu wollen!«

Jetzt musste ich eine Entscheidung treffen. Ich kam mir ziemlich albern vor, dem Kleid hinterherzustarren und, noch alberner, ihm hinterherzulaufen. Zumal es mich ärgerte, dass mich Noelia dabei ansah, als wäre gerade meine Durchblutung im Kopf auf Sparflamme gestellt worden, wodurch selbiger die bisherige Regierung abgesetzt hatte.

Rob anrufen, dachte ich und griff nach meinem Handy. Noelia stieß einen verächtlichen Laut aus, drehte sich kopfschüttelnd um und ging weiter ins Hotelzimmer hinein.

»Rich, hi! Hätte mich auch gleich noch gemeldet.«

Wer es glaubt, dachte ich. Rob war Fotograf, aber er hatte auch immer schon ein gutes Näschen gehabt und verließ sich nie allein auf den jeweiligen Journalisten, mit dem er gerade zusammenarbeitete. Nicht einmal, wenn ich es war.

»Okay«, sagte ich leise ins Telefon. »Wo bist du gerade?«

Die laute Musik im Hintergrund gab mir schon einen Hinweis, dass er nicht allein an der Hotelbar saß. Aber darauf hätte ich auch nicht gewettet.

»Hab' einen Tipp gekommen. Muss mal sehen, was der wert ist. Wenn alles gut geht, kriegst du heute noch ein Foto von Alvaro Pacheco.«

Robs Stimme hüpfte fast vor Freude, während sich in meinem Hals ein Kloß bildete. Mein Blick fixierte Fake-Sandrine, die sich nun also Noelia nannte, sich auf das Hotelbett setzte und mich ansah, als wäre ich ein Volltrottel.

»Sag bitte nicht, du bist im Le Masque Noir …«

Schweigen.

»Und den Tipp hast du von Cherry …«

Das formulierte ich nicht mal mehr als Frage. Und Noelias Augen sahen aus, als applaudierten sie mir.

»Wieso?«

Noelia stand wieder auf und sah mich eindringlich an. »Bevor du darauf antwortest, gib mir fünf Minuten. Sag, du rufst ihn gleich zurück.«

»Wer war das?«, krächzte es aus meinem Blackberry.

Noelia sah mir direkt in die Augen, als wollte sie mich hypnotisieren. »Tu einfach einmal, was man dir sagt!«

Okay, sie will mich hypnotisieren.

Ich weiß nicht warum – ich legte auf. Aber dieses Domina-Spiel spielte ich nicht mit. Wenn sie etwas zu bieten hatte, gut, dann sollte sie ihren Zug machen dürfen. Ohne zu zucken, hielt ich ihrem Blick stand und erhob nun meinerseits die Stimme.

»Also gut. Von wem weißt du das mit Cherry und dem Le Masque Noir?«

Noelia lachte.

»Rich, ich hab' dir gesagt, du kriegst Antworten von mir, und du kriegst Informationen für deine Schlagzeile. Aber ich verrate dir doch nicht meine Quellen – du bist ja süß …«

»Du bist auf einem Foto zu sehen neben dem Typen, der kurz nach der Aufnahme wegen der Ermordung von Luis Pacheco festgenommen wurde. Einer deiner Leute, für welchen Verein du auch immer spielst. Ich denke, du solltest dir langsam deiner Situation bewusst werden.«

Noelia lächelte und es kam ziemlich überheblich rüber. Aber als es erstarb, sah sie seltsam verloren aus.

»Ja, du hast recht. Dumme Sache, das Foto. Aber damit geht es los, nicht wahr? Welches Team – das ist eine gute Frage.«

Sie stand auf und begann, unruhig hin- und herzugehen. Die eben noch so vor Selbstbewusstsein strotzende, junge Frau schien angeschlagen zu sein und murmelte leise: »Das ist eine sehr gute Frage.«

»Also gut. Fangen wir mit mir an. Warum bin ich hier? Also, warum bin *ich* hier?«

Woher, verdammt noch mal, wusste sie, dass ich an dem Fall dran war? Und selbst wenn …

»Ehrlich? Ich hab' deinen Namen gestern das erste Mal gehört.«

Ich runzelte die Stirn. Zu welchem Verein gehörte sie? War sie Amerikanerin? Der französische Akzent war inzwischen beinahe völlig ausgeblendet und wenn ich hätte wetten müssen, hätte ich bezüglich ihrer Herkunft auf New York getippt. Homeland? Aber warum? Irgendein ausländischer Geheimdienst? Selbe Gegenfrage, kam mir aber aus irgendeinem Grund plausibler vor.

»Also geht es um Cherry? FBI? Ach, sie ist ja nicht beim FBI«, sagte ich in einem leicht spottenden Ton.

Noelia zuckte die Schultern.

»Sie war mal und sie hat noch gute Verbindungen. Aber uns geht es um einen anderen Kontakt.«

»Verstehe. Alvaro Pacheco. Vater Pablo ist tot, Bruder Luis ist tot. Alvaro lebt noch …«

Damit hatte ich Noelia erst richtig verärgert.

»Wenn ich so ein Mensch bin, bist du ein Idiot, dass du hier mit mir allein bist. Und vertraue nicht auf deine Waffe – mein Messer ist schneller und ich bin zielsicher! Ich kann dich in fünf Sekunden töten!«

Ich schluckte und überlegte, ob sie das wirklich konnte. Zumindest hatte sie selbst offenbar nicht den geringsten Zweifel.

»Cherry war mir bis vor einer Woche auch kein Begriff«, sagte sie dann nach einer kleinen Pause. Immerhin ein anderer zeitlicher Rahmen als bei meiner Person. »Aber ihre Auftraggeberin haben wir im Visier.«

»Wer ist ›wir‹?«

»Mary Anne Green«, sprach sie weiter und ignorierte meine Frage. »Ich kenne sie von der Sorbonne.«

»Paris«, antwortete ich, da sie mich prüfend ansah.

Noelia nickte.

»Meine Eltern haben keine Kosten und Mühen gescheut, um mich weit weg von Zuhause zu wissen. Immerhin habe ich dadurch die besten Schulen besucht, die renommiertesten Universitäten – die Sorbonne und davor Princeton.«

»New Jersey. Deswegen das gute Englisch.«

»Englisch, natürlich. Französisch, ein bisschen Russisch, Deutsch. Die beste Ausbildung, die besten Personal Trainer. Aber genug geplaudert von mir.«

Sie hatte ziemlich viele Fremdsprachen genannt. Was war denn nun ihre Muttersprache?

»Ich komme aus Spanien«, sagte sie nach einer wirklich langen Pause, als ob sie ein Geheimnis verraten würde.

»Wir waren bei Mary Anne Green.«

»Richtig. Diese Dokumente, die Pacheco zu Geld machen wollte … Hinter denen ist auch Green her. Ich habe jede ihrer Publikationen gelesen und wir verfolgen jeden ihrer Schritte. So kamen wir auf Cherry Loster. Wirklich eine bemerkenswerte Frau. Sie schafft es, der Polizei von New Orleans weiszumachen, sie wäre noch beim FBI. Sie haben wir beobachtet, auch als sie Pacheco traf vor dem Hotel. Und dann wurde dieses Foto geschossen von Pacheco und ihr und in dem Moment, wo ich den Blitz gesehen habe, versuchte ich mich wegzudrehen. Aber ich nehme an, dass gute Fotoprogramme zu einer gewissen Wahrscheinlichkeit eine Übereinstimmung mit meiner Person finden würden. Das kann ich nicht zulassen.«

Die Frau war mir ein Rätsel. Mehr noch als andere.

»Du glaubst nicht ernsthaft, dass ich bei der Vertuschung eines Mordes mithelfen werde?« Jetzt überschätzte sie sich eindeutig. Mir dagegen wurde leicht flau im Magen. Immerhin hatte sie gerade zugegeben, dass sie tatsächlich die Frau auf dem Bild des Paparazzos war. Merkwürdigerweise waren zwar meine Sensoren auf »erhöhte Vorsicht«, aber meine innere Stimme sprach beruhigend auf mich ein. Sie riet mir zwar nicht, ihr blind zu vertrauen, aber schon, ihr zuzuhören.

»Nein«, erwiderte sie ruhig. »Das erwarte ich nicht. Aber wir haben auch über dich einige Informationen sammeln können. Dir geht es um die Wahrheit.« Sie kam auf mich zu und legte eine Hand auf meine Schulter. »Und die Wahrheit ist: Ich habe nichts zu tun mit dem Mord. Wir wollten die fehlenden Dokumente von ihm, nicht seinen Tod.«

Ich schob ihre Hand weg und ging einen Schritt zurück.

»Also ein Unfall?«

Verächtlich schnaufte sie.

»Niemals. Pedro und Raúl töten nicht versehentlich und lassen es wie echt aussehen. Wenn, dann umgekehrt. Nein, ein Unfall war das nicht. Das war eiskalter Mord.«

Mit dem letzten Satz sah sie mich so entschlossen an, dass ich fast geneigt war, ihr zu glauben. Aber Pacheco, Sandrine Lorraine … Ich musste wahnsinnig sein.

»Es ist so schnell eskaliert und die beiden haben ohne Vorwarnung und entgegen jeder Absprache ihre Messer gezückt. Ich sollte nur in Deckung gehen, falls etwas schiefläuft. Dass es dann aber *so* schiefläuft …«

Ich verstand langsam ihren Beweggrund.

»Al…«, sie schluckte. »Ein Freund hat mich festgehalten und mir klargemacht, ich müsse fliehen. Um keinen Preis dürfte mein Gesicht in die Presse.«

»Was ist an deinem Gesicht so besonders?«, fragte ich und sie erwiderte meinen Blick fast ein wenig beleidigt.

Sie hatte ein außergewöhnlich hübsches Gesicht, aber das war schließlich kein Grund dafür, es der Öffentlichkeit vorzuenthalten. Sie hob die Augenbrauen und entschied sich, nicht darauf zu antworten.

»Gut, versuche ich es mal mit einer anderen Frage: Warum war der Paparazzo kein Paparazzo?«

Letztlich hatte diese Frage mich in dieses Hotelzimmer gelockt, in dem ich mich der Gefahr aussetzte, jederzeit in fünf Sekunden getötet werden zu können.

Hast du das schon mal getan? Jemanden umgebracht? Die Frage beschäftigte mich.

Noelia ließ sich auf das Bett fallen, richtete sich wieder auf und saß nun nachdenklich auf der Kante.

»Sie haben gedacht, ich höre nicht, was sie sagen.« Noelia flüsterte fast. »Pedro und Raúl«, beantwortete sie meinen fragenden Blick, auch wenn ich mir das hatte denken können. »Sie sprachen davon, dass du die Karte hast. Dass sich dieser Schwachkopf von dir die Karte hat abnehmen lassen. Sorry, Raúls Worte. Du hast irgendeinen Plan durchkreuzt. Aber keinen, den ich kannte. Keinen *unserer* Pläne. Ich weiß nicht, welches Spiel die beiden spielen. Warum wollten die ein Foto von Cherry und Pacheco machen?«

Wollten sie das? Ich war mir alles andere als sicher, deswegen hielt ich mich erst mal zurück.

»Deine Leute durchsuchen also das Motel, richtig?«

Noelia lächelte.

»Ja, und trotzdem bist du mitgegangen. Du hast die Karte dabei und auf dem Laptop eine Kopie. Und ich schätze, der Laptop ist in deinem GTX.«

Ich schluckte.

»Ich hab' meinen Leuten gesagt, sie sollen vorsichtig sein mit deinem Baby. Ich habe Respekt vor Klassikern«, sagte sie beschwichtigend. Und dann eindringlicher: »Und nun bleib hier, es ist sowieso zu spät.«

In dem Moment flog die Tür auf und noch bevor ich regieren konnte, hatte ich eine Waffe im Nacken.

Noelia lächelte schwach, stand auf und kam auf mich zu.

»Mir war leider klar, dass du mir die Karte nicht freiwillig gibst.«

Ich lotete meine Chancen aus gegen diesen Typen hinter mir und Fünf-Sekunden-Noelia, die immer noch meine Gedanken lesen konnte.

»Bitte nicht, Rich. Ich mag dich. Ehrlich! Und ich verspreche hoch und heilig, dass du all deine Sachen wiederbekommst. Na ja, du bekommst einen neuen Laptop mit all deinen Daten, bis auf …«

Sie kam mir so nah, dass mir ihr rosiger Duft mit der Kaffeenote in die Nase zog. Etwas weniger intensiv als noch am Mississippi. Sie fand die Glock in meiner Jacke und die Karte in der vorderen, rechten Hosentasche. Als Noelia sie fühlte, sah sie mich fast mit einem entschuldigenden Blick an. Langsam zog sie sie heraus und ließ sie in ihrem Dekolleté verschwinden. Dann tastete sie mich weiter ab und fand einen USB-Stick in meiner Socke, was ich mit einem erbosten Blick kommentierte.

»Du musst schlimm über mich denken«, sagte sie dann.

Das war seltsam. Ich hatte ein Zeichen des Triumphes erwartet. Eine Verhöhnung vielleicht oder sogar eine Warnung. Aber nichts dergleichen passierte. Ganz im Gegenteil: Noelia sah traurig aus und was dann geschah, war so unglaublich, dass ich beschloss, niemandem davon jemals zu erzählen. Es hätte mir ohnehin niemand geglaubt. Noelias Hand strich mir zärtlich über den Kopf, ihre braunen, warmen Augen sahen in meine wütenden und dann gab sie mir einen Kuss. Nicht einen flüchtigen auf die Wange, sondern einen mit tiefer Leidenschaft getränkten auf den Mund und ich erwischte mich dabei, wie ich ihn nach anfänglicher Gegenwehr erwiderte.

Cherry

Meine Gedanken waren zu dem Gespräch mit Alex zurückgeschweift und ich hatte Dolores letzte Worte überhört. An ihrem Blick sah ich, dass ich offensichtlich etwas Wesentliches verpasst hatte.

»Sorry, Dolores, ich war in Gedanken«, sagte ich entschuldigend, während sie mit mir den Flur entlang zum vorderen Teil des Ladens ging.

Amanda Rosen alias Dolores sah mich mit einem angesäuerten Gesichtsausdruck an. Eigentlich hätte ich ein wenig mehr Coolness von ihr erwartet. Für einen Profi wirkte sie ziemlich gestresst und entsprechend patzig fiel auch ihre Antwort aus: »Das ist kein Spaß hier, sondern ein richtig harter Job. Es ist wichtig, dass du nicht auffällst. Ich lasse mir von dir nicht alles kaputtmachen.«

Ich überlegte, von welchem Job sie gerade sprach. Von ihrem Strip-Job hier oder davon, dass sie ein Undercover-Cop im Einsatz war.

»Noch mal sorry und jetzt von vorne. Was ist Sache?«

Ich blieb ruhig. Ich wusste, ich konnte den Job erledigen, undercover hatte ich immerhin mein halbes Berufsleben verbracht.

»Für die nächsten zwei Stunden bist du an der Bar eingeteilt. Allerdings hat sich kurzfristig eine Gruppe reicher Russen für einen ›Malschishnik‹ angesagt. Alvaro Pacheco kommt gegen Mitternacht, er hat Anweisung gegeben, dass nur die Besten auftreten, und will sich selbst davon überzeugen, dass alles glatt läuft. Chantal ist heute nicht aufgetaucht, das ist deine Chance. Ich habe meinen Kopf für dich riskiert, als ich gesagt habe, dass du auch Erfahrung im Private Poledance hast. Ich hoffe, du hast die Playlist und die Choreografie zu hundert Prozent intus. Der Auftritt muss glatt laufen. Ich will nicht auffliegen.«

»Malschishnik? Einen russischen Polterabend?« Das erste Mal heute sah ich so etwas wie Anerkennung auf Dolores' Gesicht. Ihre Augenbrauen hoben sich fragend.

»Du kannst Russisch?«

»Nicht wirklich. Nur ein paar Brocken!«

»Ist egal, die Russen lassen immer einen Haufen Kohle da, wenn sie zufrieden sind. Also, mach *alles*, damit sie das auch sind, egal *was* sie wollen … Und dein Name als Tänzerin ist übrigens Charity Rose.«

In diesem Moment wurde mir eiskalt. Charity Rose – der Name, der auf meiner echten Geburtsurkunde stand – *Das* war kein gutes Omen. Konnte das Zufall sein? Wohl kaum. Die Frage war: Was wollte mir Dolores damit sagen? Wollte sie mir Angst machen? Wollte sie mich demütigen? Oder mir auf den Zahn fühlen? So oder so, ich würde es herausfinden. Dessen nicht genug, hatte ich sie gerade richtig verstanden? *Alles*, was sie wollten? Ich wusste, dass zu richtigen Hardcore-Einsätzen auch *voller Körpereinsatz* dazugehörte. Doch das war die Ausnahme, nicht die Regel. Üblicherweise wurden die betroffenen Cops intensiv psychologisch betreut. Irgendetwas war hier faul, nach so einer groß angelegten Polizeioperation hatte das Ganze bei dem Gespräch mit Catrell nicht ausgesehen.

»Was ist los? Ziehst du schon den Schwanz ein, noch bevor du auf der Bühne stehst?« Das Lachen, das auf diese Worte folgte, wirkte wie eine eiskalte Dusche auf mich.

Die Angst traf mich mit der Wucht eines Faustschlages in die Magengrube. Doch schon vor sehr langer Zeit hatte ich beschlossen, mich niemals wieder von ihr beherrschen zu lassen. Niemals wieder. Instinktiv griff ich nach Jackie und sofort fühlte ich mich sicher. Ich lächelte Dolores lasziv an und nichts an mir verriet etwas von meinen Gefühlen.

»Charity Rose? Sehe ich tatsächlich *so* aus oder wie kommst du darauf?«, versuchte ich leichthin zu fragen.

Abrupt blieb Dolores stehen. »Wieso? Hast du ein Problem mit dem Namen?«

Ihrem Gesichtsausdruck und ihrem bohrenden Blick konnte ich nicht viel entnehmen. Süffisant lächelnd ließ ich sie wissen: »Nein, ganz im Gegenteil, ich fühle mich geschmeichelt. Wenn ich sogar einen Profi wie dich zu einem stilechten Nuttennamen inspirieren kann, sehe ich das als Kompliment.«

Mit Genugtuung sah ich, wie sie blass wurde. Ich drehte mich um und ging weiter Richtung Bar, wo ich die nächsten zwei Stunden Cocktails servieren würde.

»Du findest dich zurecht, nehme ich an. Wenn Alvaro auftaucht, sage ich dir Bescheid.«

Ich atmete auf, als sie in Richtung der Burlesque-Bühne verschwand. Wut und Angst versuchten zwar immer wieder an die Oberfläche zu kommen, aber ich ließ es nicht zu. Meine Sachen deponierte ich in dem kleinen Personalraum direkt hinter der Bar. Glücklicherweise hatte ich heute Nachmittag ausreichend Zeit gehabt, mich mit den Räumlichkeiten, dem Personal und der Philosophie des Le Masque Noir vertraut zu machen.

An der Bar traf sich das »Who is Who« von New Orleans genauso wie Touristen und der Durchschnittsamerikaner. Im blauen Salon fanden alle zwei Stunden die wieder modern gewordenen Burlesque-Shows und im roten Salon VIP-Poledance-Shows statt. Soweit ich es gesehen hatte, verfügte der Club über das modernste Equipment und wirkte nicht wie ein billiger Strip-Schuppen.

Ein kurzer Blick in den Spiegel bestätigte, dass sowohl Make-up als auch Kleid perfekt saßen. Die Rose über meinem Schoß zupfte ich ein wenig zurecht. Dann betrat ich den Barbereich, die Geräuschkulisse war enorm.

Laut rief ich: »Hi Leute! Hi Venus, wo hast du mich eingeteilt?«

Venus, die Chef-Barkeeperin, deutete auf einen Servicepoint hinter der Bar und antwortete ebenfalls in voller Lautstärke: »Du hast Glück, du bleibst heute hinter der Bar.«

»Hi, Charity Rose, ich hab' gehört, du willst nachher an die Stange? Du hast Mut«, rief Sweet Cindy, eine zarte Blondine, und zwinkerte mir zu.

Ich musste lachen, denn die Kleine sah aus, als würde sie frisch von der High School kommen. Dabei war sie angeblich schon zweiunddreißig und seit zehn Jahren eine der Besten im Geschäft. Hinter der Bar und als Stripperin. In dem Moment, als ich meinen Servicepoint an der Bar, die immerhin quer durch den ganzen Schuppen führte, erreichte, blieb mir das Lachen im Hals stecken. Ich traute meinen Augen nicht … Vor mir lehnte Rob am Tresen. Ich spürte, wie ich rot wurde – vermutlich am ganzen Körper. Verdammt.

Rich

Immerhin konnte ich mich auch Minuten später noch gut an den Kuss erinnern, auch wenn mir der Schädel brummte wie zuletzt nur nach Nächten, nach denen ich mich an gar nichts mehr erinnern konnte.

Mitten im Kuss hatte der Typ hinter mir den Pistolengriff auf meinen Hinterkopf geschlagen. Er hatte mich nicht ausknocken können – da hatte mein Schädel schon weitaus schlimmere Stöße überlebt – aber ich war zu Boden gegangen und hatte keine Regung mehr gezeigt.

Ich war zu schwach, um aufzustehen, um mich dem Feigling entgegenzustellen. Also konnte ich ebenso gut liegen bleiben und so tun, als wäre ich weggetreten. Er würde dafür später bezahlen und für sie würde ich mir noch etwas Schlimmeres ausdenken! Ich hörte ein aufgebrachtes Flüstern, das ich leider mangels Spanischkenntnissen nicht verstand. Der Typ versetzte mir noch einen Fußtritt in den Magen, den ich ebenfalls ohne Mucks hinnahm, dann verließen sie eilig das Hotelzimmer.

Als ich sie außer Reichweite vermutete, rappelte ich mich benommen hoch und verfluchte alle Pistolengriffe dieser Welt. Instinktiv wankte ich ins Badezimmer, ließ kaltes Wasser über einen Lappen laufen und hielt diesen dann auf meinen Hinterkopf. Es war nicht das erste Mal, dass mein Kopf so dröhnte, aber die Male davor hatte die Aussicht auf eine Megaschlagzeile heilende Wirkung gehabt. Hier verstand ich langsam gar nichts mehr. Und es sollte noch schlimmer kommen.

Automatisch griff ich nach dem Handtuch, das direkt neben dem Waschbecken lag. Ich wollte mich gerade abtrocken, da sah ich, dass irgendetwas daraus auf den Boden fiel. Mir wurde schwindelig, als ich mich danach bückte. Aber als ich sah, was da aus dem Handtuch geflogen war, sank ich auf die Knie und setzte mich konsterniert auf den Boden. Wie gebannt starrte ich auf eine Fotografie, die vor dem Le Masque Noir aufgenommen worden war. Sie zeigte einen Mann, der deutliche Ähnlichkeiten mit dem verstorbenen Luis Pacheco hatte. Das musste sein Bruder sein, da hatte ich keinen Zweifel. Aber daneben stand ein weiterer Mann und den kannte ich nur zu gut! Er war älter geworden, hatte etwas an Haaren verloren und die verbliebenen an dem Glanz von damals, aber die Gesichtszüge waren noch dieselben. Um genau zu sein, sah er inzwischen aus wie sein Vater, der unter Bush Senior eine große Nummer auf der politischen Bühne gewesen war. Denselben selbstgefälligen Gesichtsausdruck, dieselbe aggressive Körperhaltung. Stan Willeford – und dieser Name stand auch auf der Rückseite des Fotos.

In diesem Moment wurde mir klar, genau dieses Foto war es, das Noelia mir hatte zeigen wollen. Und sie wusste nicht, dass ich den Mann neben Alvaro Pacheco kannte, sonst hätte sie seinen Namen nicht auf die Rückseite geschrieben. Vor allem aber wusste sie nicht, dass ich genau diesem Mann nie wieder begegnen wollte. Mein Name sagte ihm nichts, aber mein Gesicht würde bei ihm den Gedanken an meinen langsamen, qualvollen Tod auslösen. Und noch eines: Um keinen Preis durfte er wissen, dass mein roter GTX Road Runner in der Stadt war.

Mühsam versuchten meine Gedanken, sich zwischen den immer noch heftigen Hammerschlägen in meinem Kopf hindurch einen Weg zu suchen. Ich hatte keinen Zweifel daran, dass Willeford mich erkennen würde, zumal die Zeit bei mir deutlich weniger Spuren hinterlassen hatte als bei ihm. Zumindest äußerlich. Aber kannte er meinen richtigen Namen tatsächlich nicht? Wie wichtig war ihm das wirklich gewesen? Hatte das FBI seinerzeit in seinen Unterlagen meinen Namen gespeichert oder hatten sie die Aktion lieber vergessen wollen und möglichst wenig archiviert? Immerhin hatten die in dem Fall so ziemlich alles verbockt, was man verbocken konnte.

Cherry Loster, dachte ich, als das Hämmern gerade wieder angezogen hatte. Sie musste doch herausfinden können, ob mein wirklicher Name beim FBI gespeichert war. Insbesondere was die Verbindung mit der Undercover-Aktion von damals betraf. Andersherum, wenn es so war, hätte Willeford längst einen Weg gefunden, es mir heimzuzahlen. Er hatte seine Leute überall. In der Wirtschaft, in der Politik und erst recht bei der Polizei, inklusive – oder gerade – beim FBI. War dieser Fall das wirklich wert?

Der Gedanke, einfach in meinen GTX zu steigen und nach Hause zu fahren, wurde immer verlockender. Aber dann fiel mir etwas auf, das mich davon abhielt. Ich tastete nach meinem Holster und stellte zu meiner Überraschung fest, dass meine Glock immer noch darin steckte. Das war wieder dieser typische Moment, der in jedem Fall auftaucht, in dem der Hauptprotagonist sagt: »Das ergibt alles keinen Sinn!« Ergab es aber auch wirklich nicht.

Da hatte mich Noelia in eine Falle gelockt, die damit endete, dass mich ihr Komplize von hinten niedergeschlugen. Sie hatte mir sämtliche Datenträger abgenommen, aber obwohl sie wusste, dass ich bewaffnet war, hatte sie mir meine Glock gelassen. Warum? Hatte sie sie übersehen? Unwahrscheinlich. Ich hatte keine Ahnung, zu welchem Verein sie gehörte, aber ihre Vorgehensweise wies eindeutig darauf hin, dass sie für so einen Fehler zu professionell war. Was zum Teufel hatte ihre Figur in diesem Spiel für eine Aufgabe?

Und dann der Hinweis auf Willeford. Nicht, um mich zu warnen, sondern vielleicht, um mich auf eine Spur zu setzen. Oder gehörte das zum Plan? Sollte ich anfangen, ihr zu vertrauen, um dann der Spur zu folgen wie einer Zündschnur zum Dynamit?

Ich hatte noch tausend Fragen im Kopf, als plötzlich mein Blackberry klingelte. Auch das hatte sie mir gelassen. Auf dem Display sah ich eine mir unbekannte Nummer. Auch wenn ich das für eine schlechte Idee hielt, hob ich ab.

»Rich, hi!«

»Rob?« Robs Handynummer kannte ich auswendig und die Zahlen auf dem Display gehörten zudem eindeutig zu einer Festnetznummer. »Von wo aus rufst du an? Ich denke, du bist im Le Masque Noir?«

»Scheiße, Rich. Ich wollte dich warnen. Du musst die Karte mit dem Bild in Sicherheit bringen!«

Irgendwie nahm er mir meine Worte aus dem Mund. Offenbar kamen beide Warnungen zu spät.

»Das ist ja ganz toll«, stöhnte Rob, als er das Ausmaß der Situation erfasst hatte. »Und nun?«

Sollte ich ihm von Willeford erzählen? Rob kannte die Geschichte nicht, jedenfalls nicht von mir, denn sie war eine Folge aus einem eigentlich harmlosen Auftrag für »Baker & Doyle« gewesen. Ich hatte im Laufe der Jahre so einige Berichte geschrieben, die nie veröffentlicht worden waren, weil sie dem »Buffalo Star« zu brisant waren.

»Was meinst du, was wir verkaufen?«, war eine der ersten Fragen während meines ersten Praktikums gewesen.

»Die Wahrheit«, hatte ich geantwortet.

»Falsch«, erklärte der Chefredakteur mir in einem betont altklugen Ton. »Zeitungen!«

An dieses Gespräch hatte ich mich einige hundert Male erinnert. Und immer, wenn der Zeitung mal wieder eine Story zu brisant war. Aber diese, die hatte ich nicht geschrieben. Weil sie *mir* zu brisant gewesen war. Ich musste auch nach der Show undercover bleiben. Wegen des Typen, dessen Foto ich noch in der Hand hielt.

»Ich hab' keine Ahnung, was wir machen. Aber irgendwas läuft hier heute Abend noch. Cherry steht hinter der Bar, ganz offensichtlich undercover. Du solltest sie sehen … oder lieber nicht. Dass sie so herumlaufen mag! Sieht fast ein bisschen nuttig aus!«

Fast ein bisschen? Ich hatte sie ja in dem rattenscharfen Fetzen gesehen. Es sah supernuttig aus und es irritierte mich, wie selbstverständlich sie sich darin bewegen konnte.

»Ich glaube, das geht hier heute noch richtig rund«, fuhr Rob fort. »Ich könnte hier ein bisschen Unterstützung gebrauchen!«

Oh nein! Niemals!

Keine vier Hemi-V8-Motoren brachten mich in einen Nachtclub, der Verbindungen zu Stan Willeford hatte. Niemals!

Cherry

Rob hatte mich erkannt, doch entweder war er vor Entsetzen sprachlos oder cool genug, um zu durchschauen, dass ich undercover war. Jedenfalls behielt er die Nerven und dafür war ich dankbar.

Die Bestellungen flogen mir nur so um die Ohren. Meine ganze Konzentration ging dafür drauf, den Typen hier in einem Höllentempo Whiskey, Bourbon, Scotch, Wodka, Tequila und was weiß ich noch alles zu servieren, ohne dass mein Kleid platzte. Ich hatte keine Zeit, mir um Robs Anwesenheit Sorgen zu machen, auch wenn ich aus den Augenwinkeln registrierte, dass er hektisch in sein Handy sprach.

»Schätzchen, darf ich deine Blume pflücken?«

Diese Anmache hatte ich in der letzten Stunde mindestens zwanzig Mal gehört und kostete mich nur noch ein Lächeln. Durch den Tresen einigermaßen geschützt, war es ein Leichtes, die Möchtegern-Aufreißer auf Distanz zu halten. In Marilyn Monroe-Manier warf ich den Typen unter halbgeschlossenen Lidern einen verführerischen Blick zu: »Rosen haben Dornen, Süßer, und jetzt verrate mir mal, was ich dir zu trinken machen … kann?«

Das letzte Wort blieb mir fast im Hals stecken. Wenn das nicht Alvaro Pacheco vor mir war, dann wusste ich auch nicht. Die Ähnlichkeit mit seinem Bruder war nicht zu übersehen. Doch es war nicht Pacheco, der mir die Sprache verschlagen hatte und mich fast meinen Auftrag vergessen ließ, sondern die komplett in schwarz gekleidete Gestalt mit einer anthrazitfarbenen Halbmaske hinter ihm.

»Alvaro, lass' das Personal in Ruhe«, ertönte eine kühle Stimme.

Seine Präsenz war überwältigend, seine blauen Augen hinter der Maske durchdringend und das spöttische Lächeln auf seinen

Lippen löste Gefühle in mir aus, für die wirklich nicht der richtige Zeitpunkt war. *Le Roi* - bei jedem anderen hätte die Maske lächerlich gewirkt, *ihm* verlieh sie den Reiz des Verruchten. Und ich hatte es bedauerlicherweise schon immer mehr mit den bösen älteren Jungs gehabt als mit den weichgespülten Schleimern.

»Sa Majeste, was darf ich Ihnen und ... Ihrem Freund anbieten?«, schnurrte ich und blickte Pacheco tief in die Augen.

Le Roi zwinkerte ich kurz zu, das konnte ich mir nicht verkneifen. Gleichzeitig fragte ich mich, welcher Teufel mich ritt, denn das hier war kein Spiel – und wenn, dann eines, das böse enden konnte. Alvaro Pacheco ließ seine Augen gierig über meinen, von dem Latex-Kleid kaum verhüllten Körper gleiten. So leid es mir auch tat, dass Luis Pacheco wegen meiner Unachtsamkeit gestorben war, seinen Bruder empfand ich dennoch einfach nur als widerlich!

»Was empfiehlst du mir, my Charity Rose?«

Bei diesen Worten wickelte Pacheco sich eine meiner roten Locken über den Zeigefinger und versuchte, mich näher an sich heranzuziehen. Mit einer geübten Drehbewegung befreite ich mich und gab Sweet-Cindy ein Zeichen, dass sie schnell einen Teil meines Servicebereiches übernehmen sollte. Le Roi zog daraufhin die linke Augenbraue hoch und sagte leise etwas zu Pacheco. Ich konnte nun seine durchaus angenehmen Blicke auf mir spüren, während ich eine Flasche Whiskey aus dem Regal ganz hinten in der Ecke holte und zwei Gläser damit befüllte – eine Daumenbreite hoch. Ohne Eis. Wie es sich für einen guten Whiskey gehörte. Ich musste es schaffen, dass Pacheco mich mit nach hinten nahm, damit ich in Ruhe mit ihm reden konnte.

Lächelnd und mit wiegenden Hüften kehrte ich zurück. Als ich Pacheco das Glas hinstellte, gewährte ich ihm einen tiefen Einblick in meinen Ausschnitt, was bei dem Kleid ein leichtes Unterfangen war. Ich leckte mir über die Unterlippe, bevor ich ihm ins Ohr hauchte: »Meine persönliche Empfehlung für ... *richtig* ... *harte* Männer!«

Pacheco hatte ich genau da, wo ich ihn haben wollte. Ich richtete mich auf, um Le Roi, der immer noch schräg hinter ihm stand, das zweite Glas zu geben. Ganz Profi erklärte ich ihm: »Ein Ardbeg.Corryvreckan, Fassstärke, siebenundfünfzig Komma eins Prozent, ungefärbt, ungefiltert, wild und ungezähmt wie der Meeresstrudel, nachdem er benannt wurde, Pfeffer und Schokolade in perfekter Balance mit erdigen und rauchigen Aromen. Ein Whiskey für Männer, die wissen, was sie wollen.«

Er griff nach dem Glas, noch immer ohne ein Wort zu sagen, und nahm einen Schluck. Ich konnte keine Reaktion bei ihm erkennen. In seinen blauen Augen hätte ich versinken können, aber ich wäre nicht Cherry Loster gewesen, wenn ich dem nachgegeben hätte. So wandte ich mich gerade rechtzeitig wieder Pacheco zu, dem eine verräterische Röte den Hals hochkroch. Er würde vermutlich eher sterben, als zuzugeben, dass er den Ardbeg nicht packte. Innerlich grinste ich von einem Ohr zum anderen. Was für ein Weichei!

»Verrätst du mir deinen Namen? Meinen kennst du ja schon!«, zwitscherte ich vorgeblich ganz begeistert von ihm.

Pacheco richtete sich triumphierend auf. Er glaubte schon, mich sicher in der Kiste zu haben. Wenn er sich da mal nicht täuschte. Ich wollte von ihm nicht mehr, als diese verdammten Dokumente und seinen Arsch am Leben erhalten, wie ich es Luis versprochen hatte.

In derselben Sekunde stürzte Dolores aufgeregt wie ein Huhn an den Tresen und rief: »Charity Rose, schnell, es wird Zeit, Pacheco und der …«

Dolores konnte nicht mehr ausreden. Le Roi unterbrach sie: »… und der Boss sind schon da, Dolores.«

Er trat näher an den Tresen und ich spürte, wie Dolores praktisch einfror. Sie war geschockt, dass die beiden schon da waren. Ich wurde das unheimliche Gefühl nicht los, dass etwas vor sich ging, von dem ich nichts wusste.

»Dolores, Alvaro, los! *Sie …*« Es war das erste Mal, dass er das Wort direkt an mich richtete. »… kommen auch mit nach hinten. *Sofort!*«

Hatte seine Stimme vorhin kühl und spöttisch geklungen, so war sie jetzt eiskalt. Er drehte sich um und Pacheco folgte ihm wie ein Schoßhündchen. Dolores packte mich so fest am Oberarm, dass es wehtat, und zog mich durch den Lagerraum auf den hinteren Flur.

Warnend zischte sie mir zu: »Halt um Gottes willen deine Klappe, egal, was passiert. Ich habe für dich gebürgt. Tanz um dein Leben, vergiss' alles andere!«

Ich konnte nicht mehr darauf antworten, denn Pacheco und der Boss des Le Masque Noir kamen uns samt Bodyguards entgegen. Hinter ihnen folgte ein knappes Dutzend Männer unterschiedlichen Alters. Schwarze Anzüge, weiße Hemden, keine Krawatten, schwarze Aktentaschen. Die Gesichter wirkten allesamt grimmig und sie waren still. Sehr still. Zu still. Das war alles, nur kein Malschishnik – kein russischer Junggesellenabschied.

Pacheco schob Dolores und mich in eine kleine Garderobe, Le Roi – oder vermutlich Stan Willeford – marschierte mit dem Tross den Flur hinunter in den VIP-Bereich. Schon bevor Pacheco zu sprechen begann, wusste ich, dass ich in Schwierigkeiten steckte, und zwar in verdammt großen Schwierigkeiten.

Rich

Noch nie hatte mich jemand einen Feigling genannt. Außer um mich zu provozieren oder zu beleidigen vielleicht. Ich hatte immer schon viel riskiert, aber es musste sich auch lohnen. Wenn wir als »Baker & Doyle« einen Auftrag bekommen hatten, dann gab es auch immer einen Auftraggeber, dem Unrecht widerfahren war oder widerfahren konnte. Und uns winkte eine fette

Prämie, denn so was wie ein Grundgehalt gab es zwar schon – gut verdienen konnte man aber nur im Erfolgsfall. Zudem hatten Doyle und ich uns auch immer gegenseitig angestachelt, den jeweils anderen zu übertreffen. Immer hatte alles einen Sinn gehabt. Aber hier … Dokumente aus längst vergangenen Zeiten, die Auswirkungen auf aktuelle Königshäuser weit weg in Europa hatten? Eine Königin, die nicht einmal die Regierungsgewalt besaß? Was zum Teufel hatte ich damit zu tun? Gut, eine Schlagzeile, dafür lohnte sich ein Einsatz schon. Aber war sie es wert, ein Leben zu riskieren? *Mein* Leben zudem?

Willeford war aus der Sache damals gut herausgekommen, aber er musste Millionen verloren haben und einige seiner Leute hatte es auch erwischt. Ich war mir nicht mal sicher, ob er inzwischen wusste, dass der Tipp an das FBI von mir gekommen war. Wenn ich genau darüber nachdachte, war das immer noch relativ unwahrscheinlich. Ich war nur immer davon ausgegangen, weil mir einige Vögelchen gezwitschert hatten, dass der verwöhnte Sprössling eines engen Vertrauten des damaligen amerikanischen Präsidenten inzwischen zu den Global Playern des internationalen Verbrechens aufgestiegen war. Drogen waren gestern, der Handel mit falschen Medikamenten inzwischen der Hauptgeschäftszweig. Zudem besaß er Nachtclubs von Miami bis San Francisco. Und da ging es nicht nur ums Tanzen. Wenn man den Gerüchten Glauben schenken mochte. Gegen einen, der eine ganze Armee kontrollierte, sollte man sich nicht stellen – schon gar nicht für eine Schlagzeile. Ich würde mich jetzt noch einen Moment ausruhen, dann zu meinem GTX gehen und nach einem kleinen Umweg über Saint Rose wieder nach Hause fahren. Das war nicht mehr mein Fall. Das war Cherry Losters Fall.

Das Blackberry machte sich etwa fünfzehn Minuten später bemerkbar. Es war Rob, der diesmal aus seinem Hotelzimmer heraus telefonierte. Nicht ganz ohne Neid stellte ich fest, dass der »Buffalo Star« seinen besten Fotografen in einem Hotel in bester Lage untergebracht hatte, während ich in einem kleinen schlichten Zimmer in einem heruntergekommenen Motel übernachten musste. Andersherum lag ich ja gerade sehr gemütlich auf einem Bett in einem der teuersten Hotels der Stadt. Es war wenig wahrscheinlich, dass Noelia und ihr Bodyguard wieder zurückkommen würden. Hätte Rob mich nicht gestört, wäre ich vielleicht sogar eingeschlafen. In jedem Fall war ich offenbar gerade deutlich entspannter als Rob.

»Noch mal, ich weiß nicht, was da läuft. Aber nachdem Cherry mit dem Boss und Pacheco und all diesen Männern nach hinten verschwunden ist, liefen hier einige sehr nervös durch die Gegend. Ich hab' auch schon mit Tommy gesprochen. Der wollte mir weismachen, alles sei unter Kontrolle. Aber Rich … So sehen die nicht aus!«

Ich fühlte mich geschmeichelt. Ganz ehrlich. Cherry hatte sich offensichtlich völlig überschätzt und sich in eine unangenehme Lage gebracht, das war die eine Sache. Aber wenn Lieutenant Tom Donell davon Kenntnis hatte, war doch offenbar die Polizei von New Orleans vor Ort. Und da lief er vom Le Masque Noir zu seinem Hotel, um mich als zusätzliche Verstärkung zu holen? So viel Vertrauen musste man sich erst mal erarbeiten. Konnte ihm nur zugutehalten, dass er den »Boss«, wie er Willeford nannte, für einen schrulligen Nachtclubbesitzer hielt.

Ich vermutete sogar, dass Cherry ihre FBI-Geschichte Tommy erfolgreich hatte verkaufen können, was sie sicher in eine noch unangenehmere Lage gebracht hatte. Denn einerseits gaukelte sie der Polizei vor, noch beim FBI zu sein, während sie genau das vor Willeford verbergen musste. Bei dem Gedanken erschrak ich, denn die Information, dass sie gar nicht mehr beim FBI war, hatte ich ja von Noelia erhalten. Wieso nahm ich das für bare Münze? Selbst jetzt noch, obwohl ich eigentlich skeptischer sein sollte.

»Rob, jetzt hör mir mal zu!«

Dann erzählte ich ihm von Willeford. Nicht alles, nur, dass wir uns schon einmal begegnet waren und ich auf ein Déjà-vu liebend gerne verzichtete. Ich sprach über seine steile Karriere am

Rande und weit jenseits der Legalität. Davon, wie gefährlich es war, sich in seine Geschäfte einzumischen.

Als ich geendet hatte, schwieg Rob. Ich atmete tief durch. Offenbar hatte ich ihn überzeugen können.

»Rich, sag mal, bist du wahnsinnig? Meinst du, das beruhigt mich jetzt, dass Cherry mit diesem Irren und seinem Gefolge alleine irgendwo im Inneren des Clubs ist?«

Daher wehte der Wind also. Rob machte sich Sorgen um Cherry und bestimmt auch noch Hoffnungen, sie und er …

Wenn du den Helden spielen willst – meinen Segen hast du, wollte ich sagen. War doch so. Der strahlenden Ritter kriegt das Mädchen. Nicht der Typ, der den strahlenden Ritter angerufen hat.

»Ich komm jetzt erst mal zu dir«, sagte ich dann und ärgerte mich Bruchteile einer Sekunde später wieder darüber. Aber ich hatte Rob viel zu verdanken. Ich wusste, der war zu allen Dummheiten fähig. Allerdings: Ich offenbar auch.

Cherry

»Verdammt, was soll das?«, zischte ich Dolores zu, doch sie ignorierte mich nicht einfach nur, sondern gab auch noch meiner Sporttasche, in der ich meine Stripklamotten verstaut hatte, einen Tritt. Die Tasche schlitterte auf mich zu. Wie war sie überhaupt hierhergekommen? Ich hatte sie doch in dem kleinen Personalraum neben dem Lager hinter der Bar gelassen?

Ich bückte mich und wollte nachsehen, ob Jackie noch in der Seitentasche war. Da hörte ich Pacheco plötzlich ganz in der Nähe flüstern: »Dolores, ihr habt fünfzehn Minuten, ich kann mich doch auf dich verlassen?«

Ich hatte ihn nicht hereinkommen hören. Erschrocken beobachtete ich, wie er Dolores, dicht hinter ihr stehend, auf den Nacken küsste. Jede andere hätte gedacht, dass es sich dabei um eine zärtliche Geste handelte. Ich nicht. Ich konnte sehen, dass die

Fingerspitzen, die auf ihrer rechten Schulter lagen, hell waren. Er drückte vermutlich gerade so fest zu, dass sie keine blauen Flecken bekam, aber doch gewarnt war. Ich wollte möglichst schnell wieder von hier verschwinden. Das Ganze hier ging in eine Richtung, die mir nicht behagte.

»Mr. Pacheco, ich …«, versuchte ich, eine unschuldige Schnute ziehend, ihn zu bezirzen, doch Dolores ließ mich nicht ausreden.

»Alvaro, wir werden bereit sein. Verlass' dich auf mich. Und Charity Rose wird keine Schwierigkeiten machen. Ich sorge dafür. Oder habe ich dich jemals enttäuscht?«

Ich sah die gut versteckte Angst in ihren Augen, als sie Pacheco anblickte. Hatte ich ihn einige Minute zuvor noch für einen Schleimer und ein Weichei gehalten, so zeigte sich jetzt eine Grausamkeit in seinen Gesichtszügen, die mir Angst machte. Mehr Angst als alles … als mir alle Geschichten über Willeford machen konnten. Während meiner FBI-Laufbahn hatte ich zu viele Male mit Psychopathen zu tun gehabt, um den Wahnsinn in seinen Augen nicht zu erkennen. Ein grausames Lächeln stahl sich auf seine Lippen, als er sich zu mir herüberbeugte – Dolores immer noch fest im Griff.

»Da hast du dich wohl vollkommen verschätzt, Charity Rose«, flüsterte er. Doch es war der Nachsatz, der mir das Blut in den Adern gefrieren ließ. »So wie mein Bruder.«

Rich

«Wir wollten uns doch drinnen treffen …« Fragend sah ich Rob an, der nur mit den Achseln zuckte.

»Bin nicht mehr am Türsteher vorbeigekommen. Ey, ich sagte: ›Was soll das? Ich war doch eben drin.‹ Sagte der Typ nur ›Hättest halt nicht rausgehen sollen.‹«

Für einen kleinen Moment huschte ein Grinsen über mein Gesicht, das schnell erstarb, als ich Robs verzweifelten Blick sah.

»Warum hat das so lange gedauert?«, fragte er dann in einem fast beleidigten Ton. »Und was soll das mit dem Hut und der Sonnenbrille?«

Die Fragen waren berechtigt. Alle drei. Eine geschlagene Stunde war ich unterwegs gewesen, seit wir telefoniert hatten, und die Utensilien sahen in der Tat merkwürdig aus an beziehungsweise auf mir.

»Musste den Wagen irgendwo parken, wo man nicht vorbeikommt.«

Wo Willeford nicht vorbeikommt, ergänzte ich in Gedanken. Ich war immer noch sauer auf mich selbst, denn dieses Risiko war der reine Wahnsinn. Und das Ganze wegen einer Schwärmerei zu einer Frau. Und die Ironie daran war: Es war nicht einmal *meine* Schwärmerei zu einer Frau! Und vergebene Liebesmüh´ – im wahrsten Sinn des Wortes – war es ebenfalls, denn der Gedanke, dass der liebe Rob eine Chance gehabt hätte, bei Hot Cherry zu landen, war absurd. Zudem war Rob noch nicht mal ein Freund. Er war ein Kollege und vor allem in meinen Anfangsjahren beim »Buffalo Star« meine Garantie für Seite eins. Aber er hatte mich auch in den vergangenen Jahren nicht vergessen. Trotzdem …

»Ich hab' dir gesagt, dieser Typ da drin … Wenn der mein Gesicht wiedererkennt und er auch nur ansatzweise Eins und Eins zusammenzählen kann ... Alter, ich sag dir, nach dieser Nummer schulde ich dir nichts mehr! Wir sind quitt dann!«

Rob schluckte und verzog das Gesicht.

»Wir kommen eh nicht rein.«

Der strahlende Ritter stand draußen und konnte die bezaubernde Prinzessin nicht retten, weil am Eingang ein Türsteher stand. Ich stöhnte.

»Okay, gib mir mal einen Benjamin!«

Rob schüttelte den Kopf. »Den Schein sehe ich doch nie wieder ...«

Natürlich nicht ...

»Rob, hallo! Wolltest du nur, dass ich vorbeikomme, damit du dir das Elend nicht alleine ansehen musst? Oder soll ich aktiv werden?«

Ich sprach so, als hätte ich einen Plan. Hatte ich nicht. Aber er gab mir zähneknirschend zwei Fünfziger – noch besser.

»Und damit kommen wir rein?«

Ich zuckte mit den Achseln. Mein Plan war ein anderer. Mit erhobenem Kopf ging ich auf den Türsteher zu, der sich mir breitbeinig in den Weg stellte.

»Der Laden ist voll, Hombre.«

Hombre? Was ist das wieder für ein merkwürdiger Slang, dachte ich, bis mir der bescheuerte Hut einfiel, den ich trug.

»Ich will nicht in den Laden, Kleiner«, grinste ich, »ich will ins Hinterzimmer. Und du hast Glück: Ich bin heute super drauf! Eines meiner Pferdchen tanzt da drin und wie es aussieht, gibt es heute noch eine große Auktion. Die Investition hat sich gelohnt, sag ich dir, wenn du verstehst, was ich meine.«

Der Typ war verunsichert. Ich hatte nicht einen Hauch meiner Unsicherheit in meinen Ton gelegt. Aber er schaute immer noch skeptisch.

»Du bist doch mit dieser traurigen Gestalt hier. Hab' gesehen, dass ihr euch unterhalten habt.«

Das war nicht gut. Oh, das war so gar nicht gut. Aber einen Versuch hatte ich noch.

»Dieses Arschloch? Das ist ein Journalist, der meint, mich aushorchen zu können. Pass auf, ich gebe dir diesen hier ...« Langsam ließ ich einen Fünfziger in seine Hand gleiten. »... damit du mich jetzt endlich einlässt und diesen hier ...« Ich gab ihm den zweiten. »... damit du mir den Knallkopf vom Hals hältst. Lass' den nicht bloß rein! Wenn es dumm läuft, kannst du dir sonst von Alvaro gleich die Papiere geben lassen.«

Der Typ versucht, cool zu bleiben, nickte mir zu und gab mir den Weg frei. Grinsend drehte ich mich um und sah in die fragenden Augen von Rob. Ernsthaft, mit so viel Schiss, wie der gerade hatte, war er ein Risikofaktor und absolut nicht zu gebrauchen. Ich war drin, das war die gute Nachricht. Hier endete mein Plan, das war die schlechte.

»Was willst du hier? Bist du lebensmüde?«, fragte mich eine wohlbekannte Stimme. Neben mir stand Noelia und machte ein entsetztes Gesicht. »Lebensmüde!«, wiederholte sie kopfschüttelnd.

Cherry

Mir war eiskalt. Wie hatte ich Alvaro Pacheco nur so falsch einschätzen können? Was wusste er über mich und meinen Auftrag? Offensichtlich zu viel. Normalerweise hätte ich jetzt einen Schmollmund gezogenen und einen auf doofes Barbiepüppchen gemacht – eine Spezialität von mir. Angesichts der nackten Angst in Dolores′ Augen und Pachecos offen gezeigter Grausamkeit wagte ich es nicht. Ich blieb still. Etwas, das überhaupt nicht Cherry-like war und dennoch das einzig Richtige in dieser Situation schien. Pacheco sah mich abwartend an. Als er meine Gänsehaut bemerkte, huschte ein zufriedenes Grinsen über sein Gesicht.

»Dann lasst mal die Puppen tanzen!«

Das Schwein lachte dreckig. Dachte er tatsächlich, dass er mich jetzt in der Hand hätte? Warum und mit was eigentlich? Endlich ließ er Dolores los und verschwand durch den Bühnenaufgang. Ich atmete auf und wühlte in meiner Tasche nach meinem Prepaid-Telefon und Jackie. Beides hatten sie gefunden, aber zum Glück hatte ich ja noch Johnny in meinem Stiefelholster. Ich begann, mir das Showkleid anzuziehen, denn ich wusste, wir mussten raus auf die Bühne. Egal, wer die Typen da draußen waren, dort waren wir hoffentlich sicherer als hier drinnen mit dem pseudo-spanischen Arschloch.

»Und jetzt sag' mir, was hier abläuft, oder Pacheco ist nicht der Einzige, vor dem du dich fürchten solltest!«, herrschte ich Amanda Rosen alias Dolores an.

Sie zögerte und mir riss der Geduldsfaden.

»Was? Glaubst du, ich lasse mich von dem Affen einfach umbringen? Was hast du ihm verraten, Dolores? Und wie kommen wir hier raus?«

In den hautengen Overknee-Stiefeln aus Latex, in denen ich tanzen sollte, hatte das Stiefelholster keinen Platz. Nachdenklich schob ich meinen Zeigefinger durch den Ring am Griffende und ließ Johnny in meine Handfläche gleiten, während ich überlegte, wie ich ihn trotzdem mit reinschmuggeln konnte. Dolores wurde richtiggehend grau im Gesicht.

»Bitte, bitte tu mir nichts! Ich bin schwanger!«

Hatte ich richtig gehört? Sie war *was*? Und *was* sollte ich nicht? Mein Blick fiel auf das Karambit-Messer. Hatte sie wirklich gedacht, dass ich sie jetzt *umbringen* würde? Sah ich echt wie ein Killer aus? Plötzlich standen auch noch Tränen in ihren Augen. Verdammt! Warum passierte immer mir so eine Scheiße?

»Egal, was du auch angerichtet hast, wenn du auch nur irgendwie auf der richtigen Seite bist, dann sag' mir, was hier los ist. Schnell! Wir müssen hier raus, sonst war es das mit mir, dir und …« Ich ließ den Satz in der Luft hängen. Mein Blick auf ihren Bauch war vielsagend genug.

Endlich hatte sie begriffen, dass ich keine Gefahr für sie darstellte.

»Woher weiß Pacheco von mir und was weiß er? Und ist Le Roi jetzt Willeford oder nicht? Darauf kommt es an.«

Dolores hatte sich so weit gefasst und an ihre Polizeiausbildung erinnert, dass sie sich jetzt nicht nur endlich wieder auf den Auftritt konzentrierte, sondern mir auch antwortete. Währenddessen verstaute ich Johnny. Das Karambit würde beim Tanzen verdammt drücken. Mehr noch, es würde wehtun wie die Hölle, aber ich klebte es trotzdem mit dem hautfarbenen

Spezialband etwas oberhalb des Knies auf der Innenseite meines Oberschenkels fest. Nur wenige Stripperinnen tanzten mit diesen Stiefeln, aber ich wusste, dass die Typen nichts heißer fanden als eine nackte oder fast nackte Braut mit Stiefeln bis über die Knie. Und wenn ich überleben wollte, musste ich tun, was notwendig war – wie schon so oft in meinem Leben.

Dolores erzählte: »Pacheco war heute Nachmittag hier. Ich musste zugeben, dass ich dich gar nicht kenne und du vielleicht ein FBI-Spitzel sein könntest.« Dolores lachte kurz auf, irgendwie höhnisch. Dann fuhr sie fort: »Das wäre nicht weiter tragisch gewesen. Er hat beim FBI einen Informanten, darum weiß er immer Bescheid, wenn jemand von dort auftaucht. Für die FBI-Typen zieht er eine Show ab und das war es. Aber als er dich ein paar Stunden später auf der Videoüberwachung sah, wusste er sofort, wer du wirklich bist – Charity Rose Loster. Er wusste, dass du nicht mehr beim FBI bist, sondern auf eigene Faust ermittelst. Es sah fast so aus, als hätte er dich schon erwartet. Aber erst seit ich ihn vorhin telefonieren hörte, bin ich sicher und weiß, dass du mit seinem Bruder in der Gasse hättest draufgehen sollen. Irgendjemand will dich tot sehen. Aber ich schwöre, ich wusste es vorher nicht.«

Ihr Blick war aufrichtig, trotzdem traute ich ihr nicht. Es war zu viel passiert und irgendwas an ihrer Geschichte war faul, auch wenn ich im Moment beim besten Willen nicht darauf kam, was.

»Willeford?«

»Ja, Le Roi ist Willeford, aber Pacheco hat noch einen anderen Partner. Ich habe gehört, wie er vorhin am Telefon zu ihm sagte, er bräuchte sich keine Sorgen zu machen. Wenn Willeford und die Russen ihren Spaß mit dir gehabt hätten, würde er dich noch heute Nacht mit den Dokumenten am Lafayette-Friedhof tot oder lebendig übergeben. Sie sollten schon mal die Kohle bereithalten.«

In diesem Moment schwang die Garderobentür auf und Sweet Cindy rief im Vorbeigehen herein: »Drei Minuten bis zum Auftritt, ihr Süßen – ab auf die Bühne.«

Meine Gedanken drehten sich im Kreis, während ich Sweet Cindy beobachtete, wie sie den Servierwagen mit Champagner und Kaviar den Flur entlang vor sich herschob. Ich hörte schon den Beginn der Musik und nickte Dolores zu. Showtime!

Rich

Aufgeregt packte Noelia mich am Arm.

»Hey«, zischte ich unwirsch. »Ich mag es nicht, wenn Frauen beim Tanzen führen.«

Doch sie ließ sich nicht beirren und zog mich zu einem Hocker am Ende der Bar.

»Du bist ein Idiot!«

Wenn ich mich recht erinnere, sagte sie das zwei- oder dreimal. Und dann noch einmal »Idiot« allein, was fast wie ein Echo klang.

»Jeder andere hätte nach so einer Nachricht das Weite gesucht! Was willst du hier?«

Verständnislos sah sie mich an und ich musste mehr an den Kuss denken, den sie mir vor einigen Stunden gegeben hatte, als daran, dass sie mich in eine Falle gelockt hatte. Sie sendete definitiv widersprüchliche Signale aus. Ich grinste und zwinkerte ihr zu.

»Jeder andere? Nein, das glaube ich nicht. Ehrlich, das ist so eine Berufskrankheit unter uns Journalisten. Nennt sich ›Neugier‹.«

Journalist, spottete meine innere Stimme. *Du schimpfst dich allen Ernstes noch Journalist? Wo warst du die letzten fünfzehn Jahre?*

»Rich, hör mir zu, bitte! Es ist besser, wenn du gehst. Es ist sehr gefährlich hier!«

»Ja, schau an«, sagte ich und blickte ihr fest in die Augen. »Steht wieder jemand hinter mir, der mir meinen Schädel zertrümmern will?«

Noelia stöhnte verächtlich.

»Er wollte dich nur ausschalten. Mein Gesicht ... Du hast es gesehen auf dem Foto. Ich kann nicht erlauben, dass ... Ich will dir gerne alles erzählen, aber nicht in diesem Moment. Es ist ... Pulverfass, verstehst du?«

»Pulverfass?« Es schien, als wäre ihr Princeton-Englisch wackelig, wenn sie aufgeregt war.

»Es ist gefährlich hier. Hinten im Raum ist Cherry Loster bei Alvaro Pacheco. Er ist der Geschäftsführer. Aber er ist ein schlechter Mann. Wir wussten, er macht ... Was sagt ihr? Krumme Geschäfte. Ohne Gewissen. Er hat seinen Bruder verraten. Wie Kain und Abel, so Alvaro und Luis. Kennst du die Bibel?«

Nachdenklich kniff ich die Augen zusammen und versuchte zu verstehen, was sie mir da gerade verraten hatte. Aber konnte ich ihr überhaupt glauben, was sie sagte?

»Ja, Kain erschlug Abel, wer weiß es nicht. Aber Alvaro hat Luis nicht erschlagen.«

Das war ja, im übertragenen Sinne, der Typ, der neben Noelia stand. Auf dem Bild, das ich nicht besitzen durfte.

»Was er gemacht hat, war dasselbe. Nur viel niederträchtiger. Luis wusste, er war dem nicht gewachsen. Alles, was er noch wollte, war, die Dokumente endlich loszuwerden, die Verantwortung loszuwerden und das am besten für viel Geld, um anschließend unterzutauchen.«

Während sie sprach, huschte ihr Blick immer nur flüchtig zu mir. Es war, als scannten ihre Augen den gesamten Club alle fünf Sekunden. Worauf wartete sie?

»Das hat nicht funktioniert, oder?«

Noelia schüttelte den Kopf.

»Er dachte, das FBI wäre eine sichere Sache. Er war überzeugt, dass das FBI weiträumig alles absichert, dass sie ihre Agentin, die das Treffen arrangiert hat, beschützen. Stattdessen kommt sie allein und lässt sich von einem Paparazzo austricksen.«

»Sagtest du nicht, das war kein Paparazzo?«, fragte ich irritiert.

»Sagte ich, und war er auch nicht. Er war eine Figur in einem Spiel. Er war die Ablenkung und Cherry Loster fiel darauf herein. Und es gab kein FBI, keine Absicherung. Luis war verloren. Das war nicht der Plan, Rich. Das war nicht mein Plan.«

Noelia seufzte tief. Es schien für niemanden so zu laufen, wie er oder sie es erhoffte. Am allerwenigsten für Luis Pacheco, aber offenbar galt das momentan für so ziemlich jeden.

»Was war dann dein Plan?«

Sie sah mich lange an und lächelte.

»Zu warten, bis Pacheco Cherry die Dokumente übergeben und sich aus dem Staub gemacht hat. Raúl hatte eine Waffe dabei, mit der er Cherry bedrohen sollte, um sie zur Herausgabe der Dokumente zu bewegen. Niemand sollte sterben.« Bei dem letzten Satz sah sie mich so unschuldig an, dass sie mir beinahe leidtat. »Alvaro ist die rechte Hand von Le Roi. Er führt den Club mehr oder weniger und die Mädchen haben großen Respekt vor ihm. Man sagt sogar, manche von ihnen wären verschwunden.«

Es gab zwei Fragen, die mich beschäftigten: Zum einen machte es den Eindruck, dass Alvaro Pacheco viel eher der Typ Mensch war, der mit brisanten Informationen Geschäfte machte. Mit Erpressungen, um es direkt auszusprechen. Aber es war sein Bruder gewesen, der versucht hatte, die Dokumente zu Geld zu machen, nicht er. Das wiederum warf die Frage auf, ob Alvaro davon wusste. Konnte es sein, dass nur Luis von deren Existenz Kenntnis gehabt hatte? Oder wussten beide davon, aber nur Luis war das Ausmaß der Brisanz klar? Oder hatten beide gemeinsame Sache gemacht und Alvaro seinen Bruder nur die Drecksarbeit machen lassen?

Die zweite Frage war: Was hatte Willeford mit der ganzen Sache zu tun? Willeford handelte mit Drogen und Waffen, hatte er damals schon. Und ich hatte Leute bei der Polizei sitzen, die mir bestätigten, dass immer noch gegen ihn ermittelt wurde. Offenbar nicht erfolgreich. Erinnerte mich an meinen alten Hedderby-Fall. Mit einem deutlichen Unterschied: Matthew Hedderby hatte keine bewaffneten Angestellten gehabt, die, wenn es nötig war, unbequeme Zeitgenossen einfach liquidiert hatten. Willeford selbst trug nie eine Waffe, aber um ihn herum waren immer Bodyguards, die keine Skrupel hatten, eine Kugel abzufeuern, wenn er es für nötig hielt. Nur: Willeford und die spanische Krone?

Die letzte Frage stellte ich dann laut.

»Dios mio, Rich, sehe ich aus, als könnten wir stundenlang diskutieren? Ich liebe es wirklich, aber es ist nicht Zeitpunkt für das!« Je aufgeregter sie wurde, umso mehr litt offenbar ihr Englisch. »Du hast das Foto gesehen, nicht wahr?«

»Eben«, entgegnete ich und langsam fing es auch in mir an zu brodeln. »Und ich verstehe noch nicht, warum du mich gewarnt hast mit einem Foto von Stan Willeford.«

Noelia sah mich mit großen Augen an.

»Willeford? Ich zeige dir ein Foto von Alvaro Pacheco, zeige dir, dass wir an ihm dran sind und du redest über Willeford? Du kannst nicht zwischen die Fronten gehen. Im schlimmsten Fall hast du beide gegen dich. Rich, das ist nicht dein Konflikt!«

»Das mit dem Bild war keine Warnung vor Willeford?«

Noelia starrte mich an, als hätte ich etwas unglaublich Dummes gesagt. Auf jeden Fall etwas völlig Unverständliches.

»Willeford«, sagte sie mit einem Schulterzucken, »ist Le Roi, ja. Er ist Inhaber des Clubs, aber der wahre Patron ist Alvaro.«

Konnte sie das wirklich denken? Diese Aussage verstand ich nicht. Noelia und wer auch immer hinter ihr stand, wussten eine Menge. Offenbar sogar, dass Willeford Inhaber des Clubs war und damit Le Roi. War das nicht der mit der Maske? Könnte mich totlachen darüber, wenn mir nicht selbst bei dem Wort »totlachen« schon ein Schauer über den Rücken gelaufen wäre. Machte hier auf schrulligen Clubbesitzer … Stan Willeford –

manche nannten ihn den »neuen Paten«. So ein kleiner Nachtclub wie das Le Masque Noir lief in seinem Imperium unter Sonstiges. Und Noelia, die offenbar von irgendeinem Geheimdienst oder weiß der Teufel woher mit Informationen gefüttert wurde, war diese kleine Nebensächlichkeit nicht bekannt? Niemals! Und doch schien genau das der Fall zu sein.

Was dann passierte, lief so schnell ab, dass ich keine Garantie abgeben kann, dass es sich genau so abgespielt hat. Ziemlich sicher begann es mit den beiden Typen, die sich uns näherten und Noelia fragten, ob ich sie belästigte. Sie kam gar nicht dazu, es zu verneinen, da zogen sie beide eine Waffe.

Einer der beiden richtete sie auf Noelia, während der andere auf mich zielte. Aber in dessen Augen sah ich etwas, das nicht zu der Situation passte. Er hatte Angst. Panik fast. Er blinzelte nervös zu seinem Partner hinüber und sah dann Noelia an. Die Frau, die einen Mann in fünf Sekunden töten konnte, war in der Falle. Denn sie hatte keine fünf Sekunden mehr.

Alle möglichen Szenarien gingen mir durch den Kopf und keine endete damit, dass Noelia oder ich überleben würden. »Aussichtslos« war die optimistischste Einschätzung der Lage.

»Hoch lebe die dritte spanische Republik!«, rief dann der, der auf Noelia zielte.

Und dann hörte ich einen Knall. Und einen Schrei. Und dann ganz viele, als die ersten das Blut bemerkten und weitere Schüsse fielen. Panik um mich herum und ich verstand nicht. Wieso lebte ich noch? Ich blickte zur Seite und Noelia stand auch noch da. Aber der Typ, der auf sie gezielt hatte, lag regungslos in einer Lache aus Blut auf dem Fußboden.

»Javi, was …?«, stammelte sie und sah den Typen an, der ihr gerade das Leben gerettet hatte.

Instinktiv packte ich sie und zog sie zu Boden, als ein Schuss direkt dort in die Wand einschlug, vor der sie eben noch gestanden hatte. Der Typ, den sie Javi nannte, gab noch drei Schüsse auf die Angreifer ab. Zwei davon waren tödlich, wie die Polizei später feststellte. Dann wurde er selbst getroffen.

Aus dem hinteren Bereich, dort, wo wir Cherry vermuteten, kam plötzlich bewaffnete Security. Fünf, sechs Leute stürmten in den Clubbereich und eröffneten das Feuer. Am Ende mussten die Leichen von fünf Spaniern geborgen werden. Es gab auch unter den unbeteiligten Gästen einige Verletzte.

Noelia war kreidebleich, aber nach einem kurzen Moment völliger Bewegungsunfähigkeit fasste sie sich wieder.

»Wir müssen raus hier!«

Das war gut erkannt, aber leichter gesagt als getan. Unbemerkt durch die Vordertür hinauszuspazieren konnten wir uns abschminken. Aber hinter der Theke war niemand mehr. Mit einem schnellen Satz sprang ich über den Tresen und duckte mich. Noelia folgte mir.

Wir mussten schnell sein. Wenige Sekunden später hatte die Security wieder Aufstellung genommen und die Tür zum hinteren Bereich besetzt. Quasi im letzten Moment waren wir dorthin geschlichen. Hier allerdings endet erneut unser Plan, aber wir waren eh nicht diejenigen, die hier Regie führten. Beim ersten Geräusch suchten wir die nächstbeste Tür und versteckten uns dahinter.

So kann ich heute behaupten, dass mir Noelia in der Damentoilette eines Nachtclubs erschöpft in die Arme fiel. So viel war sicher: Hätte ich sie nicht ziemlich unsanft zu Boden befördert, hätte sie eine Kugel abbekommen. Und es waren allesamt gute Schützen – ich hatte definitiv ihr Leben gerettet.

»Verdammt, Noelia! Wo waren deine Leute?«

Sie sah mich mit großen Augen an und zitterte am ganzen Leib. Ich konnte das spüren, weil meine Hände immer noch auf ihren Armen lagen. In dem Moment, in dem sie das Unglaubliche erfasste, sagte sie so leise, dass ich es fast nicht verstehen konnte:

»Rich, das waren meine Leute.«

Cherry

Die ersten Takte der Coverversion von »Lady Marmalade« drangen durch die dünne Tür des Bühnenaufgangs. Während ich fieberhaft überlegte, wie ich samt Dolores lebendig von hier verschwinden konnte, eilten wir nach draußen, um unsere Position an den Stangen einzunehmen. Die Bühne und auch der Rest des Salons lagen im Dunklen, sodass ich Angst hatte, mir mit den Sechs-Zoll-Bleistiftabsätzen meiner Poledance-Stiefel die Beine zu brechen. Oben auf der Bühne angekommen, fuhr ich mir mit beiden Händen erleichtert durch meine kupferrote Haarmähne. Jetzt fiel sie in sexy Wellen über meinen mit dünnem Glitzerstoff verhüllten Busen. Ich begab mich in Position: Noch mal tief einatmen, den Kopf leicht gesenkt, die Beine hüftbreit auseinander, jede Faser meines trainierten Körpers angespannt, Brust raus – und dann war ich bereit. Im Takt der noch leisen Musik begann ich mich zu bewegen, Dolores schräg hinter mir ebenfalls, wie ich aus den Augenwinkeln sah. Der DJ des Clubs fuhr die Lautstärke mit voller Power hoch und im selben Moment erstrahlten Dolores und ich in grellem Scheinwerferlicht. Zum ohrenbetäubenden Sound von »Voulez vous couchez avec moi« wirbelten Dolores und ich von einem Spin zum nächsten. Ich wechselte zu einem »closed inside leg hang«, soll heißen, ich hing auf halber Höhe, die Stange zwischen den Beinen, nach hinten, besser gesagt mit dem Kopf nach unten, und versuchte Sexappeal zu verströmen. Irgendwie bildete ich mir ein – oder hoffte ich –. dass Willeford nicht in Pachecos Pläne eingeweiht war. Zwischen uns hatte es kurz gefunkt. Konnte dieser Funke Dolores und mich raus, weg von Alvaro bringen?

Plötzlich ertönte das scharfe Knallen mehrerer Pistolenschüsse. Mir stockte der Atem und für eine Sekunde verlor ich meine Körperspannung. In letzter Sekunde konnte ich mich abfangen und rutschte kontrolliert hinunter. Ich versuchte zum rechten

Bühnenrand zu rollen, denn von dort war ich für jeden Hereinkommenden nicht zu sehen.

Die Russen waren aufgesprungen und hatten ihre Waffen gezogen. Wenn ich mich nicht irrte, hatten sie die neuen 6P35, die neue russische Militärpistole. Ihrem Geschrei konnte ich nicht viel entnehmen, dazu war mein Russisch zu eingerostet. Einer der Typen dürfte der Boss der Gruppe sein, denn sie schützten ihn mit ihrem Körper, ebenso wie Le Roi – Willeford – von seinem Bodyguard geschützt wurde. Aber er stieß ihn zuerst beiseite und nahm ihm dann seine Zweitwaffe aus dem Stiefelholster ab. Fluchend verschwand er mit seinem Bodyguard durch den Bühnenausgang nach hinten und überließ die Russen sich selbst.

Alvaro hatte ich nicht im Sichtfeld. Shit! Wo war er hin? Hektisch zog ich mir die Stiefel von den Füßen und riss das Klebeband ab, mit dem ich Johnny befestigt hatte. Scheiße, tat das weh, obwohl ich die Beine frisch rasiert hatte. Dolores plumpste neben mich und streift ebenfalls ihre High Heels ab.

»Gib mir das Messer?«, schrie sie mich an.

»Hast du Erfahrung im Pencak Silat?«, schrie ich zurück und sie schüttelt den Kopf. Immer noch hallten Schüsse durch das Gebäude, mittlerweile untermalt von dem Geschrei der Gäste draußen. »Dann vergiss' es!«

Einer der Russen hatte uns bemerkt und forderte uns auf rauszukommen. Neben ihm Alvaro, der ihm etwas ins Ohr flüsterte. Schnell ließ ich das Karambit in meinem paillettenbesetzten Gürtel verschwinden und stand, auf alles vorbereitet, auf. Der Rest der Russen war den Bodyguards nach draußen gefolgt. Was war hier los? Wieso war Alvaro nicht draußen oder bei Le Roi? Irgendwie schien sich mein Verdacht, dass er sein eigenes Spielchen spielte, zu bestätigen.

Mittlerweile hatten sie uns erreicht. Alvaro riss mich an den Haaren. Vermutlich hatte das Arschloch mich von den Füßen reißen wollen, aber unterschätzt, dass ich genauso groß und mindestens genauso trainiert war wie er. Pacheco würde sich noch wundern. Ich ließ mich hinfallen, um ihn in Sicherheit zu wiegen. Er wuchtete mich hoch und hielt mir seine Smith & Wesson an die Rippen.

Der andere, der Russe, hatte Dolores gepackt und ich versuchte ihr mit den Augen anzudeuten, dass sie mitspielen sollte. Sie zogen uns, eine Hand fest in unsere Haare gekrallt, Richtung Bühnenausgang. Wenn ich den Russen richtig verstand, fragte er Alvaro, was dieser mit der alten »prostitutka« – Nutte – vorhätte. Aus der Ferne hätte sie – also ich – jünger ausgesehen und kein Wunder, dass Le Roi jüngeres »Fleisch« von ihm kaufen wolle. Im Moment wusste ich nicht, wen ich mehr hasste: Alvaro, Willeford oder die russischen Schweine. Durch die grobe Gewalt, mit der sie uns über die Bühne nach hinten schleiften, bluteten Dolores und ich aus einigen Schürfwunden. Ich würde mich für jeden einzelnen Splitter, den ich mir einzog, rächen.

Alvaro lachte hämisch: »Sascha, die alte Nutte ist eine Ex-FBI-Agentin. Die lege ich eigenhändig um und schiebe es Willeford in die Schuhe! Und die Kohle für das alte französische Zeugs kassiere ich auch.«

Sie zerrten uns nach draußen, den Flur entlang Richtung Bar. Verdammt was sollte das? Aus allen Separees drängten schreiende Gäste und hektisches Personal, das versuchte, die Situation unter Kontrolle zu bringen. Endlich ließen die beiden in ihrer Aufmerksamkeit nach und Pacheco nahm die Waffe von meiner Seite.

»Sascha, los, rein in den Lagerraum hinter der Bar! Willeford ist nach hinten raus, es läuft alles wie geplant!«, rief Alvaro.

Plötzlich hielt er eine schwarze Maske in der Hand, so eine, wie Willeford sie als Le Roi üblicherweise trug. Der Russe wollte gerade die Tür aufstoßen, als ich »JETZT!« schrie und Pacheco gleichzeitig meinen Hinterkopf ins Gesicht schlug. Ich packte mit meiner linken Hand seine Waffenhand, während ich ihm meinen rechten Ellbogen in die Magengrube rammte. Mit der Rechten zog ich Johnny aus dem Gürtel, ließ das Karambit-Messer aufschnappen und hieb es in einer raschen Bewegung Pacheco in den Oberarm. Eine Zehntelsekunde später fiel seine Smith & Wesson nutzlos zu Boden. Ich hörte in rascher Folge zwei Schüsse. Verdammt, im Barraum wurde noch immer geschossen? Scheiße!

Inzwischen hatte ich mich zu Pacheco herumgedreht und konnte sein schmerzverzerrtes und hasserfülltes Gesicht sehen. Das Überraschungsmoment war vorbei, er holte mit seiner Linken aus und schlug mir seinen Handrücken mit voller Wucht ins Gesicht. Obwohl ich es kommen sah und mich duckte, streifte er mich. Aber ich hatte es noch geschafft, ihm Johnny in den Oberschenkel zu rammen, und Dolores, die offensichtlich den Russen außer Gefecht gesetzt hatte, knallte ihm eine der Statuetten, die den Flur schmückten, auf den Kopf. Endlich ging der Arsch zu Boden.

Ich überlegte, wo wir uns hinwenden sollten, der Lagerraum hinter der Bar war vielleicht doch keine so gute Idee. Dolores zog mich zur nächstbesten Tür. Ich wollte raus, was sollte das? Sie hatte mich doch tatsächlich in die Damentoiletten gezerrt und verschloss die Tür der hintersten Kabine hinter uns. Sie packte meine Hand.

»Rette mein Baby…«, flüsterte sie mit großen Augen und rutschte vor mir an der Wand zu Boden.

Erst da sah ich das Blut an ihrem Unterleib und den Beinen. Der Schuss war gar nicht aus dem Barraum nebenan gekommen.

»Dolores, wo bist du getroffen?« Durch ihren roten Strip-Fummel konnte ich im ersten Moment nicht erkennen, wo die Kugel sie verwundet hatte. Ich bekam auch keine Antwort mehr, sie hatte das Bewusstsein verloren.

Hektisch riss ich ihren Rock auseinander und suchte die Einschussstelle.

Ich musste nicht lange suchen. Verzweifelt drückte ich meine Hände und jedes Quäntchen Stoff, das ich erfassen konnte, auf ihre Hüfte und versuchte die Blutung zu stoppen. Mit mittelmäßigem Erfolg.

Mit einer Hand fühlte ich ihren Puls. Mir wurde übel, als ich meine blutverschmierten Finger sah. Da war er, zwar flach, aber da, und sie atmete. Die Erleichterung währte nur kurz. Ich hörte, wie sich die Tür öffnete. Verdammt, hoffentlich waren Alvaro und der Russe nicht schon wieder bei Bewusstsein und suchten uns hier drin.

Ich wartete – und hörte Stimmen. Mir stockte der Atem. Ich kannte diese Stimmen, zumindest *eine* davon ganz sicher. *Das kann nicht wahr sein!*

Ich öffnete die Tür zu unserer Kabine, in der wir uns verschanzt hatten. Halbnackt, blutverschmiert und fassungslos trat ich hinaus.

»RICHMOND?«

Rich

Noelia starrte mich hilflos an.

»Rich«, sagte sie dann ganz leise, während ich sanft ihren Arm streichelte.

»Nun beruhige dich erst mal. Das Gute ist: Uns vermisst vorne keiner mehr. Heißt, uns wird hier keiner suchen, aber wir müssen uns trotzdem ruhig verhalten und sehen, wie wir hier möglichst schnell wieder rauskommen. Das Fenster – wohin führt das?«

»Rich«, wiederholte sie. Immer noch leise, aber bestimmter. Ihre ohnehin weit aufgerissenen Augen schienen immer größer zu werden.

»Ruhig bitte!«, flüsterte ich eindringlich und sah sie mit zusammengekniffenen Augen an. »Wir müssen hier erst mal raus und danach …«

Sie sagte meinen Namen das dritte Mal und bevor ich antworten konnte, krallten sich ihre Finger in meinen Arm und sie zog mich leicht zu sich hin. Ich fand diesen Moment völlig unpassend, um …

»Wir sind nicht allein!«, flüsterte sie dann.

Ich schluckte. Nur gut, dass ich meine Gedanken nicht ausgesprochen hatte … Und in dem Moment hörte ich es auch. Bevor ich es genauer einordnen konnte, öffnete sich die Tür der hintersten Kabine und heraus trat eine furchterregend aussehende Cherry Loster. Sie sah fast so gruselig aus wie Carrie aus dem Horrorfilm. Blutverschmiert, angezogen mit einem Hauch von Nichts.

»RICHMOND?«

»Carrie?«, sagte ich verwirrt. »Ich meine Cherry?«

»Nicht so laut!«

Erst jetzt schien Cherry Noelia bemerkt zu haben und warf mir einen verständnislosen »Was tut die denn hier?«-Blick zu.

»Ich bin okay«, sagte sie dann. »Aber Dolores hat es erwischt. An der Hüfte. Wir brauchen einen Arzt!«

Ich warf einen Blick in die Kabine. Im Laufe meiner Karriere hatte ich schon einiges gesehen, aber eine derart blutverschmierte Damentoilette war selbst für einen hart gesottenen Typen wie mich ein nur schwer zu ertragender Anblick.

»Mir geht es gut«, stöhnte Dolores wenig glaubwürdig.

Cherry atmete tief durch.

»Sie ist wieder bei Bewusstsein, ein Glück.«

»Ja, aber ich habe Angst um mein …« Sie legte ihre Hand auf ihren Bauch und sah Cherry erwartungsvoll an.

»Sie bekommt ein Baby«, erklärte Cherry mir, als wäre mir das nicht klar gewesen.

»Wievielte Woche?«, fragte Noelia.

»Achte.«

»Lass mal sehen!« Noelia warf einen kurzen Blick auf die Wunde. »Sieht mir mehr nach einem Streifschuss aus, allerdings einer, der eine tiefe Furche hinterlassen hat. Wir brauchen etwas, um die Blutung zu stoppen.«

Gleichzeitig suchten wir im Raum nach etwas Passendem, aber das Toilettenpapier war viel zu weich und damit zu fusselig und zum Händetrocknen waren diese Bazillenschleudern aufgestellt.

»Rich, dein Hemd!«, rief Noelia.

Ohne nachzudenken, zog ich erst meine Jacke aus, dann das Hemd. Cherry warf mir einen Blick zu, den ich nicht einordnen konnte. Hatte sie noch nie ein Sixpack gesehen? Dann nahm Noelia das Hemd und drückte es auf die Wunde.

»Wir müssen hier raus!«, sagte Noelia entschlossen. Sie war eine toughe Frau, aber das Überraschungsmoment war ganz klar auf der Seite der Spanier gewesen und hatte sie völlig überrumpelt. »Von meinen Leuten wird sicher in diesem Moment keine Gefahr mehr ausgehen.«

»Deinen Leuten?«, fragte Cherry irritiert, doch Noelia winkte nur ab.

»Später«, antwortete sie unwirsch.

»Was ist mit diesem Typen, der mir im Hotel eins über den Schädel gezogen hat? Kann der …« Ich beendete den Satz nicht.

»Das war Javi«, sagte sie leise.

Javi, der ihr gegenüber im letzten Moment dann doch loyal gewesen war und ihr das Leben gerettet hatte, indem er drei Spanier aus den eigenen Reihen ausschaltete, bis ihn selbst eine Kugel tödlich traf?

»Scheiße!«, stöhnte ich leise. »Und ihr gehört zu La Tercera República, oder was?«

»Hoch lebe die dritte spanische Republik« hatte der Typ gerufen, der seine Waffe auf Noelia gerichtet hatte. Da ging es um die Wiedereinführung einer Republik und Entthronung der aktuellen, ziemlich verhassten Königin Mercedes Teresa und ihrem königlichen Gefolge.

Noelia starrte mich an.

»Rich, du glaubst nicht, wie falsch du liegst.«

Gut, dass sie in der Einschätzung ihrer eigenen Leute noch den Überblick hat, dachte ich, behielt meinen Spott aber für mich.

»Gut«, sagte sie dann noch mal, schon etwas gefasster. »Wir müssen hier raus.«

Diese Einschätzung hatte ich schließlich schon vor einigen Minuten kundgetan. Ich nickte und drehte mich um, da spürte ich Noelias Hand, die mich festhielt.

»Nicht du«, sagte sie kopfschüttelnd. »Ich bin für solche Situationen ausgebildet. Ich werde die Lage sondieren und komme dann zurück.«

Noch bevor ich dem widersprechen konnte, schob sich Cherry an mir vorbei.

»Wenn hier jemand für so eine Situation ausgebildet ist, bin das ja wohl ich. Oder denkt ihr, ich hab' beim FBI nur in der Kantine kochen und backen gelernt?«

Zickenalarm in der Damentoilette eines Nachtclubs, in dem gerade mehrere Menschen den Tod gefunden hatten. Vielleicht sollte das meine Schlagzeile werden. Der »Buffalo Star« würde sich verkaufen wie Donuts vor einem Polizeirevier.

»Mon dieu, Cherry! Du bist nicht mehr beim FBI!«, schoss Noelia in Cherrys Richtung und unterstrich ihre Worte mit einem düsteren Blick. Merkwürdigerweise bekam die Sorbonne in ihrer Aussprache langsam wieder die Oberhand vor Princeton.

»Woher, verf…«, schluckte Cherry.

»Mädels!«, sagte ich bestimmt und beschwichtigend zugleich. »Ich bin sicher, ihr habt bei ›Selbstverteidigung für Frauen‹ beide super aufgepasst, aber das hier ist mein Job!«

»Warte!«, Noelia seufzte. »Wie ist der Pin für dein Handy? Ich rufe einen Notarzt.«

Ich hatte keine Zeit für lange Diskussionen und ohne hätte sie mir das Handy nicht zurückgegeben. Bevor ich ein schlechtes Gewissen kriegen musste wegen Dolores und ihrem Kind, gab ich ihr die Nummer und feuerte ihr nur einen bitterbösen Blick zu.

»Danke, Rich«, antwortete sie und biss sich auf die Lippe. »Ich hab' dir was versprochen – ich werde es halten.«

Jaja, dachte ich verärgert und hatte gute Lust, das auszudiskutieren.

»Warte bitte noch kurz, bis ich die Lage draußen einschätzen kann. Ich gebe dir dann einen Tipp.«

Entschlossen griff ich zum Türgriff und schlich mich raus, als ich sah, dass Cherry hinter mir war.

»Für den Spruch mit der Selbstverteidigung lass ich mir noch was einfallen für dich. Das ist dir ja wohl klar, oder?«, fauchte sie.

Ich grinste.

»Halt die Klappe«, sagte ich amüsiert.

Die Tür zur Bar war geschlossen und in den Gängen war niemand zu sehen. Leise schlich ich mich zur Tür und spähte durch das Fenster.

»Was siehst du?«, fragte Cherry ungeduldig, während sie sich immer wieder hektisch umsah.

»Polizei.«

»Das ist gut!«, raunte Cherry.

»Ja«, antwortete ich. »Und nein.«

»Wieso nein?«

Himmel!

»Ich darf hier drinnen nicht gesehen werden«, zischte ich zurück. »Und frag jetzt nicht warum!«

»Wieso, erzählst du es mir denn, ohne dass ich frage?«

»Nein«, stöhnte ich. »Also gut: Ich darf Willeford nicht begegnen. Hab' ihm mal ein Geschäft versaut.«

»Ich verstehe«, flüsterte Cherry. »Le Roi ist Willeford. Ich wusste es!«

»Ich sag den anderen jetzt Bescheid und verschwinde dann erst mal von hier. Schätze mal, von dem Fenster in der Damentoilette gelangt man irgendwie auf das Dach. Geh´ du am besten in die Bar und …«

Ich drehte mich und sah, wie Cherry wieder hineinrannte. Instinktiv rannte ich hinterher. Offenbar hatten wir eh denselben Weg, denn ihrer führte sie zurück zur Damentoilette. Aber dann lief sie daran vorbei. Verdammt, spielten wir nun im selben Team oder was war los hier?

»Weiter!«, rief sie, als sie merkte, dass ich an der Tür stehen bleiben wollte. »Da vorne im Flur haben wir Alvaro und Sascha, den Russen, ausgeknockt. Ich will wissen, ob die beiden noch da sind. Und ich will meine Tasche. Wegen des Kleides.«

Sie lief einfach weiter den Flur entlang und spähte um die nächste Ecke. Resigniert starrte sie auf den blutbefleckten Teppich und meinte: »Sie sind verschwunden.«

Sicher aber nicht mit dem Kleid, dachte ich schmunzelnd, sagte aber nichts. Doch sie trieb mich schon wieder vorwärts.

»Komm weiter, da ist der Raum, wo wir tanzen sollten.«

Ich konnte mir nicht vorstellen, dass sie wegen eines Fummels ein Risiko eingehen wollte. Und auch für Dolores und ihr Kind zählte unter Umständen jede Sekunde.

»Moment mal«, begann ich dann. »Du willst hier auch unbemerkt raus und gibst Noelia das Kleid, damit sie sich als Tänzerin ausgeben kann?«

»Blitzmerker!«, stöhnte Cherry und öffnete vorsichtig die Tür.

»Wenn Alvaro uns in die Finger kriegt, dann endet das qualvoller, als wenn Willeford uns in die Finger kriegt.«

Noch besser, niemand kriegt uns in die Finger.

»Wo ist die Tasche?«

Tatsächlich befand sich Cherrys Sporttasche noch an dem Ort, an dem sie sie zurückgelassen hatte. Im Eiltempo bewegten wir uns dann wieder in Richtung Damentoilette.

»Niemals!«, protestierte Noelia und weigerte sich, das schwarze Latexkleid mit der pikanten Rose anzuziehen. »Das kann ich nicht!«

»Du musst!«, forderte Cherry. »Alvaro hat mich enttarnt, aber Willeford weiß es noch nicht. Ich kann da vorne nicht einfach so auf dem Präsentierteller stehen. Dolores eigentlich auch nicht, aber sie ist verletzt – sie hat keine Wahl. Ich habe eine …«

»Mierda!«, fluchte Noelia, und es klang wenig ladylike. »Meine Identität darf auch niemand erfahren. Das gäbe einen Skandal. Ihr habt ja keine Ahnung!«

»Bleibt nur noch eins …«, sagte ich. »Wir gehen alle drei durch das Fenster raus und klettern aufs Dach. Ich höre den Krankenwagen. Dolores, schaffst du es für eine Weile, die Wunde selbst zuzudrücken? Hilfe ist unterwegs, die sind gleich hier. Schaffst du das? Dolores? Dolores?«

Noelia fühlte den Puls der verletzten Polizistin und nickte. »Sie lebt, sie hat nur wieder das Bewusstsein verloren.«

»Nur« war gut. Sie hatte damit gerade unseren Plan über den Haufen geworfen. Zwei von uns würden es schaffen, aber wir alle drei hatten gute Gründe, uns möglichst schnell aus dem Staub zu machen.

Cherry

Verdammt! Meine Gedanken drehten sich im Kreis. Ich kniete mich wieder neben Dolores und drückte Richmonds Hemd, das mittlerweile einem blutverschmierten Stofffetzen glich, fest auf die Wunde. Irgendetwas stimmte nicht mit dieser – wie hatte Richmond sie genannt – Noelia? Sie wusste eindeutig zu viel, darum würde ich mich kümmern müssen. Aber nicht jetzt.

In diesem Moment trafen sich unsere Blicke und in ihren dunkelbraunen Augen konnte ich eine Art von Schmerz erkennen, die mir nicht fremd war. Am Flur wurden Stimmen laut. In dieser Sekunde traf ich meine Entscheidung.

»Los, haut schon ab!«

Noelia nickte mir zu und flüsterte ein leises »Danke« – wieder mit ihrem heftigen pseudosexy wirkenden Akzent, den ich nicht wirklich zuordnen konnte. Sie riss das Fenster auf und kletterte geschmeidig hinaus. Richmond stand wie angewachsen da und starrte mich perplex an.

»Rich, jetzt komm schon, wir müssen weg!«, rief sie und ich konnte nicht anders, als ihn zu provozieren.

»Los, mach schon, Niclas – *Nicky*«, frotzelte ich und versuchte mich ebenfalls an diesem halb-Französisch-irgendwas Akzent. Er schluckte und überlegte offensichtlich, was er sagen sollte, entschied sich dann aber, Noelia wortlos zu folgen.

Als er schon fast draußen war, drehte er sich zu mir um und rief: »Sieh zu, dass du rauskommst, und dann komm' sofort – Starbucks, du weißt welchen. Du hast einiges zu erklären.«

Kurz konnte ich seine ausgeprägte Rückenmuskulatur bewundern, dann war er auch schon draußen und die beiden weg. Was dachte sich Richmond eigentlich? Ich hätte etwas zu erklären?

Die Zeit drängte, ich schloss das Toilettenfenster hinter den beiden und begann laut um Hilfe zu rufen. Gerade als ich die Tür zum Flur öffnen wollte, ging sie wie von selbst auf und vor mir stand … Officer Catrell. Die Waffe im Anschlag und auf mich gerichtet. Wieder einmal.

»Bitte, wo ist der Arzt? Sie ist ohnmächtig«, flehte ich sie an.

Daraufhin ließ sie die Waffe sinken und winkte das Notarztteam herein, das im Flur bereits wartete. Der Notarzt feuerte eine Frage nach der anderen ab, während er Dolores Atmung und den Puls überprüfte.

»Wie lange ist es her, dass sie angeschossen wurde?«, »Wie lange ist sie ohne Bewusstsein?«, »Wie heißt sie?«, »Sind sie auch verletzt?« …

Irgendwann gelang es mir zu sagen, dass Dolores schwanger war, was Catrell nach Luft schnappen ließ. Dazwischen kommentierten die Sanitäter ihre Hilfeleistungen, legten Zugänge für Infusionen, packten Dolores alias Amanda Rosen auf eine Trage.

»Verdammt!« Dieses eine Wort und ihr eiskalter Blick reichte, um zu erkennen, dass sie stocksauer auf mich war. Dabei konnte ich ausnahmsweise wirklich nichts für diesen Schlamassel.

»Sie kommen mit aufs Revier, Loster, und ich hoffe, Sie haben eine richtig gute Erklärung für das alles hier!«

»Ich komme *nachher* aufs Revier!«

Ihr Blick verfinsterte sich noch mehr und ich ahnte, dass es mit ihrer scheinbaren Ruhe gleich vorbei sein würde. Ich flehte sie daher richtiggehend an: »Bitte! Ich brauche nur ein paar Stunden. Für Dolores!«

Ich konnte sehen, dass sie mir nicht traute, und wartete ihre Antwort erst gar nicht ab, sondern nutzte den Trubel, um zu verschwinden. Ich drängte mich zwischen den Sanitätern durch und überlegte, welche Richtung ich am besten einschlagen sollte, als mir Sweet Cindy in Jeans und Kapuzenjacke entgegenkam.

»Charity, schnell!« Sie zerrte mich in die Herrentoilette ein Stück weiter den Flur hinunter.

Was war heute nur los? Toilettentag oder wie? Ein hysterisches Lachen stieg meine Kehle hoch und wollte aus mir herausbrechen, aber nur kurz, dann hatte ich mich wieder gefangen.

»Ich muss hier raus, Cindy. Kannst du mir helfen?«

Sie begann sich hektisch auszuziehen und hielt mir ihre Jeans und ihre Jacke hin.

»Charity, Alvaro ist vorne und tobt. Er sucht dich. Noch kann er nicht weg, weil ihn die Polizei vernimmt. Ich habe keine Ahnung, was da läuft, aber hau ab. Bitte, bitte, hau ab. Ich weiß, wozu er fähig ist.«

Ich wollte nichts mehr als abhauen, aber ich musste verhindern, dass meine Tarnung aufflog, und ich wollte diese verfluchten historischen Dokumente mehr denn je. Ich zog den blutverschmierten Strip-Fummel aus, wusch mich notdürftig und schlüpfte in Jeans und Kapuzenjacke, mit nichts drunter. Und das Zeug war verdammt eng und ein wenig kurz, denn Cindy war ein Stück kleiner und zarter. Geschickt blockierte sie die Tür, indem sie sich direkt dahinter umzog, also sich in mein Latexkleid zwängte, das diese Noelia verweigert hatte. Zum Glück war Cindy nicht so zimperlich. Das blutverschmierte Zeugs stopfte ich in die Sporttasche und die wiederum deponierte ich in der hintersten Ecke der Toilette. Johnny kam ausnahmsweise in die Kapuzenjacke. Mein Stiefelholster hatte ich schließlich nicht zur Verfügung.

»Ist Willeford noch im Haus?«

»Wer?«, fragte Cindy erstaunt nach. Konnte es sein, dass sie keine Ahnung hatte, wer Le Roi war?

»Der Boss? Le Roi? Ist er noch da?« Ich konnte ihren Blick nicht deuten, aber er gefiel mir irgendwie nicht.

»Le Roi ist mit seinen beiden Bodyguards hinten raus. Wie immer, wenn etwas schiefläuft. Der lässt sich so schnell nicht wieder hier sehen.«

Wenigstens eine gute Nachricht. Ob Pacheco die Dokumente hier im Club aufbewahrte? Konnte ich es wagen … Es war verrückt zu überlegen, ob ich nicht doch noch nach dem historischen Zeugs suchen sollte, solange er noch von der Polizei vernommen wurde. Nein, ich wagte es nicht. Besser, ich haute mal ab und verschaffte mir einen Überblick. Dolores alias Amanda Rosen war mir einiges schuldig. Mal sehen, was sie später zu sagen hätte. Allerdings würde ich auch Rich und seine Tussi brauchen und die warteten vermutlich in diesem verdammten Starbucks. Was immer Richmond dort auch hinzog.

»Am besten, du gehst vorne durch den blauen Salon. Dann sieht Alvaro dich nicht, er wird im Lagerraum vernommen. Die Bullen lassen dich raus, wenn du schon erfasst worden bist.« Cindy drückte mir eine Erfassungsbestätigung, ausgestellt auf Margaret Pendleton in die Hand.

»Margaret Pendleton?«, fragte ich zweifelnd.

Sie zuckte nur mit den Schultern und grinste leicht, als sie antworte: »Oder heißt du vielleicht wirklich Charity Rose?«

Wenn die wüsste ...

»Wie kommst du raus?«

»Keine Sorge, Charity, ich mache das schon. Ist doch nicht das erste Mal. Aber jetzt schnell.«

Ich wollte ihr danken, doch sie winkte ab. Ich nickte ihr noch einmal zu, verließ die Herrentoilette und schaffte es tatsächlich zwischen den Sanitätern, der Gerichtsmedizin, der Spurensicherung und den normalen Streifenpolizisten nach draußen. Margaret Pendleton, obwohl barfuß, wurde überall durchgewunken.

Wenige Minuten später saß ich in meinem Leihwagen und war auf dem Weg zu Starbucks.

Kapitel 18 (New Orleans)

Rich

Zwischen dem Le Masque Noir und dem Nachbarhaus lag eine sehr enge Gasse, die von der Seite der Bourbon Street aus durch eine kleine Tür versperrt war. Am anderen Ende konnte ich einen Uniformierten entdecken – das war aber nicht wirklich eine Überraschung. In wenigen Minuten würde hier gar nichts mehr gehen. Und leicht würde das hier auch jetzt schon nicht werden. Aber Noelia schubste mich nahezu aus dem Fenster und deutete mir mit einer schnellen Kopfbewegung an, nach oben zu klettern. Ich suchte nach etwas, das Halt geben konnte … Fehlanzeige. So stellte ich meinen linken Fuß auf das Fensterbrett und drückte nach einem leichten Schwung den rechten an die gegenüberliegende Hauswand. Dann verlagerte ich den Schwerpunkt wieder auf die andere Seite und setze den anderen Fuß ein Stück höher an die Wand des Clubs. Mit den Armen das Gleichgewicht regulierend, kletterte ich auf diese Weise immer höher, bis mein rechter Fuß das Dach des Nachbargebäudes erreicht hatte. Das bestand zum Glück nur aus einem Stockwerk. Mit einem ordentlichen Schwung stützte ich mich mit dem linken Fuß an der Wand des Le Masque Noir ab und landete auf dem Nachbarhaus. Ich hatte schon größere Herausforderungen bewältigt, aber ich fragte mich, ob Noelia mir würde folgen können. Ich presste meinen Körper auf das Dach, damit mich von der Straße keiner sehen konnte. Es war zwar schon sehr spät am Abend, aber dunkel wurde es in New Orleans nie. Vorsichtig wollte ich mich umdrehen und sehen, wie ich ihr hochhelfen könnte, als mir bewusst wurde, dass sie bereits neben mir auf dem Dach lag.

»Nicht schlecht, Rich«, sagte sie mit einem Lächeln und einem Blick, der mir verriet, dass sie das »für dein Alter« so gerade noch verschlucken konnte. Das Lächeln wurde noch breiter, als sie meinen verdutzten Blick sah. Ich hätte ihr noch einen langen Vortrag über die Unverzichtbarkeit der Körperbeherrschung beim Ching Wu Men erklären können, empfand es aber als albern, vor ihr mit Kenntnissen in der chinesischen Kampfkunst zu prahlen. Einige Techniken hatten mir schon mal das Leben gerettet, aber ganz sicher war ich kein Bruce Lee. So pustete ich nur noch einmal durch und dann bewegten wir uns langsam vorwärts. Dabei spielte uns in die Karten, dass aus allen Häusern rundherum noch laute Musik auf die Straße schallte. Jazz aus dem einen Club mixte sich mit Blues aus dem gegenüberliegenden und vor dem Le Masque Noir redeten viele Menschen durcheinander. Nach hinten hin war uns der Weg versperrt. Wir mussten für einen Moment sichtbar das Dach hinunterschleichen, um auf den Balkon des Gebäudes daneben zu gelangen. Augen zu und durch. Von dort hinüberzuklettern, war nicht das Problem, wohl aber dabei unbemerkt zu bleiben. Tatsächlich war ich mir sicher, dass uns zwei oder drei Leute gesehen, aber dann auch wieder schnell nach vorne geschaut hatten. Bloß nicht Zeuge werden oder gar in etwas verwickelt werden, das einem Ärger bringen konnte.

Der Balkon ging über die gesamte Hausbreite und lag direkt über dem Jazzschuppen. Nachdem wir beide darauf gelandet waren, verhielten wir uns so, als gehörten wir zum Haus. Dazu hatte es nicht einmal einer Absprache bedurft. Noelia bewegte sich offensichtlich auf sehr gewohntem Terrain und schlenderte gelassen den Balkon entlang. So etwas wie Nerven schienen bei ihr operativ entfernt worden zu sein. Der Balkon ging sogar um die Ecke noch weiter und dort vom Ende sich herunterzuhangeln, war nun nur noch ein Kinderspiel.

Schnellen Schrittes gingen wir nun wieder in Richtung Hotel, bis wir schließlich vor meinem GTX standen. Sie hatten ihn professionell geknackt und kaum beschädigt – Noelia hatte mir nicht zu viel versprochen.

»Schau unter den Sitz«, sagte sie mit einem Lächeln und ich traute meinen Augen nicht. Da lag wohlbehalten meine Glock. Stirnrunzelnd hob ich sie auf und überprüfte das Magazin.

»Denkst du wirklich, ich gebe dir eine leere Waffe zurück? Oder willst du mich jetzt erschießen?«

»Erzähl keinen Quatsch!«, sagte ich unsanft und ihr verschmitztes Lächeln erstarb. Sie hatte hoffentlich nicht auf ein »Dankeschön« gehofft.

Ich startete meinen GTX und zum ersten Mal war ich erschrocken, wie laut der Hemi-V8 blubbern konnte, selbst ohne viel Gas zu geben.

»Gut.« Noelia spähte aus dem Fenster, aber offenbar hatte uns niemand verfolgt. »Erst mal weg hier. Welcher Starbucks soll es denn sein?«

»Saint Rose.«

»Okay, raus aus New Orleans. Vielleicht nicht schlecht. Dann fährst du vorne rechts, dann kommen wir direkt auf die Zehn.«

Ich nickte und bog links ab.

»Hey …«

»Was? Ich sagte dir doch, Le Roi ist Willeford. Ich will ganz sicher nicht seinen Leuten in die Hände fallen!«

Verständnislos schüttelte ich den Kopf und schwieg. Ich fuhr die nächste Straße rein, die mir klein genug erschien.

Le Roi, was für ein bescheuerter Name, dachte ich.

»Du immer mit deinem Willeford. Wer ist Willeford?«

Okay, das reichte! Ich stieg ziemlich hart in die Eisen und lenkte den GTX an den Straßenrand, was Noelia mit einigen, wahrscheinlich spanischen Ausdrücken kommentierte, die ich nicht kannte. Und doch konnte ich ihre Bedeutung ziemlich genau erahnen.

»Wer ist Willeford?« fragte ich sie barsch und warf ihr einen verärgerten Blick zu. »Wer ist Willeford, willst du wissen? Wer bist *du*? Sandrine Noelia mit deinem komischen französisch-spanischen Agentinnenkauderwelsch.«

Noelia lachte kurz und sah mich dann ernst an.

«Ich weiß, es ist nicht fair. Und ich bitte dich zu verstehen. Ich kann nicht. Ich darf nicht …«

»Du willst nicht«, fasste ich zusammen und registrierte, wie sich Noelia aufgewühlt wegdrehte.

»Du würdest es ohnehin nicht glauben.«

Das waren die Momente, in denen einfach nicht übersehen konnte, wie jung sie noch war. Jung und trotzig. Bei ihrem Vater mochte das Wirkung zeigen, aber ich ließ mich von keiner Frau um den kleinen Finger wickeln.

»Dann lass es bleiben!«, grummelte ich und gab wieder Gas. »Du weißt offenbar selber nicht, in welchem Team du spielst. So kommen wir nicht weiter!«

»Und du?«, fragte sie mit einer ordentlichen Portion Zorn und einer guten Prise Zynismus. »Weißt du das? Wir treffen uns mit Cherry, oder? Was spielt sie für ein Spiel? Ist sie in deinem Team? Nein, Rich, hier spielt jeder für sich. Auch du! Wir bilden heute eine Allianz und morgen schon vielleicht trennen sich unsere Wege!«

Ich antwortete nicht und Noelia zog es ebenso vor zu schweigen. Ab und an drehte sie ihren Kopf ganz leicht in meine Richtung und sah dann wieder kopfschüttelnd nach vorne. Als sie meinen leicht genervten Blick bemerkte, verzog sie ihren Mund zu einem leichten Schmunzeln.

Ich bin echt zu alt für solche Spielchen!

»Okay«, stöhnte ich, »es schadet nichts, wenn du ein bisschen mehr weißt über Stan Willeford. Vor etwa zwölf Jahren habe ich ihn kennengelernt.«

»Bitte?«, rief Noelia fast hysterisch. »Du kennst ihn?«

»Bin gegen ihn gefahren, ja. Alte Geschichte. Sein Vater war ein einflussreicher Politiker und er ist damals schön sauber aus der Sache rausgekommen. Ging um Drogen, vor allem aber um Handel mit Dopingmitteln. Millionengeschäft und ich weiß nicht, ob er mich damals verdächtigt hat, ein Spitzel zu sein.«

»Und? Warst du? Ein Spitzel?«

»Das ist eine andere Geschichte. Aber er weiß, wir spielen nicht im selben Team, und wenn er meinen GTX hier in New Orleans sieht und herausfindet, dass ich für den ›Buffalo Star‹ schreibe ...«

»Du hast Angst? Vor Le Roi?«

»Ich hab' Angst vor Willeford«, sagte ich trocken. »Und das solltest du auch haben!« Ich sagte das in einem Ton, der keinen Zweifel zulassen konnte. »Willeford gehören inzwischen Nachtclubs überall und er bietet Frauen nicht nur zum Tanzen an.«

Noelia schluckte.

»Das hab' ich schon verstanden.«

»Nun weißt du, warum ich vorsichtig bin. Ich bin nicht lebensmüde und du hast dein Leben auch noch vor dir. Aber du scheinst es darauf anzulegen, es wegzuwerfen.«

Noelia ballte ihre Faust und schlug mir mit Schwung auf den Oberarm. Dieses kleine Biest hatte einen ordentlichen Punch!

»So ist das mit Kindern von einflussreichen Eltern«, fauchte sie dann beleidigt.

Irritiert warf ich einen kurzen Blick zur Seite.

»Nämlich?«

Noelia seufzte.

»Sagt dir der Name Vareillas etwas?«

Ich grinste. Über Europa wusste ich nicht viel, aber ich las Zeitungen und wenn ich einmal einen Namen gelesen hatte, war er für alle Zeiten gespeichert.

»Du willst mir jetzt nicht sagen, du bist ...«

»Ich sage nichts mehr. Du würdest mir ohnehin niemals glauben.«

Ich nickte, denn damit hatte sie recht. Vareillas war der Name der amtierenden spanischen Königslinie. Wollte sie mir ernsthaft weismachen, neben mir säße eine waschechte Prinzessin? *Queen Undercover, nee ist klar.*

Ich schüttelte ungläubig den Kopf. Die Vareillas waren kinderlos, soweit reichte mein Wissen. Und den Namen Noelia hatte ich im Zusammenhang mit Spanien noch nie gehört. Irgendwas stimmte da nicht.

»Wir sind da«, sagte sie dann und sah mich traurig an. »Kein Wort zu Cherry!«

Langsam schüttelte ich den Kopf. Nein, *das* würde ich ihr sicher nicht erzählen!

Kapitel 19 (Saint Rose)

Cherry

Während der gesamten Fahrt nach Saint Rose grübelte ich über diesen verdammten Auftrag nach. Wieso fuhr ich überhaupt barfuß in einer zu engen Jeans und zu kurzer Kapuzenjacke mit nichts darunter dorthin? Ich sollte zurück ins Hotel, um mein reguläres Mobiltelefon zu holen und vor allem auch, um Mary Anne über die jüngsten Entwicklungen zu informieren. Zudem sehnte ich mich nach einer Dusche und frischen Klamotten. Und letztlich musste ich mein weiteres Vorgehen planen, wie ich an die Dokumente kommen konnte. Und zwar möglichst vor Mister Journalisten-Detektiv Niclas Richmond und Miss »Isch 'abe eine sexy Aksend«-Noelia. So wie es jede vernünftige FBI-Agentin machen würde. Das Problem war nur: Wann war ich jemals vernünftig gewesen?

Ich hatte mich komplett verzettelt und gefühlte tausend lose Enden flogen mir um die Ohren. Ich dachte an das, was Millicent Mercer und Jim Lancaster mir erzählt hatten. Es kam mir vor, als wäre es vor Monaten gewesen und nicht erst heute Vormittag. Ihrem Hinweis auf die königliche französische und spanische Geschichte hatte ich noch nicht folgen können. Das Kloster-Archiv, war auch so eine Sache. Wieso kannte Mary Anne das nicht? Als mehr oder weniger Einheimische hätte das doch eine ihrer ersten Anlaufstellen sein sollen. Auch Clarissa Mahon, Millicents Enkelin, hatte ich noch nicht zu Pablo Pachecos Helikopterabsturz befragt. Vielleicht lag es auch an der späten oder frühen Uhrzeit – je nachdem, wie man es sah –, dass ich einen klitzekleinen Anfall von Selbstzweifeln und Schuldgefühlen verspürte. Luis Pacheco war in meiner Obhut ermordet worden. Amanda Rosen alias Dolores lag im Krankenhaus. In meinem Kopf drehten sich Psycho-Alvaro, die Russen, Sweet Cindys seltsames Verhalten und der verruchte Le Roi Willeford im Kreis. Hätte ich doch nur Andy anrufen können oder wenigstens Rob – irgendwen mit einem klaren Blick auf die Sache. Was hatte ich übersehen?

Ich ließ den Abend Revue passieren. Amanda Rosens Schwangerschaft, wie passte das dazu? Mit wem hatte sie sich als Dolores eingelassen? Ich konnte nicht glauben, dass sie sich als Prostituierte hatte einspannen lassen, auch wenn sie mir gegenüber so getan hatte als ob. Ihr lag etwas an ihrem Baby. Wer war der Vater? Was hatte sie gesagt? Der Friedhof Lafayette – Pacheco hatte mich und die Dokumente dort übergeben wollen. Die Dokumente ja, aber warum mich? Eine mutmaßliche FBI-Agentin? Warum hatte er … Woher wusste Alvaro von mir? Von Luis? Alvaro hatte seinen eigenen Bruder verraten und ermorden lassen. Was hatte Luis Pacheco genau gesagt, als er im Sterben lag? Hatte er wirklich gesagt, ich solle Alvaro schützen oder hatte ich ihn falsch verstanden?

Es war sinnlos. Der durch die Todesangst ausgelöste Adrenalinrausch ließ rapide nach und im selben Ausmaß verringerte sich meine Denkleistung. Mein Gehirn glitt in einen Automatik-Modus. Erschöpft parkte ich meinen Flitzer im Parkverbot vor Starbucks. Es war nicht kalt draußen, aber Schuhe wären trotzdem ganz nett gewesen.

Ich wackelte mit den Füßen, um sie zu lockern und ein wenig zu wärmen. Ich musste grinsen, als ich sah, was alles an Dreck auf meinen goldlackierten Zehennägeln klebte. Mit Sex-Appeal würde ich Richmond jetzt kaum aus den Socken hauen. Nun gut, mir war im Moment auch nicht nach Spielchen zumute. »Auf in den Kampf« lautete stattdessen die Devise.

Rich

Schon beim Aussteigen bemerkte ich, dass etwas nicht stimmte. Im Starbucks brannte kein Licht, dafür stand Cherry Loster vor der Tür – brodelnd wie ein Vulkan kurz vor dem Ausbruch. Keine Ahnung, wie lange sie da schon gewartet hatte. Zehn Minuten vielleicht? Fünfzehn?

»Starbucks, du weißt welchen«, rief Cherry spöttisch, als sie uns entgegenkam.

»Geschlossen?«, fragte ich überflüssigerweise.

»Nein, Nicky, die machen immer um zehn das Licht aus und servieren Coffee Light.«

Ich grinste.

»Dann nehme ich einen …«

»Was ist das Problem?« Noelia breitete ihre Handflächen aus und blickte von einem zum anderen. »Ihr wollt Kaffee?«

»Ich will sitzen!«, maulte Cherry. »Und ich brauche etwas zum Anziehen.«

Ich nickte, was mir einen scharfen Blick von ihr einbrachte, weil ich damit indirekt zugab, nicht nur in ihr Gesicht geschaut zu haben.

»Ich hab' im Motel noch ein Hemd«, sagte ich dann versöhnlich, um kurz darauf Noelia fragend anzusehen. »Das hab' ich doch noch?«

Noelia rollte mit den Augen und lächelte verschmitzt.

»Ja, Rich, niemand stiehlt deine Hemden.«

Für einen Moment hatte ich den Eindruck, Cherry und Noelia zwinkerten sich zu. Gut, wenn es auf meine Kosten sein musste, dass die beiden sich verstanden und wir gemeinsam berieten, was zu tun war, konnte ich damit leben. Nur … dann fuhr mir ein Gedanke durch den Kopf.

»Du sagtest, es waren deine Leute, die auf uns geschossen haben.«

»Auf euch geschossen?«, fragte Cherry mit großen Augen.

»Ich glaube, vor allem Noelia sollte das Ganze nicht überleben.«

»Offenbar.« Noelia schluckte. »Wir brauchen unbedingt einen Platz, wo wir solche Informationen mal austauschen können.«

Ich nickte. »Sind da noch mehr von deinen Leuten? Ist meine Bleibe sicher? Ich denke nicht, oder?«

Noelia schüttelte den Kopf. »Nein, sie ist nicht sicher. Und wir sind so sicher wie eine Zielscheibe. Du hast recht, ich muss alleine weiter – ich bringe euch sonst beide in Gefahr.«

»Hier geht niemand irgendwohin«, sagte Cherry scharf, »bevor ich nicht weiß, was hier gespielt wird! Rich?«

Ich nickte. *Gefahr ist mein zweiter Vorname,* wollte ich sagen, aber in dieser Runde würde ich dafür nur Kopfschütteln ernten, also beließ ich es beim Nicken.

»Das geht nicht!« Noelia blickte Cherry trotzig an. »*Sie* wurde sicherlich schon darüber informiert, was hier passiert ist. *Sie* wird schäumen vor Wut und sicher einen neuen Schlag vorbereiten.«

»Und wer ist ›sie‹?«, fragte Cherry fordernd.

»Das kann ich nicht sagen, das würdet ihr sowieso nicht glauben.«

Fragend sah Cherry mich an und ich zuckte nur mit den Schultern.

»Vareillas«, sagte ich. »Ihre Eltern sind die Vareillas.«

Cherry wusste nicht, ob sie wütend sein oder lachen sollte.

»Deine Eltern sind Königin Mercedes Teresa und König Luis Javier von Spanien?«

Ich erntete von Noelia einen vernichtenden Blick dafür, dass ich Cherry in dieses Geheimnis eingeweiht hatte, das sie in ihrem Ärger im Auto verraten hatte.

»Die *berühmte* Prinzessin Noelia Vareillas, ja?«, fragte Cherry. Noelias Blick war nicht weniger grimmig, als Cherrys Tonfall bissig.

»Mein Name ist Noelia Borallo. Ich trage den Namen meiner leiblichen Mutter, einer Bediensteten, die eine Affäre mit meinem Vater hatte. Daher wird mein Name totgeschwiegen.«

Betreten sahen Cherry und ich uns an. Das war die unglaubwürdigste Räubergeschichte, die wir je gehört hatten.

»Und jetzt will man dich loswerden?«

Traurig sah Noelia mich an. »Ich sollte Dokumente besorgen, mit denen die Pachecos die Krone Spaniens seit Jahrhunderten in der Hand hatten. Sie waren treue Diener und verlangten nur ein angemessenes Leben. Dafür unterstützten sie das Königshaus, wo sie konnten, sodass irgendwann die Dokumente nicht mehr wichtig waren. Bis die Geschäfte von Pacheco Senior nicht mehr so gut liefen und er Geld brauchte.«

»Erpressung?«, stellte ich fest.

Noelia nickte.

»Aber der Raub fand erst 2001 statt«, fragte ich weiter. »Womit haben die Pachecos vorher Druck ausgeübt?«

Noelia gab einen verächtlichen Laut von sich.

»Eine geschlossene Schatulle, die Originaldokumente des Sonnenkönigs und seiner Königin enthielt, war schon Brisanz genug. Es wurden so viele Lügen über die beiden erzählt, da konnte jede Wahrheit zum Problem werden. Und ich glaube, den Pachecos war immer klar, wo sie die Schatulle hätten finden können.«

Cherry stieß einen leichten Pfiff aus. »Man hätte die Beweismittel also nie bei den Pachecos finden können. Das ist fast genial. Man erpresst jemanden und das Druckmittel dazu verwahrt ein anderer, der nicht einmal weiß, wofür er missbraucht wird.«

»Tragisch«, sagte Noelia und stöhnte leise. »Nur war Grama Louise Angélique nicht mehr die jüngste und agilste. Sie konnten nicht zulassen, dass die alte Dame die Schatulle weiß Gott wo versteckte oder an irgendwen weitergab, der die Dokumente vielleicht öffentlich machte.«

»Aber dann frage ich mich doch, warum reagiert das Königshaus erst jetzt? Dreizehn Jahre nach dem Überfall?«

Noelia sah mich an und seufzte.

»Im letzten Jahr wurde Mercedes Teresa zur Königin ernannt. Sie soll ausgerastet sein, als sie davon erfuhr. Der vorherige König, war zu schwach, um dagegen vorzugehen. Die Pachecos verlangten ja auch nicht viel, also zahlte er, der Ruhe wegen. Aber meiner Stiefmutter war das ein Dorn im Auge. Allein die Existenz der Dokumente … Man stelle sich vor, sie würden in die falschen Hände gelangen.«

»Nicht so biedere Gauner wie die Pachecos«, spottete ich. Noelia nickte.

»Ja. Luis und Alvaro hatten nach Pablo Pachecos Tod offenbar unterschiedliche Interessen daran. Luis wollte sie nur loswerden und untertauchen, Alvaro ist sich plötzlich des wirklichen Wertes bewusst geworden und hat den Preis erhöht. Deswegen haben sie uns geschickt.«

Cherry hob die Augenbrauen.

»Geschickt, um die Pachecos umzubringen?«

»Nein!« Vehement schüttelte Noelia den Kopf. »Sie ihnen abzunehmen und sie endgültig der Krone zurückzuführen.«

»Was sind das für Dokumente? Warum sind sie so wichtig für das Königshaus?« Ich konnte nicht glauben, diese Frage gestellt zu haben. Konnte ihre Geschichte tatsächlich stimmen? Noelia schüttelte den Kopf.

»Es soll ein Beweis vorliegen, der die Krone ins Wanken bringen und das Königshaus fallen lassen würde. Das waren ihre Worte. Mein Vater ist krank, hat es mit dem Herzen, er würde so einen Schlag nicht überleben. Ich hab' das für ihn getan.«

Boah, dachte ich, sie trug dick auf, aber ihre Tränen waren echt.

»Sie hat mich auf ein Todeskommando geschickt, aber ich lebe noch.« Ihre Stimme klang traurig und leise. »Sie wird diesen Fehler korrigieren wollen.«

Wenn da auch nur ein Körnchen Wahrheit drinsteckte … Was hatte Kirk Mason vom »Crescent Herold« erzählt? »Gesandte königlicher Garden, die in New Orleans herumgeisterten und unangenehme Fragen stellten. Gesandte, die man im Mississippi wiederfinden konnte auf dem Weg zum Golf von Mexiko. Unterwasser, wenn Sie verstehen, was ich meine.«

Oder auf dem Fußboden eines Nachtclubs mit einer Kugel im Kopf, dachte ich.

»Wir brauchen eine Unterkunft. Hat jemand ein Handy?«

Vorwurfsvoll wandte ich meinen Blick zu Noelia, die mich lange prüfend ansah. Sie hatte mein Blackberry schon in der Hand und war im Begriff, ihre Hand auszustrecken, um es mir zu geben, aber im letzten Moment überlegte sie es sich anders und steckte es wieder ein.

»Rich, ich kann nicht. Noch nicht.«

Ich schüttelte den Kopf und sah zu Cherry, die das Geschehen irritiert beobachtet hatte.

»Ich will gar nicht wissen, worum es …«, seufzte sie.

Noelia holte ihr eigenes Handy heraus und fand ein passendes Motel auf der anderen Seite des Mississippi in Luling.

Kurze Zeit später standen wir vor dem Eingang des Route 90.

»Wie melden wir uns an? Unter welchem Namen?«, fragte ich und traf auf zwei verständnislose Blicke.

»Unter deinem natürlich«, antwortete Cherry, als hätte ich da selber draufkommen können. »Einen Niclas Richmond sucht hier keiner!«

Machte Sinn.

»Also Niclas Richmond und Frau?«, grinste ich breit.

»Such dir einen Namen aus!«, stöhnte sie.

»Und was machen wir mit ihr?« Immer noch grinsend machte ich eine Kopfbewegung in Noelias Richtung. »Geht sie als unsere Tochter durch?«

Ich liebte diesen stechenden Blick in Cherrys Augen.

»Als deine schon!«, feuerte sie mir dann entgegen.

»Niclas Richmond«, sagte ich dann eine Minute später an der Rezeption. »Drei Personen. Frau Mata und Tochter Harriette.«

Kapitel 20 (Luling)

Cherry

Der Typ an der Rezeption reagierte nicht im Geringsten auf Richs fadenscheinige Anspielung auf Mata Hari. Dabei war er mit seinen geschätzten sechzig Jahren wirklich alt genug, um die berühmteste Spionin der Weltgeschichte, zu kennen. Vielleicht hatte Richs Witz aber sogar für ihn einen zu langen Bart oder er schwelgte in absurden Fantasien über einen flotten Dreier zwischen Rich, Noelia und mir. Oder es war ihm sowieso einfach alles scheißegal, solange nur die Kohle stimmte. Warum sonst sollte er Noelia als meine Tochter durchgehen lassen? Das war so was von absurd. Gerade als ich resigniert die Augen verdrehte, hörte ich Noelia sagen: »*Isch* weiß nicht, ob Richs Namenswahl ein gutes Omen ist – immerhin wurde sie hingerichtet.«

Ich lachte laut auf und erntete einen bösen Blick meines angeblichen Ehemannes, was mich natürlich ungemein reizte, Richmond weiter auf die Nerven zu gehen. Doch Noelia kam mir zuvor. Sie hakte sich bei ihm ein und hauchte in ihrer unnachahmlichen Art: »Daddy, *isch* bin so müde, können wir aufs Zimmer?« Sie schmiegte sich, einen treuen Hundeblick aufgesetzt, an seinen rechten Arm.

»Nicky-Schätzchen?«, hakte ich auch noch nach und schmiegte mich an seinen linken Arm. Nur der treue Hundeblick gelang mir nicht. Mein Blick war eher ein wenig teuflisch. Richmond schnappte sich den Schlüssel mit der Nummer 426 und dirigierte uns rasch hinaus. Noelia zwinkerte mir zu und kaum, dass wir um die Ecke waren, prusteten wir los.

Ich bin gespannt, wie Richmond mit uns beiden fertig wird.

Das Lachen hatte gutgetan und einen Teil der Anspannung gelöst. Bei mir zumindest. Richmond wirkte etwas hölzern. Brav folgten wir ihm aufs Zimmer. Immerhin hatten wir es ihm zu verdanken, dass wir ein paar Stunden ausruhen konnten – prinzipiell zumindest. Noelia hatte bereits bemerkt, dass die Schonzeit vorbei war, und hatte ebenso wie ich aufgehört zu lachen. Ich hatte vor, meine Chance zu nutzen. Denn wer immer Noelia wirklich war, ihre Dokumente waren mit Sicherheit meine, also Mary Annes Dokumente. Auch wenn ich diese spanische Lolita mit dem französischen Akzent ganz nett fand, war sie mit Sicherheit ungefähr so harmlos wie eine Viper. Sie mit Samthandschuhen anzufassen, würde kaum etwas bringen. Das Klicken, als die Tür ins Schloss fiel, war mein Startsignal. Unterbewusst registrierte ich, dass wir ein ganz nettes Motelzimmer erwischt hatten, schön kitschig. Doch dafür hatte ich jetzt keinen Sinn. Manchmal war Angriff die beste Verteidigung.

»Damit das klar ist: Wir sind wegen dieser Sache hier keine Freunde. Die Dokumente gehören mir! Egal, wie viele Killer hinter euch beiden her sind.«

Rich

Der Spaß war es mir wert! Allein der Blick von »Mata« war göttlich. Aber ich fand den Namen einfach passend. Beide hatten leicht bekleidet in Nachtclubs getanzt – wobei Cherry nur den halben Weg gegangen war. Beide spielten eine zwielichtige Rolle. Das galt im Übrigen auch für Prinzessin Noelia. Als ich den Titel und ihren Namen das erste Mal im Kopf hatte, musste ich lachen. Sie, die Tochter eines Königs? Ich hätte eher auf die Tochter von Indianer Jones und Kiddo aus »Kill Bill« gewettet, nur war sie ein gutes Stück hübscher. Sie war sicher viel schneller erwachsen geworden als andere Mädchen ihres Alters. Und dann dieser kindische Spruch in dem albernen französischen Akzent und das Einhaken in meinen Arm – das passte nicht zusammen. Oder doch? Ich fühlte mich alt, denn sie schmiegte sich an mich in einer Art, wie Töchter das mit ihren Vätern machen, wenn sie sich gut verstehen, und bei ihrem »Daddy« spürte ich einen kleinen Stich im Herz. Komischerweise, als Cherry sich den anderen Arm griff, floss plötzlich eine sehr merkwürdige Gefühlsmischung durch meinen Körper. Es fühlte sich für kleinen Moment so an, als wären wir die Familie, die ich als Kind nie hatte und als Erwachsener nicht mehr finden werde. Cherrys »Nicky-Schätzchen« beendete dann das wohlige Gefühl.

Ich schloss die Tür zu der Einheit auf und kaum hatten wir den Raum betreten, war es mit Cherrys Freundlichkeit vorbei. Es war ein so sinnloses Statement, denn klar war, dass Noelia die Dokumente ebenso für sich beanspruchte. Mir war es im Grunde genommen egal. Ich wollte nur wissen, was drinstand, Abzüge davon machen und dann ab damit auf die Titelseite vom »Buffalo Star«. Dazu musste Rob noch ein gutes Foto machen.

Wo war der überhaupt? Ich benötigte dringendst mein Blackberry zurück.

Ich hatte erwartet, dass Noelia zurückfeuerte. Cherry ganz sicher auch, denn sie blickte erst erwartungsvoll in ihre Richtung, dann fragend in meine. Aber Noelia ließ sich auf das Bett fallen und starrte einfach nur zur Decke.

»Ich wollte es klarstellen«, legte Cherry leise, aber trotzig nach und hob die Augenbrauen, als sie meinen verständnislosen Blick registrierte.

Der Unterschied zwischen den beiden lag auf der Hand. Noelia kämpfte für eine Sache. Für die Krone, auch wenn ich nicht verstand, warum es ihr so wichtig war, während das Königshaus ihre Existenz verschwieg. Für Cherry dagegen war das ein Job wie jeder andere. Für mich auch. Und insgeheim hoffte ich, dass sich die Prinzessinnengeschichte als wahr herausstellte, denn das wäre eine noch deutlich größere Schlagzeile für die Zeitung, die ihr Budget für freie Mitarbeiter kürzen wollte.

Nach einiger Zeit des erschöpften Schweigens richtete sich Noelia auf. Ich versuchte, aus ihrem Gesicht zu lesen, aber das war nicht so einfach. Sie war wütend, aber auch enttäuscht. Erschöpft, aber kämpferisch. Traurig und nachdenklich.

»Ich bin mir nicht sicher. Was soll ich noch glauben? Und wem kann ich vertrauen?«

Uns nicht, dachte ich.

»Woher kommt dein Akzent?«, fragte ich stattdessen, obwohl das mit dem Thema erst mal nichts zu tun hatte. »Du sprichst immer von Spanien und klingst *sähr fronsösisch*.«

Sie warf mir einen bitterbösen Blick zu.

»Ich mag es nicht leiden, wenn du dich lustig machst über meinen Akzent. Meine leibliche Mutter ist zweisprachig aufgewachsen. Und wenn du es unbedingt wissen willst: Ich bin als Kind in Spanien zur Schule gegangen und war in der Oberstufe in einem Internat in Avignon. Und ich habe in Paris studiert, wie du weißt. Also habe ich die meiste Zeit meines Lebens in Frankreich verbracht.«

»Moment, nicht so schnell. Ich dachte, eine Bedienstete von Mercedes Teresa ist deine Mutter? Das war eine Französin? Soweit ich das weiß, ist sie dem Französischen alles andere als zugetan.«

»Du weißt viel. Und du hast recht, was die Abneigung der Königin betrifft, bravo!« Noelia lächelte Cherry kalt an. »Mein Vater 'at sie eingestellt zu einer Zeit, in der er noch Feuer besaß und Courage. Er fand sie 'übsch. Er war ein leidenschaftlicher Mann, als er jung war, und ich das Resultat.«

»Ich muss das mal eben sortieren«, wandte ich ein. »Das Königspaar hat keine gemeinsamen Kinder. Hättest du dann ein Anrecht auf den Thron, wenn deine Eltern nicht mehr sind?«

»Zumal in Spanien das salische Erbfolgerecht keine Gültigkeit besitzt«, fügte Cherry hinzu und schüttelte den Kopf, als sie meinen fragenden Blick sah. Salisch? Was?

»Natürlich kann eine Frau Königin werden. Meine Stiefmutter ist es schließlich auch. Aber ich, ein Bastard, auf dem Thron?« Noelia lachte kurz laut auf. »Im Ernst: Mein Vater, er ist nur angeheiratet. Mercedes Teresa ist die Königin und da sie keine gemeinsamen Kinder haben, ginge im Todesfall der Thron an ihre jüngere Schwester und die hat zwei Töchter.«

Also doch nicht »Prinzessin« Noelia. Schade eigentlich.

»Alles, was ich wusste, war, dass die Dokumente den Thron ins Schwanken bringen und ich hasse meine Stiefmutter und ich verachte meinen Vater.« Sie ballte die Faust, schlug damit auf die Matratze und stöhnte. »Nein, ich verachte nicht ihn. Ich verachte den Teil ihn ihm, der der Mann meiner Stiefmutter wurde. Und der meine Mutter verstoßen hat, nachdem sie mich zur Welt gebracht hat.« Sie machte eine weitere Pause. »Ja, ich verachte ihn. Er ist ein Schlappschwanz. Aber er ist mein Vater und ich bin seine Tochter. Und ich spüre diese Verbindung ganz fest in mir. Ich plappere. Warum willst du das wissen?«

»Das heißt also, du weißt auch nicht viel über die Dokumente. Nur das, was dir die Königin gesagt hat?« Ich runzelte die Stirn. »Und damit ist das, was du weißt, wertlos, denn sie wird dir nicht die Wahrheit gesagt haben.«

»Ich weiß durchaus mehr«, maulte sie. »Mein Vater hat mir verraten, dass sie existieren. Und es gibt an die hundert Theorien darüber, was genau darin steht. Wir wissen nur, dass es zu keiner Zeit positiv für das Königshaus war. Ich habe mein halbes Leben damit verbracht, unsere Vergangenheit zu studieren. Nicht zu glauben, was geschrieben steht in Geschichtsbücher von sogenannten Wissenschaftlern, die glauben, dass das Sammeln und Zusammenzufassen von bereits einmal veröffentlichtem Wissen anderer auch nur das Papier wert wäre, auf dem es steht.

Und ich glaube, dass unsere Geschichte in einem wesentlichen Punkt verfälscht wurde.«

»Und da siehst du einen Zusammenhang mit der Scheiße, in der wir gerade stecken?« Cherry zeigte mal wieder, dass Intelligenz und gute Ausdrucksweise nicht zwangsläufig Hand in Hand gehen mussten.

»Das kann ich dir nicht sagen.«

»Worum geht es da? In der Geschichtsfälschung?«

Noelia sah mich herausfordernd mit einem ziemlich unmissverständlichen »Das würdest du sowieso nicht verstehen«-Blick an.

»Und welche Rolle«, fuhr ich unbeirrt fort, »spielt dabei Louise de La Vallière?«

Sie erschrak fast, als sie den Namen hörte. LV hatte dieser Journalist in die Luft gezeichnet. Aber so richtig verstand ich noch nicht.

»Es war das Zeitalter der Lügen. Louise und Louis XIV., sie waren ein Liebespaar.«

»Seine Mätresse, meinst du?«

Ich hatte für einen Moment das Gefühl, Noelia wollte mir direkt ins Gesicht springen.

»Das ist … Mir fehlen die Worte.«

Das war neu.

Sie atmete tief und sah mich lange an, sich selbst die Frage beantwortend, ob es Sinn machte, mir zu erklären, was sie meinte.

»Sie war weit mehr als das. Sie war seine Frau. Die einzige Frau, die er jemals mit seinem ganzen Herzen geliebt hat. Niemals im Leben hätte Louis das Andenken seiner geliebten Sonnenkönigin zerstört und nach ihrem Tod eine andere Frau geheiratet!« Noelia schnappte nach Luft.

Cherry lachte süffisant.

»So ein Quatsch! Ich habe mich inzwischen lange genug damit beschäftigt. Für eine Heirat mit Louise de La Vallière gibt es überhaupt keine Beweise, im Gegensatz zu seiner Heirat mit der kleinen Comtesse Châteaudingsbums. Ich sag ja nicht, dass es wahre Liebe war, was ihn mit dem jungen Ding verbunden hat, eher …« Cherry wackelte anzüglich mit den Augenbrauen.

Noelia gab nur einen verächtlichen Laut ab und schmollte.

»Wegen einer angeblichen kitschigen Romanze im Disney Stil riskieren wir alle unsere Leben? Was für ein Schwachsinn, das gibt's doch nicht.« Cherrys süffisantes Lächeln wirkte nun eher verzweifelt.

Noelia sprang vom Bett und baute sich in einer Art vor Cherry auf, dass ich überlegte, wo ich zu dieser späten Stunde noch Schlamm herkriegen konnte.

»Es geht um das Erbe unserer Väter und Mütter, es geht um Macht und es geht um den Glanz der Krone. Die Familie meines Vaters steht in einem engen verwandtschaftlichen Verhältnis zum französischen Königshaus. Die Vareillas dagegen …«

Noelias Gesicht sah aus, als müsste sie sich gleich übergeben. »Es geht einfach um die Wahrheit. Ich will sie wissen. Zu viele Lügen sind schon erzählt worden!«

»Und du hast Beweise, dass Louise seine Frau war und er die Comtesse nie geheiratet und flachgelegt hat? Warum legst du sie dann nicht einfach vor? Hm?«

Noelia sah Cherry verächtlich an.

»Du weißt, dass die Erde keine Scheibe ist? Warum sagst du es dann nicht einfach? Die angesehensten Historiker erzählen eine andere Geschichte.« Dann senkte sie den Kopf. »Meine Hoffnung war Sandrine Lorraine. Ich schreibe mit ihr seit drei Jahren und sie ist offen für neue Interpretationen. Auch sie hält es für sehr wahrscheinlich, dass die Geschichtsbücher voller Märchen sind, die von Generation zu Generation so erzählt werden, so wie es den Erzählern am besten gefiel. Ich habe sie noch nicht überzeugt, aber sie ist neugierig geworden und hat mir wichtige Fragen gestellt und damit die Lücken offenbart, die meine Recherchen noch hatten. Wenn eine Expertin wie Sandrine Lorraine meine These unterstützt, wäre das ein Meilenstein.«

»Tja …« Ich wusste nicht, ob ich den Kopf schütteln oder lachen sollte, weil sie das mit Sandrine Lorraine sich gründlich vermasselt hatte.

»Ich verstehe immer noch nicht, was das mit dem Tod der Pachecos zu tun hat«, sagte ich dann. »Und warum die Spanier dich erschießen wollten.«

Noelia setzte sich wieder erschöpft auf das Bett.

»Der Vater von Königin Mercedes Teresa erlangte den Thron, weil er ein Vareillas war und damit angeblich ein Nachfahre von Bernadette Vareillas, der Comtesse de Châteaumeillant, die der Sonnenkönig ein paar Monate vor seinem Tod geheiratet und die ihm einen Sohn geboren hat.«

Cherry schüttelte höhnisch den Kopf.

»Und deswegen wollen dich die Spanier erschießen?«

»Was weiß ich!«, entgegnete Noelia trotzig.

»Was waren das für Leute? Königliche Garde?«

»Nein«, sagte Noelia leise. »Das Spanische Schwert. Ein königlicher Geheimbund. Was der Secret Service für euren Präsidenten, ist das ›Spanische Schwert‹ für die Königin.«

»Das Spanische Schwert? Luis Pachecos letzte Worte. Er flehte mich an, seinen Bruder vor dem Spanischen Schwert zu schützen.«

Cherry stöhnte. Müde, wie sie war, hatte sie Schwierigkeiten, die Bausteine zusammenzusetzen.

»Ohne dir zu nahe treten zu wollen: Das war eine Bitte, die du niemals hättest erfüllen können.«

Cherry verzog das Gesicht, aber ich hatte den Eindruck, dass sie ihr recht geben musste, so schwer es ihr auch fiel.

»Und du?", fragte ich nachdenklich. »Was hast du da verloren? Du hasst die Königin, hast du gesagt. Du bist eine aufstrebende Historikerin … Was trieb dich in die Garde?«

Noelia seufzte tief.

»Ich habe dem Königshaus viel zu verdanken. Avignon, La Sorbonne, Princeton … Und nun erhielt ich die Gelegenheit, etwas zurückzugeben. Eine Erpressung zu beenden, das klang nach einer guten Sache. Und es gilt als Auszeichnung, dem Spanischen Schwert dienen zu dürfen. Ich habe keinen Moment gezögert.«

Was musste sie durchgemacht haben, als ihr bewusst geworden war, dass die ehrenhafte Geheimgarde sich als Killerkommando entpuppt hatte?

»Also, wir drei gegen den königlichen spanischen Secret Service? Und gegen Alvaro und Willeford.«

»Willeford … Ich mache mir mehr Gedanken wegen Alvaro!«

Cherry sah mich herausfordernd an.

»Sieh es mal so«, sagte ich dann. »Alvaro ist so was wie der Geschäftsführer einer großen Tankstelle. Willeford ist der Typ, dem die Ölquelle gehört, die Alvaro beliefert. Vielleicht verstehst du jetzt die Größenverhältnisse.«

Noelia machte große Augen.

»Er ist Le Roi, ich hab' ihn für einen verschrobenen Geldgeber gehalten, der Alvaro die Drecksarbeit machen lässt.«

Ich grinste Noelia an.

»Das ist ja auch nicht falsch. Er ist der Geldgeber und er lässt Alvaro die Drecksarbeit erledigen.«

Cherry fuhr sich mit der Hand durch das Haar, setzte sich dann neben Noelia und sah ihr fest in die Augen, so als ob ihr Blick eine Art Lügendetektor wäre.

»Die Inthronisierung der Vareillas … Da wird man die Verwandtschaftsverhältnisse doch genauestens geprüft haben! Niemand wird einfach so König!«

Wenn Noelia lächelte, sah es immer ein wenig überheblich aus. Aber nun legte sie gerade ihren ganzen Vorrat Arroganz in ihren Blick und lachte verächtlich.

»Ja, sie haben geprüft. Viele Historiker haben geprüft. Aber alle berufen sich auf dieselben Dokumente. Zum einen auf einen Brief von Bernadette Vareillas, angeblich eine Mätresse von Louis XIV., wie so viele angeblich eine Mätresse von Louis XIV. waren.

Frankreich war voll davon! Angeblich. Aber es kommt noch besser: In diesem Brief – der echt ist, da gibt es keinen Zweifel – beschreibt sie in allen Einzelheiten eine heimliche Hochzeit mit Louis XIV., die kurz vor seinem Tod auf Château de Châteaumeillant bei Rouen stattgefunden haben soll. Und mit dem Brief wurden auch eine Heiratsurkunde und eine Taufbescheinigung über eine Nottaufe vom Tag der Geburt des Vicomte gefunden, deren Echtheit von einem Experten verifiziert worden ist.«

Noelia redete immer schneller.

»Was ich glaube, ist, dass sie gerne die Mätresse von Louis XIV. gewesen wäre. Er war ein stattlicher Mann, hatte Stil und war intelligent. Aber sein Herz gehörte bereits Louise de La Vallière, der Brief ist datiert zu einer Zeit, in der …« Noelia seufzte. »Sie waren verheiratet und niemals …« Noelia ballte beide Fäuste. »… *niemals,* auch nicht nach ihrem Tod, hätte Louis XIV. seiner Louise so etwas angetan. Der Brief ist eine Lüge! Und genauso sind die Heiratsurkunde und die Taufbescheinigung Lügen! Der einzige Beweis ist der Brief einer noch dreizehnjährigen Comtesse, deren Leidenschaft nicht erwidert wurde – das Wort einer verschmähten Kindfrau schreibt Geschichte, es macht mich rasend!«

»Okay«, versuchte ich es in meinem beruhigendsten Tonfall. »Eine Heiratsurkunde? Eine Taufbescheinigung?« Ich schüttelte den Kopf. »In Zeiten forensischer Schriftuntersuchung wäre eine gefälschte Unterschrift auf solchen Dokumenten ganz sicher entlarvt worden!«

»Grundsätzlich hast du ja recht«, seufzte Noelia. »Das habe ich meinen Vater auch gefragt, aber er wich meinen Fragen aus und beendete das Thema, als ich wissen wollte, ob der Leiter des forensischen Teams vielleicht bestochen wurde.«

»Oder erpresst«, ergänzte ich und Noelia nickte zustimmend.

»Verstehe«, hörte ich mich sagen, obwohl mir der Kopf schwirrte. »Ich frage mich jetzt nur noch, wer diese beiden Spanier waren, die mir den Stick abnehmen wollten und mich bedrohten, kurz nachdem ich dich das erste Mal gesehen habe an dem Rondell am Mississippi. Und mir verrieten, dass du nicht Sandrine Lorraine bist.«

Noelia sah mich mit zusammengekniffenen Augen an und schüttelte den Kopf, nachdem ich die beiden näher beschrieb.

»Smith und Wesson? Das war niemand von meinen Leuten von der Garde.«

Ich zwinkerte Cherry zu.

»Und du? FBI-Agentin außer Dienst? Was ist dein Auftrag?«

Cherry

Ich war im falschen Film! Eindeutig! Okay, ich war übermüdet, aber sicher nicht mehr als die beiden. Glaubte Richmond tatsächlich, was diese Noelia da erzählte? Langsam, aber sicher drängte sich ein pochender Kopfschmerz in den Vordergrund – kein Wunder bei dem Schwachsinn, den diese Pseudo-Prinzessin uns da verkaufen wollte. Und Richmond hörte ihr auch noch ganz gelassen zu. Hatte er mir soeben zugezwinkert? Versuchte er tatsächlich zu scherzen? Jetzt? Mann, womit hatte ich das bloß verdient? Mit Härte kam ich bei dieser spanischen Lolita nicht weiter. Die Kleine war außen soft, aber innen hart wie Buffalo-Stahl. Für meinen Fake-Ehemann hatte ich einen bösen Blick übrig, seine Frage ignorierte ich geflissentlich. Was mir Sorgen machte, war, dass er Alvaro Pacheco nicht ernst nahm. Willeford mochte der Big Boss sein, aber Pacheco war ein Psychopath – er hatte was von Norman Bates in »Psycho«.

Ich ließ mich in den altrosafarbenen Ohrensessel sinken, um meine Gedanken zu sortieren, und das war bei dem Dröhnen in meinem Kopf beileibe nicht leicht. Verdammt, waren die Jeans von Cindy eng, ich konnte kaum atmen. Es wurde Zeit, Prioritäten zu setzen.

»Noelia, von mir aus bist du die Königin von Saba. Der Familie Green wurden im September 2001 historische Dokumente von immensem Wert auf brutale Weise geraubt. Der Einbrecher erschlug die rechtmäßige Besitzerin in ihrem eigenen Schlafzimmer. Mein Auftrag ist es, diese Dokumente der rechtmäßigen Erbin zurückzubringen. Ob sie irgendwas mit deinem Märchen zu tun haben? Ehrlich gesagt, ich weiß es nicht und es ist mir auch egal.«

Noelia öffnete den Mund, um zu antworten, doch so weit ließ ich es nicht kommen!

»Stopp! Ich habe genug gehört für heute. Ich will duschen, was Ordentliches zum Anziehen und schlafen. Und dann, erst dann sehen wir weiter. *Und* bis dahin bleiben wir zusammen!«

Erleichtert sah ich, dass Noelias Streitlust nachgelassen hatte. Offensichtlich wurde auch die Jugend irgendwann mal müde. Ich fühlte mich nämlich wie eine Hundertjährige und erwog kurz, Rob anzurufen, damit er mir meine Sachen aus dem Hotel brachte. Das Risiko, ihn in eine Falle laufen zu lassen, war mir dann aber doch zu groß. Ich quälte mich aus dem alten Ohrensessel hoch.

»In diesen Motels bleiben immer ein paar Klamotten zurück. Ich sehe mal, ob ich dem Typen da vorne was halbwegs Tragbares abluchsen kann.«

Ich war schon halb aus der Tür raus, als ich Rich sagen hörte: »Ich such' dann mal alles an Decken zusammen. Ihr beide könnt das Bett nehmen.«

»Ähm … Danke, aber ich bleibe bei meinem Sessel!«, kam meine Antwort wie aus der Pistole geschossen und genauso schnell war ich auch draußen.

Damit hatte ich nun wirklich nicht gerechnet. Wann war Richmond zum Gentleman mutiert?

Rich

»Green?«

Ich sah Noelia ratlos an, während ich mir die Zähne putzte, und schüttelte den Kopf. Ich kann nicht mehr sagen, ob es wegen der albernen Ich-schlaf-auf-dem-Sessel-Trotzreaktion war oder weil noch ein neuer Name ins Spiel kam. Green. Ich habe im Laufe meines Lebens einige Greens kennengelernt, aber keiner würde auf den Gedanken kommen, Cherry Loster wegen irgendwelcher Dokumente zu beauftragen.

»Green?« Noelia schüttelte ebenfalls den Kopf, aber ihr Ausdruck im Gesicht war ein anderer. »Green? Mary Anne? Mary Anne Green?«

Das Fragezeichen in meinem Kopf wurde immer größer.

»Ähm, du kannst den Namen gerne noch einige Male wiederholen …«

»Ich kenne sie … Wir hatten viele Diskussionen an der Sorbonne.«

Ich hätte fast gelacht. In was für eine merkwürdige Szene war ich hier hineingeraten? Ich hatte im Laufe meiner Karriere mit Mördern, Drogendealern und Wirtschaftskriminellen zu tun gehabt, mit der CIA, der HSI und dem FBI, aber königliche Geheimbünde …? Das Spanische Schwert? LV? Eine leibhaftige Königin, die Todesschwadronen schickte, um ihren Thron zu sichern? Dazu noch eine Prinzessin, deren Existenz vor der Öffentlichkeit verleugnet wurde? Da sollte einem nicht der Kopf schwirren!

»Sie ist eine absolute Expertin auf dem Gebiet der Geschichte der französischen und spanischen Königshäuser«, fuhr Noelia fort. »Sie ist noch jünger als ich, aber ich hatte das Gefühl, sie weiß mehr über meine Familie als ich.«

»Und sicher weiß Cherry nicht, dass ihr euch kennt …«

Noelia lächelte mich an. »Woher sollte sie? Mary Anne kennt mein Gesicht und meinen Namen, aber nicht meine Herkunft. Niemand kennt meine Herkunft außer meinem Vater, meiner Stiefmutter und meiner leiblichen Mutter.«

»Und alle, die zum Spanischen Schwert gehören«, fügte ich an, aber Noelia schüttelte den Kopf.

»Nein, der Geheimbund fragt nicht nach Gründen. Wenn sie einen Auftrag bekommen, fragen sie nicht, warum. Sie fragen: Wer? Wo? Wann? Und vielleicht: Wie? Aber niemals warum.«

Ich war müde. Wenn wir da lebend rauskommen wollten, brauchte ich einen klaren Kopf.

»Okay, ich werde mich dann mal auf dem Boden einrichten«, sagte ich, nachdem der Sessel nun besetzt war.

Sicher, Cherry hätte nichts dagegen tun können, wenn ich mich jetzt darauf breitgemacht hätte, während sie noch auf Shopping Tour war, aber auf die Diskussion hatte ich keine Lust.

»Jetzt sei nicht albern. Wir sind beide erwachsen, oder? Es gibt ein Bett, das groß genug ist für zwei. Oder hast du Angst, dass Cherry eifersüchtig wird? Vielleicht, weil sie dich mag?« Noelia lächelte erneut.

Ich wehrte müde ab. Das konnte ich mir beim besten Willen nicht vorstellen. Und es spielte auch keine Rolle. Ich war definitiv kein Beziehungsmaterial und für eine kurze, leidenschaftliche Begegnung waren wir uns zu ähnlich. Jäger suchten Beute, keine anderen Jäger.

Ich lag kaum im Bett, als ich gefühlt innerhalb von einer Sekunde auf die andere einschlief. So war es schon früher Morgen, als ich die Augen wieder öffnete. Ein Blick auf meine Uhr verriet mir, dass es gerade einmal fünf Uhr durch war. Ich realisierte schnell, was es war, das mich geweckt hatte. Noelia lag dicht an mich angeschmiegt und hatte offenbar keinen guten Traum gehabt. Es würde mir später niemand glauben, aber ich hatte nicht mitbekommen, wie sie ins Bett gegangen war, und ich wusste auch nicht, ob sie sich bewusst angekuschelt hatte oder das im

Laufe der Nacht passiert war. Es hatte letztlich keine Bedeutung, denn auch wenn sich ihr Körper an meinem gut angefühlte: Cherry schlief ziemlich lautstark auf dem Sessel neben dem Bett und so hätten wir eh keine Privatsphäre gehabt.

Aber es war eine gute Gelegenheit. Die beiden würden schon aufeinander aufpassen – zumindest glaubten sie das selber. Vorsichtig befreite ich mich von Noelias Arm und richtete mich auf. Dabei war es trotz aller Vorsicht unmöglich, völlig geräuschlos aus dem Bett zu steigen. Ich griff unter mein Kopfkissen, nahm die Glock an mich und beobachte Noelia, die weiter gleichmäßig atmete. Leise stand ich auf und schlich zu der kleinen Kommode, auf der meine Sachen lagen. Ich nahm mein Blackberry aus der linken Tasche von Noelias Hose, die fein säuberlich gefaltet über den Stuhl gelegt war, klaubte meine Klamotten zusammen, nahm meine Schuhe in die Hand und schlich auf Zehenspitzen zur Tür. Cherry schnarchte immer noch, aber nun lauter und deutlich gleichmäßiger. Ich machte mir keine Gedanken darüber, ob ich sie geweckt hatte und sie nur vortäuschte zu schlafen oder ob tatsächlich nach so vielen Jahren der Lautstärkerekord meines Vaters geknackt wurde. Ich hatte gelernt: Wenn Frauen dir etwas vortäuschen, bedeutest du ihnen etwas. Und wie immer war es mir egal, Hauptsache, ich kam hier raus. Ich konnte nicht riskieren, dass Noelia darauf bestand, mich bei meinem geplanten Besuch bei Sandrine Lorraine begleiten zu wollen.

Langsam öffnete ich die Tür und schloss sie genauso vorsichtig wieder. Hier draußen war niemand, der sich über einen Mann gewundert hätte, der barfuß in Unterhosen zu seinem Auto ging. Erst als ich den Parkplatz erreicht hatte, zog ich mich an, schlüpfte in meine Schuhe und öffnete die Tür meines GTX. Ein letzter Blick. Niemand schien das Motel zu beobachten. Dann startete ich den V8. Ich drückte das Gaspedal nur ganz leicht hinunter und mein Road Runner schlich sich genauso unbemerkt vom Parkplatz wie ich aus dem Zimmer.

Sandrine Lorraine … Ich musste unbedingt noch mal direkt mit ihr reden. Es war noch zu früh, aber mein Blackberry hatte noch genug Saft, um noch einmal einen geschichtlichen Exkurs zu machen. Louise, Mercedes, die Vareillas … Aber erst mal weg hier.

Der Mississippi sah ruhig aus an diesem Morgen. Kaum zu glauben, dass einige wenige Kilometer weiter stadteinwärts das mächtige New Orleans an seinen Ufern lag. Tatsächlich hatte eine Fast-Food-Kette an diesem Morgen bereits geöffnet. Ich bestellte mir einen großen Becher mit schwarzem Kaffee und einen Burger mit Bacon und Ei. Etwa anderthalb Stunden später machte ich mich auf den Weg, Sandrine Lorraine zu wecken.

Sie war vorsichtig geworden, wer mochte es ihr verdenken? Aber die Tür öffnete sich, wenn auch nur einen Spalt, mehr ließ die Kette nicht zu. Vorsichtig lugte eine verschlafene Frau hindurch und ihr Gesicht wurde nicht freundlicher, als sie meins erblickte.

»Ich weiß, wie spät es ist«, sagte ich bemüht kleinlaut. »Ich wäre nicht hier, wenn es nicht wirklich wichtig wäre.«

Sie murmelte etwas Unverständliches und schloss die Tür. Ich überlegte gerade, ob ich so unverschämt sein sollte, noch einmal zu klingeln, da öffnete sich der Spalt erneut.

»Meinetwegen. Aber nicht hier. Wir treffen uns im Starbucks in Saint Rose.«

»Ich weiß welchen«, grinste ich. »Vielen lieben Dank!«

»Ja ja«, antwortete sie gereizt.

Starbucks wollte ich eigentlich vermeiden, denn an einer weiteren Begegnung mit Tamlyn war ich gerade nicht interessiert. Aber im Grunde genommen war es egal, wo ich mit Sandrine reden würde. Ich fuhr also vor und saß mit einem weiteren Coffee Black bereits am Tisch, als sie hereinkam. Ich war mir nicht wirklich sicher gewesen, ob sie wirklich kommen würde.

»Ich brauche eine zweite Meinung oder Nachhilfe in französischer und spanischer Geschichte«, begann ich schließlich und hatte damit ihre Aufmerksamkeit erweckt.

»Gut, was wissen Sie denn bislang?«, fragte sie. Ihr Blick verriet, dass sie keine großen Erwartungen bezüglich meiner Fachkompetenz hatte. Leider zu recht.

»Also gut«, begann ich. »So wie ich das verstanden habe, ist 1975 der einzige Erbe der letzten Linie bei einem Skiunfall ums Leben gekommen, womit der Thron nicht direkt vererbt werden konnte. Daher haben die Vareillas ihren Anspruch auf die Krone geltend gemacht.«

Sandrine nickte. »Nicht zum ersten Mal übrigens.«

»Okay«, sagte ich. »Die Vareillas stehen in einem Verwandtschaftsverhältnis zum Sonnenkönig Louis XIV. Über offenbar einige Ecken. Es gibt viele Quellen, die das bestätigen, vornehmlich aus dem achtzehnten Jahrhundert. Diese Quellen gehen aber, angeblich, alle auf ein und dieselbe Urquelle zurück.«

An dieser Stelle lächelte Sandrine breit.

»Was?«, fragte ich.

»Sie haben mit Noelia Borallo gesprochen. Das ist ihre Theorie«, schmunzelte sie. »Nein, das sind sogar fast ihre Worte!«

»Nur eine Theorie?«, fragte ich. »Es ist wohl mehr als das.«

»Viele der Quellen lassen sich auf den Brief zurückführen, aber nicht alle. Zumindest lässt es sich nicht beweisen. Und dann setzt sie immer noch voraus, dass der Brief, in dem die Verwandtschaft ja nur in einem Nebensatz erwähnt wurde, gefälscht war. Und selbst dann wäre das immer noch kein Beweis dafür, dass die Comtesse de Châteaumeillant auch in diesem Punkt gelogen hat.«

»In allen Lexika wird sie als Mätresse des Sonnenkönigs geführt. Können all diese Quellen sich irren?«

Sandrine nickte langsam mit dem Kopf.

»Ja. Natürlich wäre das möglich. Aber was wir bislang wissen, reicht nicht, um damit die Legitimierung einer Königin infrage zu stellen.«

»Ich verstehe«, antwortete ich. »Wenn es aber einen Antwortbrief darauf gäbe ...«

»... der die Lüge entlarvt? Ein Brief des Sonnenkönigs persönlich? Ja, das könnte es ändern. Das würde zumindest die Thronfolge infrage stellen und damit weitere Untersuchungen nach sich ziehen.«

Vor lauter Aufregung redete sie beinahe doppelt so schnell.

»LV«, sagte ich schließlich. »Was bedeutet das im Jahr zweitausendvierzehn in New Orleans? Ich meine, was bedeutet es genau?«

Sandrine sah mich lange nachdenklich an und lehnte sich dann zurück.

Es dauerte eine gefühlte Ewigkeit, bis sie ihren Körper wieder nach vorne beugte, aber dann flüsterte sie: »Das Spanische Schwert. Sie kennen es. Wenn Sie mit Noelia gesprochen haben, wird sie es erwähnt haben.«

Ich stutzte. Was wusste Sandrine? Offenbar wusste sie von der Existenz des Spanischen Schwertes. Aber wusste sie auch, dass Noelia ein Teil davon war?

Ich versuchte, mir nichts anmerken zu lassen, und fragte beinahe beiläufig, als gehörte es zum Allgemeinwissen: »Der Geheimdienst ihrer Majestät quasi.«

Sandrine lachte.

»Ja, so kann man es nennen. Das Spanische Schwert will die Dokumente haben, um sie zu vernichten und damit die Herrschaft für alle Zeiten zu sichern. Heute geht es nicht mehr darum, wer auf dem Thron sitzt. Die Unruhen in Spanien haben Sie sicher mitbekommen. Einen Skandal kann das Königshaus nicht gebrauchen, denn dann steht die Monarchie in Spanien auf der Kippe, und zwar auch für jeden, der für die Nachfolge infrage kommt. LV ist auch ein Geheimbund, der siebzehnsiebenundzwanzig in New Orleans gegründet wurde von aufrichtigen Menschen, die eine sehr ähnliche Theorie hatten wie Noelia Borallo. Sie wollten die Dokumente bewahren für den Fall, dass die Vareillas eines Tages ihre Finger nach der Krone ausstrecken – aber dann wurden sie gestohlen. Somit will LV ebenfalls die Dokumente finden. Aber nicht, um sie zu vernichten, sondern um die Wahrheit ans Licht zu bringen, wie auch immer sie sein möge.«

Ich atmete tief durch.

»Tja, also habe ich doch alles richtig verstanden.« *Wenn ich jetzt nur wüsste …*, dachte ich. »Nur, wo sitzen diese Leute vom LV?«

Sandrine Lorraine sah mich mit verschmitzten Augen an.

»Ich weiß nicht, wo alle gerade sind, aber eine sitzt Ihnen gerade gegenüber.«

Cherry

Kaum zu glauben, ihm war einfach nicht zu trauen. Jetzt hatte sich das Schlitzohr rausgeschlichen und ließ mich mit einer potenziellen Killerin zurück. Von wegen Gentleman. Nur zu gut hatte ich noch die Erzählung von Millicent Mercer über »Potente Pacheco« im Kopf. Pacheco senior, der einen Ring des spanischen Königs trug und den ihre Enkelin Clarissa auf der 250-Jahr-Feier der Universität – der Universität übrigens, die mit königlichem spanischen Geld gebaut worden war – mit einer dunkelhaarigen Schönheit in flagranti erwischt hatte. Noch in derselben Nacht war er mit seinem Helikopter abgestürzt. Tja, und jetzt tauchte hier eine junge dunkelhaarige Schönheit mit spanischer Familiengeschichte und französischem Akzent auf – und ein paar Tote gab es auch. Wirklich Zufall? Niemals! Was auch immer an der Geschichte rund um diese Noelia stimmen mochte, eines war klar: Sie hatte überall ihre Finger drin und war mit Sicherheit gefährlich. Richmond – oder vermutlich eher sein tiefergelegtes

Gehirn – hatte vielleicht kein Problem damit, mit dem Tod zu kuscheln. Ich schon. Unfassbar, dieser Typ.

Ich hatte im Standby-Modus geschlafen. Ich hätte eine Fliege im Raum atmen gehört, wenn eine hier drin gewesen wäre. Was dachte Richmond, was FBI-Agenten in der Ausbildung lernten? Okay, ich hatte das immer schon gekonnt. Wenn man so wie ich aufgewachsen war, konnte man im Stehen und mit offenen Augen schlafen. Wie auch immer, es wurde Zeit, die Angelegenheit zu klären.

Noch bevor ich meine Beine vollständig aus dem halben Lotussitz gelöst hatte, setzte sich Noelia im Bett auf und stellte akzentfrei fest: »Jetzt sind wir alleine, Miss FBI! Verhaften kannst du mich nicht, was nun?«

»Majestät haben Ihren Akzent vergessen, wie?«

Ihr amüsiertes Lachen klang ehrlich und zeigte mir, dass sie sich gut im Griff hatte und mir im Moment offensichtlich keine Gefahr drohte. Fast hätte ich sie sympathisch finden können mit ihren zerrupften dunklen Haaren und den Grübchen, wenn sie lachte. Fast.

»Mein Akzent kommt nur hervor, wenn ich extrem aufgeregt bin. Jetzt bin ich erleichtert, denn ich habe auf diesen Augenblick gewartet, seit Mary Anne Green dich engagiert hat, Cherry Loster!«

Was sollte ich dazu sagen? Ich hätte überrascht sein sollen, aber ich war es nicht.

»Ich bin keine Gefahr für dich. Ich töte nicht wahllos. Ich will nur die Wahrheit, wie ich es letzte Nacht gesagt habe. Es geht um mich, mein Leben, meine Familie … um alles, was ich bin oder nicht bin. Kannst du das nicht verstehen? Gerade du?«

Ich wusste noch immer nicht, was ich sagen sollte – eine äußerst seltene Begebenheit.

»Cherry …« Sie flehte mich geradezu an.

Langsam begann ich, mich unbehaglich zu fühlen. Den zarten Hinweis auf meine Vergangenheit ignorierte ich einfach. Was war nur los, dass auf einmal jeder meinte, er könnte mich mit irgendwelchen alten Hüten aus meiner Jugend unter Druck setzen oder, wie Noelia jetzt, auf die Tränendrüse drücken?

»Was willst du von mir?«

Ich versuchte neutral zu bleiben. Wäre sie ein Mann gewesen, hätte ich versucht, sie zu umgarnen, aber auf Frauen stand ich nun mal nicht. Und wenn ich ihre Kuschelorgie mit Sweet-Nicky-Gentleman-Richmond in Betracht zog, sie auch nicht. Also, wozu Spielchen spielen?

»Ich will die Dokumente sehen, ich will selbst lesen, was wirklich darin geschrieben steht, bevor es an die Öffentlichkeit kommt. Ich kenne Mary Anne Green, ich mag sie, aber sie wird zuerst an ihre Familie denken und …« Noelias Stimme brach. »Versprich es mir und ich werde dich und Rich unterstützen, wo immer ich kann!«

Verdammt, sie war gut. Bei ihren letzten Worten war der Akzent wieder voll da gewesen.

»Stopp, hör' auf zu heulen oder was auch immer. *Ich* verspreche gar nichts. *Ich* will meine Sachen aus dem Hotel und Frühstück. Nach dem zweiten, nein, dritten Kaffee können wir reden. Am besten mit Mary Anne. Ihre Dokumente – ihre Entscheidung. Ich mische mich da nicht ein.«

Jede andere hätte noch etwas gesagt, aber nicht die spanische Prinzessin. Sie lächelte mich an und verschwand im Bad. Ich griff zum Telefon – eigentlich ein Wunder, dass es so etwas wie ein Festnetztelefon überhaupt noch gab – und rief zuerst im Hotel an. William, der Concierge, war natürlich gerne bereit, meinen kirschroten Handgepäckstrolley aus meinem Zimmer zu holen und am Empfang für Miss Green zu hinterlegen. Ein Blick aus dem Fenster zeigte mir, dass langsam die Sonne den Himmel eroberte. Vor Mary Anne rief ich noch kurz auf dem achten Revier an.

Catrell zeigte keine Freude über meinen Anruf, aber immerhin war sie soweit, mir mitzuteilen, dass es Amanda alias Dolores gut ging. Sie lag im New Orleans Municipal Hospital. Gut zu wissen, denn ich wollte von Dolores alias Amanda noch einiges in Erfahrung bringen.

Als ich mich bei Catrell bedankte – immerhin war ich grundsätzlich ein höflicher Mensch – brummte sie: »Halten Sie sich einfach von uns fern, Loster!« Dann legte sie auf. Nichts lieber als das, dann würde ich mir den Besuch auf dem Revier sparen.

Der nächste Anruf galt dann endlich Mary Anne. Sie hatte sich wieder eingekriegt und war nicht mehr sauer auf mich. Dafür war sie leicht biestig, wie immer, wenn ich sie frühmorgens anrief. Aber als ich ihr erzählte, dass ich neue Informationen hätte, war sie zu allem bereit. Auch wenn sie fragte, ob ich komplett verrückt geworden sei. Ob es denn wirklich Starbucks sein müsse und ob denn nicht ein Minimum an französischer Kultur an mir hängen geblieben wäre. Was hätte ich darauf antworten sollen? Ich liebte Starbucks und abgesehen von Richs fast gruseliger Freundin dort hatte der Laden gut ausgesehen. Ich wollte und brauchte außerdem schnell richtig guten und starken Kaffee. Starbucks war da auf die Schnelle die perfekte Lösung.

Dafür war das Motel schlimmer als gedacht und ich hatte letzte Nacht dem Typen an der Rezeption nicht viel abluchsen können. Das bunte Hippie-Kleid war zwar ein Stück bequemer als die Jeans von Cindy, aber einfach nichts für mich. Ich wollte endlich wieder Unterwäsche – meine Unterwäsche – und meine eigenen Jeans.

Noelia kam aus dem Bad und hatte offenbar meine Telefonate mitangehört. War auch nicht schwierig bei den papierdünnen Wänden und Türen.

»Starbucks Saint Rose, habe ich richtig gehört? Gut, ich hoffe nur, der Kaffee dort ist genießbar. Ihr Amerikaner habt ja keine Kaffeekultur und ohne richtigen Kaffee kann ich nicht leben. Aber vielleicht treffen wir dort auch Rich.«

Ich konnte nicht anders als zu lachen. Möglicherweise war sie eine eiskalte Killerin mit dem Gesicht eines Engels, aber zumindest hatte sie Geschmack – bei Kaffee. Bei Männern war ich mir nicht so sicher. Richmond hatte durchaus etwas Anziehendes an sich und sein Sixpack war auch nicht schlecht, aber er konnte so ein provokantes Arschloch sein. Das tat einfach nicht gut. Ich wollte Spaß, keinen Stress. So stieg ich trotz allem relativ entspannt mit Señorita Noelia in meinen Flitzer und mit etwas Glück versuchte sie erst nach dem Kaffee mich umzubringen. Die Nummer von Millicent Mercers Enkelin hatte ich im Trolley und ich hatte vor, diese Clarissa sofort anzurufen, sobald mir Mary Anne mein Köfferchen übergeben hatte. Ich musste wissen, ob Noelia wirklich *das* Flagranti des alten Pacheco gewesen war beziehungsweise ob sie ihn umgebracht hatte.

Kapitel 21 (Saint Rose)

Rich

Ich sah Sandrine Lorraine lange an, weil ich überhaupt nicht verstand, was hier gerade passiert war. Dabei war es weniger die Offenbarung an sich. Dass sie Teil dieser verschworenen Gemeinschaft war mit ihrem fundamentalen Wissen, war sicher insofern überraschend, als dass sie eher einen biederen Eindruck machte. Das war kein Kaffeekränzchen für den Austausch historischer Recherchen.

Gesandte, die man im Mississippi wiederfinden konnte auf dem Weg zum Golf von Mexiko …

Steckte da LV dahinter? Nein, das war ganz sicher kein Buchclub. Ich musste daran denken, dass Kirk Mason den Namen nicht mal hatte aussprechen wollen.

Aber die weitaus größere Überraschung war, dass sie mir *erzählte,* dass sie zu dem Geheimbund LV gehörte. Letztlich war ein Geheimbund vor allem eines, nämlich geheim. Und dann verriet man es nicht jedem, den man gerade eben erst kennengelernt hatte. Vor allem aber erzählte man so was keinem Journalisten. Schon gar nicht einem wie mir. Ich sprach direkt aus, was mir auf der Zunge lag.

»Das tue ich ganz sicher nicht«, antwortete Sandrine mit einem charmanten Lächeln. »Es jedem erzählen.«

»Warum dann mir«? Ich blieb skeptisch.

Sandrine senkte den Blick, nahm einen Schluck Kaffee und sah mich dann prüfend an.

»Weil ich glaube, dass du ›old school‹ bist. Und aus irgendeinem Grund hast du es geschafft, an Noelia heranzukommen.«

Wenn sie wüsste, wie nah ich das diese Nacht geschafft habe. Ich schmunzelte.

»Ich weiß nicht«, sagte sie leise, »ob du schon Nachrichten gehört hast. Ich habe von der Schießerei im Le Masque Noir gehört und es gestern Abend auch noch im Fernsehen verfolgt. Es gab sogar eine Sondersendung.«

Sondersendung, dachte ich verächtlich, *ich brauche keine Sondersendung – ich war live vor Ort!*

»Das Problem ist«, sagte sie weiter, »dass derjenige, der momentan die Dokumente besitzt, überhaupt kein Interesse an ihnen hat. Abgesehen davon, sie zu Geld zu machen. Aber sowohl das Spanische Schwert als auch wir haben großes Interesse, sie zu besitzen und zu verwenden.« Sandrine schluckte und sah mich aus melancholischen Augen an. »Dieses Massenmorden muss aufhören. Aber das tut es nur, wenn die Dokumente entweder vernichtet oder veröffentlicht werden. Und deswegen erzähle ich es dir. Ich war geschockt, als Noelia mich an die Heizung fesselte. Als ich feststellen musste, dass die begabte, junge Historikerin aus Paris auf der falschen Seite steht. Und das passte nicht zusammen. Sie hat mich sehr an die Zeit erinnert, die ich an der Sorbonne verbracht habe, als ich in ihrem Alter war. Kämpferisch, voller Ideale, mit einem unstillbaren Wissensdurst. Und es schien ihr wie mir immer um die korrekte Darstellung der historischen Ereignisse zu gehen.«

Sandrine seufzte wie eine Kriegerin, die des Krieges müde geworden war. »Wir alle wissen, dass wir im Trüben fischen. Wir finden Artefakte, Briefe, Dokumente und lesen die Sätze darauf. Aber wir wissen nicht, warum sie geschrieben wurden. Waren die Verfasser nur von einer Sache überzeugt oder steckte mehr dahinter? Du als Journalist musst das kennen und Tamlyn spricht nicht gerade mit Begeisterung von dir …« Sandrine zwinkerte mir zu. »Aber du sollst dafür bekannt sein, dass es dir nicht nur um den kurzweiligen Erfolg einer Schlagzeile geht, sondern auch um die Wahrheit. Ein Grund, warum du nur noch freier Journalist bist, nicht wahr?«

Ich rieb mir etwas verärgert die Nase. Mein Freund Vince war ein wunderbarer Zuhörer, aber er hatte offenbar mit Tamlyn geplaudert, als er mich angekündigt hatte.

»Einer von vielen«, antwortete ich kühl.

»Aber du hast Kontakt zu Noelia und du hast Kontakt zur Presse. Du kannst dafür sorgen, dass diese Schlacht um die Krone endlich ein Ende findet und die ganze Wahrheit ans Licht kommt.«

Daher wehte der Wind. Ich sollte benutzt werden. Wenig schmeichelhaft, deckte sich aber ansonsten mit meinen Interessen.

»Mein Einfluss auf Noelia ist, schätze ich, überschaubar. Deiner ist deutlich größer. Du bist für sie eine Ikone, ein Vorbild. Damit kannst du weitaus mehr erreichen als ich. Die Dokumente zu veröffentlichen, ist selbstverständlich auch mein Ziel. Wer dadurch die spanische Krone verliert oder gewinnt, ist mir völlig gleich. Aber dass es einen Geheimbund der Königin gibt und dieser offenbar vor Mord nicht zurückschreckt …«

Ich stockte. Konnte Sandrine wissen, dass die Erschossenen eigentlich den Auftrag gehabt hatten, Noelia zu ermorden? Was genau hatten die Medien bislang veröffentlicht?

»Alvaro Pacheco«, sagte ich dann. »Was weißt du über ihn?«

»Alvaro hat die Dokumente nicht selbst, da bin ich mir sicher. Sich an ihn heranzutrauen, ist zwar auch gefährlich, aber hinter ihm steht Stan Willeford. Und Stan Willeford ist …«

»Ich kenne Willi«, unterbrach ich sie.

Sandrine lächelte.

»Du weißt schon, dass du eine Kugel riskierst, wenn du ihn so nennst?« Sandrine wusste viel mehr als ich zu hoffen gewagt hatte.

Ich nickte. »Du hast mich nun in der Hand …«

»Das ging ja schnell«, grinste sie. »Im Ernst. Wir glauben, dass Willeford ihm zumindest Rückendeckung gibt. Und sich mit dem *Neuen Paten* anzulegen, ist Selbstmord.«

Ich schüttelte den Kopf.

»Willeford macht viele Geschäfte, aber sich mit spanischen Garden zu bekriegen, gehört ganz sicher nicht dazu. Glaube mir, ich habe seine Karriere lange genug verfolgt, um mir da sehr sicher zu sein. Willeford macht sich nie die Finger schmutzig. Alvaro, das ist der Typ, der so was macht. Er ist gefährlich, denn während Willeford sich in irgendeiner Luxussuite zurücklehnt und mit einer exotischen Schönheit vergnügt, kämpft Alvaro jeden Tag auf der Straße um seine Existenz.«

»Möglicherweise hat Alvaro die Dokumente und möglicherweise weiß Willeford nichts davon. Aber würden wir nicht den Drachen wecken, wenn wir Alvaro aus dem Spiel nähmen?«

»Es gibt nie eine Garantie«, antwortete ich. »Aber ich sehe es eher andersrum: Wenn Willeford herauskriegt, dass Alvaro ihn hintergeht und den Erfolg seines Geschäftes gefährdet, indem er private Erpressungen im Alleingang veranstaltet, dann wird man Alvaro bald auf dem Grund des Mississippi wiederfinden.«

»Isch 'abe es gewusst!«, vernahm ich eine wohlbekannte Stimme aus Richtung der Eingangstür.

»Süße«, tadelte eine zweite, ebenfalls wohlbekannte Stimme. »Kannst du deinen bescheuerten Akzent nicht mal lassen?«

Cherry

Ich war genervt. Seit Noelia Richs roten GTX auf dem Parkplatz vor Starbucks entdeckt hatte, wollte sie nichts anderes mehr, als zu ihm hinein. Und genau das wollte *ich* vermeiden. Zumindest wollte ich sie nicht mit Richmond alleine lassen. Nicht bevor ich wusste, ob sie den alten Pacheco umgebracht hatte.

Was machte er überhaupt hier? Ich hatte vermutet, dass er irgendwo seinen Journalisten-Privatdetektiv-Spuren nachschnüffelte. Mary Anne würde nicht begeistert sein, dass Richmond seine Finger mit drin hatte. Hätte sie die Presse einschalten wollen, hätte sie es selbst getan und nicht mich mit dem Fall beauftragt. Nervös fragte ich mich, wo sie nur blieb.

»Wieso bleibe isch eigentlich bei dir im Auto? Wieso denkst du, dass isch auf dich ´öre? Isch muss das nischt machen. Isch gehe jetzt da rein zu Rich.«

Ihr Akzent wurde mit jedem Wort stärker und dabei sah sie mich auch noch an, als ob ich komplett durchgeknallt wäre. Doch was sollte ich antworten? Dass ich Angst hatte, dass sie Rich umbringen würde, wenn ich nicht dabei war? Sie musste doch nur mit ihren hübschen dunklen Augen klimpern und Rich fuhr alle Schilde runter – typisch Mann eben.

Endlich sah ich Mary Annes Auto auf den Parkplatz fahren. Ich stieg aus und Noelia natürlich auch. Mary Anne kam eiligen Schrittes, meinen Trolley hinter sich herziehend, auf mich … uns zu.

»Noelia? Noelia Borallo?«, fragte Mary Anne erstaunt und strahlte sie geradezu an. »Cherry, wie kommst du zu Noelia? Egal«, fuhr sie fort und umarmte Noelia, die mir über Mary Annes Schulter hinweg zuzwinkerte.

Ich stand wie ein Trottel daneben und wusste nicht, wie mir geschah. Die beiden palaverten irgendwas auf Französisch und das in einer Geschwindigkeit, dass ich mit meinen rudimentären Kenntnissen nicht folgen konnte. Womit hatte ich das nur verdient? Es gab Mord und Totschlag, es ging angeblich um die spanische Monarchie und hier lagen sich zwei Girlies in den Armen?

»Hi, Mary Anne, danke für den Trolley. Wie ich sehe, kennt ihr euch?«

»Cherry, erinnerst du dich nicht? Ich habe dir doch erzählt, dass mir an der Sorbonne eine spanische Studentin bei meinen

Recherchen behilflich war, oder?«, fragte sie mich kopfschüttelnd.

Natürlich hatte sie das, aber nur in einem Nebensatz und ohne Erwähnung eines Namens. Zudem war ich davon ausgegangen, dass sie jünger war als Mary Anne. Spanische Studentin? Lächerlich!

Noelia ging voraus und Mary Anne folgte ihr begeistert. So viel dazu, dass ich sie auf Richmonds Anwesenheit vorbereiten wollte. Noelia öffnete schon die Tür, doch statt der von mir erwarteten freudigen Begrüßung für Rich stieß sie ein entsetztes: »Isch ‘abe es gewusst!« hervor.

»Süße, kannst du deinen bescheuerten Akzent nicht mal lassen?«

Zugegeben, ich war ein wenig schadenfroh, Rich mit einer anderen Frau hier sitzen zu sehen, und musste schmunzeln. Nur kurz allerdings, denn mir war klar, dass hier etwas ablief, von dem ich keinen blassen Schimmer hatte.

»Isch 'abe es befürchtet«, sagte Noelia und sah mich plötzlich ängstlich an.

Was zum Teufel hatte das wieder zu bedeuten? Was hatte sie bloß? Sie wollte doch unbedingt zu »Rieschmon«.

»Nun komm schon«, fuhr ich sie an und schubste sie durch die Tür.

Im Vorbeigehen bestellte ich bei der unerträglich überfreundlichen Barista namens Crystal einen doppelten Espresso ohne alles, einen Orangensaft und einen Bagel mit Bacon und Ei. Ich hielt nach Tamlyn Ausschau und war zu meiner Überraschung enttäuscht, dass sie offensichtlich heute frei hatte. Umso beschäftigter wirkte unser Ausreißer.

»Hi Schatz, hast du schlecht geschlafen?«, fragte ich Richmond und setzte mich zu ihm an den Tisch. Aber zu meinem Leidwesen wirkte er weder peinlich berührt noch ärgerlich. »Möchtest du uns nicht *einander* vorstellen?«, fragte ich ihn und deutete auf

Noelia, Mary Anne und die bieder wirkende Frau ihm gegenüber.

»Das ist nicht nötig«, hörte ich Mary Anne und Noelia fast gleichzeitig sagen.

Nur während Noelia befremdlich kleinlaut klang und zur Eingangstür blinzelte, als ob sie einen Fluchtweg auscheckte, strahlte Mary Anne von einem Ohr zum anderen.

»Sandrine Lorraine, es ist mir eine große Ehre …«

Die Angesprochene reagierte kaum auf Mary Annes Worte und starrte stattdessen Noelia unentwegt an. Schließlich wandte sie den Kopf zu Richmond und warf ihm einen verständnislosen Blick zu. Fünf Penny für seine Gedanken. Er zuckte nur mit den Schultern. Währenddessen hatte ich nebenbei meinen Trolley geöffnet und mein Mobiltelefon sowie den Zettel mit Clarissas Telefonnummer herausgeholt.

»Sorry, einen Moment. Bin gleich wieder da!«

Ich ging an die Bar und nahm den Espresso entgegen. Hier hatte ich alle – vor allem Noelia – im Auge. Zeit für mein überaus wichtiges Telefonat. Ich musste einfach wissen, ob ich unserer spanischen »Prinzessin« trauen konnte. Richmond sah stirnrunzelnd zu mir herüber, während ich mit Clarissa Mahon sprach.

Das Gespräch dauerte länger, als mir lieb war, aber nach einigem Hin und Her brachte ich die junge Frau dazu, mir von dem Abend der Universitätsfeier zu erzählen. Prinzipiell deckte sich alles haarklein mit den Schilderungen ihrer Großmutter Millicent Mercer. Die Beschreibung der dunkelhaarigen Frau, mit der Pacheco sie während der Gala betrogen hatte, blieb leider ungenau und ich wusste immer noch nicht, ob es Noelia gewesen war oder nicht. Verdammt! Höflich bedankte ich mich bei Clarissa für ihre Hilfe und verabschiedete mich, als mich ihre letzten Worte innehalten ließen.

»Gerne, Agent Loster, aber wissen Sie, eigentlich bin ich dem französischen Flittchen ganz dankbar. Wer weiß, sonst wäre ich vielleicht mit ihm abgestürzt, und das ohne zu wissen, was er für ein Schwein war!«

Mir wurde kalt. Ich hatte es befürchtet, aber nicht ernsthaft glauben wollen. Denn im Laufe der letzten Stunden hatte ich mich an die spanische Prinzessin, wie ich sie im Stillen nannte, gewöhnt und sie sogar ein klein wenig sympathisch gefunden.

Es kostete mich einige Anstrengung, halbwegs ruhig an den Tisch zurückzukehren. Mary Anne und die Frau, deren Namen ich nie zuvor gehört hatte, unterhielten sich angeregt. Noelia schien sich beruhigt zu haben. Lächelnd legte sie ihre Finger auf Richmonds Arm und wollte etwas sagen. Doch sein Blick fiel auf mein Gesicht. Sofort drückte er warnend ihre Hand und richtete sich auf.

»Noelia, du kannst deinen scheiß französischen Akzent weglassen und aufhören, das süße Püppchen zu spielen. Du bist eine verdammte Mörderin, du hast Pablo Pacheco getötet!«

Rich

Dieses Mal hatte ich das Gefühl, dass Schlamm nicht ausreichen würde. Ich musste tatsächlich aufstehen und Noelia davon abhalten, auf Cherry loszugehen. Sie war außer sich wie eine Furie und langsam verstand ich, warum man den Spanierinnen dieses besondere Temperament nachsagte. Auch wenn ich wirklich zu gerne bei einem Snack und einer Flasche Newcastle einen Kampf zwischen den beiden verfolgt hätte, konnte ich das Cherry nicht antun. FBI-Agentin hin, Ex-FBI Agentin her, ich hatte auch meine Erfahrung und ich wusste, wie Noelia sich bewegen konnte. Wie hatte sie mal gesagt? Sie war zum Töten ausgebildet worden. Und sie gehörte zum Spanischen Schwert. Machte ich mir etwas vor? Ließ ich mich einfangen von ihrem Engelsgesicht und ihrem charmanten Akzent? Wenn sie zugab, jemanden in fünf Sekunden töten zu können … War das ein Erfahrungswert? Sie war auf das Töten vorbereitet worden, aber hatte sie schon? Hatte sie Pablo Pacheco ermordet?

»Ich habe Pablo Pacheco nicht getötet!«

Sie rief so laut, dass die Gäste im Starbucks nicht einmal mehr so tun konnten, es nicht gehört zu haben. Ich blickte zur Bar und versuchte, die Szene herunterzuspielen, damit nicht in fünf Minuten die Polizei hier eintraf und unser seltsames Quintett in Zwangsjacken abführte.

Ja, was haben wir denn hier. Einmal spanischer, königlicher Todesschwadron-Geheimbund, einmal der Leichen-im-Mississippi-Geheimbund, dann die vermeintliche FBI-Agentin mit Verfolgungswahn, der angebliche Yankee-Journalist … Und Sie sind? – Aus Frankreich.

Der arme Tommy konnte uns nicht immer herausboxen, zumal wir uns nicht mal mehr in New Orleans befanden.

»Jetzt ist Schluss!«, rief ich und zog Noelia von Cherry weg.

Mit einem Schwung riss sie ihren Arm los und traf mit dem Handrücken meine Nase. Hölle, tat das weh! Aber ich ließ mir nichts anmerken, packte sie stattdessen und drückte sie wieder in ihren Stuhl zurück. Völlig perplex ließ sie mich gewähren.

»Isch 'ab dir wehgetan«, stammelte sie fast verlegen.

»Bitte, *das* ist jetzt nicht das Problem!«

Ich sah sie scharf an und drehte den Kopf zu Cherry, die immer noch genauso dastand. Ich glaubte nicht, dass sie Angst gehabt hatte. Hätte sie aber haben sollen.

»Okay, Cherry, was ist hier los?«

Giftig sah sie erst zu mir, dann zu Noelia herüber.

»Frag doch dein Betthäschen! Die war letztes Jahr schon einmal hier. In der Nacht, in der Pablo Pacheco starb, ist sie mit ihm auf einer Tanzveranstaltung gewesen. Ja, Nicky, deine Süße schmeißt sich an jeden ran, wenn es ihr einen Vorteil verschafft.«

»Und das weißt du so plötzlich, weil …«

Cherry rümpfte die Nase.

»Ich gebe meine Quellen nicht preis. Sollte ein Journalist am besten wissen. Und du warst ja mal einer.«

»Du warst ja mal einer« – Das hatte gesessen. Ehrlich! Das war der Satz, der mich anschließend am längsten beschäftigte. Dementsprechend sah ich sie mit dem unfreundlichsten Blick an, der mir zur Verfügung stand.

»Cherry, das sind schwerwiegende Anschuldigungen, die du hier aussprichst. Ich hoffe sehr, du hast Beweise dafür!«

»Pfff«, stieß sie verächtlich aus.

»Ja«, sagte Noelia, stand langsam wieder auf und warf mir einen Blick zu, der mich zögern ließ, wieder sofort dazwischen zu gehen. Sie näherte sich Cherry bis auf wenige Schritte.

»'ast du? Beweise? Isch wette, du 'ast nischt einmal einen dafür, dass isch vor einem Jahr überhaupt in New Orleans war, geschweige denn in der Nähe von Pablo Pacheco.«

»Ist das so, Cherry?«

»Du willst einen Beweis? Wirklich?«

Ich hätte ja erwartet, dass Cherrys Augen Funken sprühten. Aber im Gegenteil: Ihre blauen Augen waren eiskalt. Genauso arktisch kalt wie ihre Stimme, als sie weitersprach.

»Reicht es, wenn der Zeuge sagt, dass du auf der Zweihundertfünfzig-Jahr-Feier der Universität die Beine für den alten Pacheco breitgemacht hast? Oder soll ich noch recherchieren, *wie weit*?«

Mir blieb die Luft weg. Wollte ich das wirklich hören? Noelia ging ab wie eine Feuerwerksrakete und für einen Moment dachte ich, sie spränge Cherry ins Gesicht und kratzte ihr die Augen aus.

»Isch will dir mal was sagen, Cherry. Du ´ast keine Ahnung, was es heißt, Opfer zu bringen und loyal zu sein – bis zum Tod! Du ´ast dich beim FBI immer auf sicherem Boden befunden und wusstest es nicht zu schätzen. Du ´ast mit deiner Verantwortungslosigkeit leichtsinnig deine gesamte Karriere verkackt. Weil Miss FBI immer alles besser weiß – bis Menschen, deine Kollegen, gestorben sind. Erzähl´ doch mal *davon*. Das Schwert schützt die Monarschie, schützt die Königin. Der Bund wurde gegründet, um Angriffe von außen abzuwehren – er ist wischtig und gut.«

Noelia hatte Tränen in den Augen und Cherry – ich glaubte es kaum – auch. Offensichtlich wurde es doch nichts mit einer gepflegten Rauferei zwischen zwei heißen Frauen.

Verdammt, Rich, jetzt reiß' dich am Riemen, sagte ich zu mir. Aber anders war das alles nur schwer zu verkraften. Sogar für mich.

»Moment!« Jetzt mischte sich Sandrine auch noch ein. »Das stimmt so nicht!«

Unwirsch drehte Noelia sich um.

»Sandrine!«, zischte sie, um sie dann anschließend fast flehend anzusehen. »Sandrine, bitte!« Dann drehte sie den Kopf wieder zu Cherry. »Es *ist* wirklich so. Über Jahrhunderte lang ist es so gewesen. Ja, ich habe einen Auftrag erhalten, Pablo Pacheco zu kontaktieren. Als der König starb und seine Tochter gekrönt wurde, wollte sie ein für alle Mal Klarheit schaffen. Mein Auftrag war es herauszufinden, ob sich die Dokumente im Besitz der Pachecos befanden oder ob sie mit dem Tod von Lisette de La Vallière verlorengegangen waren. Und ja« – ihr Blick verfinsterte sich weiter – »ich habe mich an Pablo Pacheco herangeschmissen, wie du es nennst. In Spanien haben wir ein Wort dafür. Wir nennen es …« Zwischen Noelias Nasenspitze und der von Cherry passte kein Blatt Papier mehr. »… Tango!«

»Schätzchen, jetzt hast du deinen hübschen Akzent vergessen«, schoss Cherry zurück. »Und ›Tango‹? Wirklich?«

»Ja, wirklich. Es ist ein Tanz, nicht nur ein T in einem Alphabet. Und nun sei nicht albern! Ich war als Kundschafterin hier. Spähtrupp … Aber alle Versuche, beim Tanzen das Gespräch darauf zu lenken, waren ohne Erfolg. Vielleicht 'abe isch ein bisschen geflirtet mit ihm.«

»Was ist dann passiert?«, fragte ich in der Hoffnung, das Gezicke der beiden in gemäßigtere Bahnen zu lenken. Wieso glaubte ich ihr eigentlich?

»Pacheco sprach von etwas Unglaublichem, etwas, das so fantastisch war, dass ich es einfach sehen musste. Ich denke, er hat mich glauben gemacht, dass es sich dabei tatsächlich um die Dokumente handelte, und so bin ich eingestiegen. Ich wusste, in einem sicheren Abstand würden meine Leute folgen. Mir konnte nichts passieren.«

»Dann hast du ihn eben nicht umgebracht, sondern ihn nur in die Falle gelockt – das macht für mich keinen Unterschied!« Cherry provozierte weiter.

»Calla la boca!«, schrie Noelia und es war offensichtlich, dass sie schon wieder die Beherrschung verlor. »Isch verschwende meine Zeit, wenn du nischt zuhörst!«

»Vielleicht lässt du sie erst mal ausreden.« Mary Anne versuchte es mit einem versöhnlichen Ton.

Cherrys Augen sahen aus, als würde aus ihnen in der nächsten Sekunde ein Laserstrahl kommen, der Mary Anne in ein Häufchen Asche verwandelte. Egal, Noelia hatte sich wieder gefasst und erzählte weiter.

»Er wollte mir nicht verraten, wohin er fuhr. Und dann waren wir da.«

»Wo?«, fragte ich.

Noelias Augen waren klar. Das war nicht mehr die Kämpferin vom Spanischen Schwert, nicht die Tochter eines Königs, die eines Tages Prinzessin werden wollte. Das war einfach eine verzweifelte junge Frau. Das war die echte Noelia, die da sprach.

»Am Hangar von New Orleans Night Skies. Alles, was er wollte, war, mir New Orleans bei Nacht von oben zu zeigen. Ich war mir sicher, er hatte mich belogen. Alles, was er wollte, war mit mir alleine zu sein. Sein Helikopter war sein ganzer Stolz. Aber ich wollte nicht mit ihm allein sein! Da wurde er unwirsch und er sagte, dass es nicht gefährlich wäre. Ich habe gesagt, er solle mich ins Hotel fahren, aber er startete den Helikopter.«

»Und flog alleine?«, fragte Cherry.

»Ja«, sagte Noelia. »Er flog. Und dann … « Noelia musste schlucken. »… kam ein zweiter Hubschrauber mit eingeschalteten Suchscheinwerfern und Pacheco ging ein bisschen mit der Höhe herunter. Das brachte ihn ins Strudeln, er verlor die Kontrolle und stürzte ab.«

»Unsinn!«, mischte sich Sandrine ein. »Pablo Pacheco flog seit Jahrzehnten. Das war ein sehr erfahrener Pilot!«

»Hm, die Sache ist die …«, begann Cherry plötzlich zu sinnieren. »Pablo Pacheco war nachts schon lange nicht mehr geflogen. Er litt seit einigen Jahren unter einer immer schlimmer werdenden Nachtblindheit, was er nur schwer verschmerzen konnte. Aber warum wird der andere Hubschrauber in keinem der Berichte erwähnt? Und wurde er absichtlich geblendet oder …«

Ich glaubte es nicht. Cherry Loster, die eben Noelia noch am liebsten in Handschellen abführen lassen wollte, war nun die Erste, die Partei für sie ergriff.

»Isch war doch die einzige Zeugin, der andere 'elikopter hatte abgedreht und war verschwunden. Isch … Isch 'abe den Notruf gewählt, aber dann musste isch verschwinden. Isch wollte nischt, dass meine Personalien 'ier aufgenommen werden. Eine spanische Agentin sitzt nischt gern bei der amerikanischen Polizei und erklärt, was sie da überhaupt zu suchen hat.. Aber es war wirklisch ein Unfall.«

Cherry stöhnte. Irgendetwas schien sich in ihr dagegen zu sträuben, dass der Absturz eine Laune des Zufalls gewesen sein sollte.

»Warum ist er überhaupt geflogen? Ich hätte es verstanden, wenn er mit dir geflogen wäre. Halt, um dich zu beeindrucken. Aber ohne dich?«

»Isch weiß es doch auch nischt. Er war außer sich, wütend, dass isch nischt mit einsteigen wollte. Trotzig. Du willst wissen, warum? Vielleicht verletzter Stolz, aber das könnte nur er beantworten.« Noelia flüsterte fast und sah Cherry mit verheulten Augen an. »Bitte, es wäre doch völlisch unsinnig gewesen, ihn umzubringen, ohne zu wissen, welche Beweise er 'atte und vor allem, wo er sie versteckt hielt. So kam isch nach 'ause mit nischts.«

Cherry

»Was seht ihr mich an?«

Mary Anne hatte sich auf ihrem Stuhl zurückgelehnt, mit verschränkten Armen und einem etwas beschränkten Lächeln auf dem Gesicht. Diese Sandrine Lorraine, von der ich immer noch nicht wusste, warum sie hier war, musterte mich mit hochgezogenen Augenbrauen und Rich grinste mich dämlich an.

»WAS?« Ich fühlte mich nicht wohl in meiner Haut. Dazu hatte Noelia den Finger zu tief in die FBI-Wunde gebohrt. Ich wusste sehr gut, was damals meine Schuld gewesen war und was nicht.

»Was? Was sagt die FBI-Agentin oder Ex-FBI-Agentin? Bist du nun mit im Boot oder geht die Show noch in die zweite Runde?« Rich hatte einen Arm um Noelia gelegt.

Kopfschüttelnd versuchte ich ihn zu verstehen. Begriff er es wirklich nicht? Hier war irgendwas oberfaul, es stank zum Himmel. Egal, ob Noelia den alten Pacheco selbst umgelegt hatte oder nicht, sie war gefährlich!

»Unsere *Prinzessin* hier ist kein armes kleines Mädchen, sie ist eine ausgebildete *Assassinin, ausgebildet, um zu töten – Herrgott noch mal!* Wieso, bitteschön, sollte sich meine Meinung also geändert haben? Sie mag im Moment auf unserer Seite sein, aber ich traue ihr nicht!«

Meine Augen sahen direkt in Noelias, als ich diesen Satz sagte, und ich konnte ihren Blick nicht deuten. In ihr brodelte es, so viel war sicher. Mist! Sie konnte die Wahrheit gesprochen haben. Das war möglich. Die einzige Unsicherheit, die ich an ihr entdecken konnte, war ihr wiederkehrender Blick zu Richs ursprünglichem Rendezvous. Wer war diese Frau, diese Sandrine Lorraine, bloß?

Sie reagierte viel zu ruhig auf die ganze Show hier und sie war blass geworden und zusammengezuckt, als ich Noelia »Prinzessin« genannt hatte.

»Gut«, sagte ich betont ruhig, um die Spannung aus der Situation zu nehmen. »Bevor wir hier weiter diverse … *Themen* erörtern. Mein Name ist Cherry Loster, wer sind Sie – wenn ich fragen darf – und was geht Sie das alles hier eigentlich an?«, wandte ich mich nun direkt an die Frau.

»Verzeihen Sie, Sandrine. Cherry, das hier ist Sandrine Lorraine. Sie ist eine – nein – *die* Legende unter den Historikern, die Koryphäe, nicht nur hier in den Vereinigten Staaten, sondern auch in Europa. Ihr Fachgebiet ist die europäische und im Speziellen die französische Geschichte. Sandrine, es ist mir eine unfassbare Ehre …«

So hatte ich Mary Anne noch nie erlebt. Wie ein Groupie. Das konnte ich nicht länger mitanhören.

»Schon gut! Hi Sandrine, ich bin Cherry und da die Katze aus dem Sack ist: Ich bin Ex-FBI-Agentin und im Auftrag von Mary Anne Green hier tätig.« Irgendwas sagte mir, dass an dieser sogenannten Historikerin mehr dran war als nur irgendwelche geschichtlichen Hirngespinste.

»Mord und Totschlag scheinen Sie nicht zu erschüttern, also hängen Sie offensichtlich irgendwie hier mit drin.«

Sandrine Lorraine ließ sich nicht provozieren. Ihr Blick ruhte nachdenklich auf Noelia, die deren Blicken auswich und sich noch näher an Rich drängte. Hm! Ich konnte nicht sagen, dass mich das beruhigte. Mary Anne bewunderte Sandrine Lorraine, Noelia allerdings hatte *Angst* vor ihr.

»Rich?«

Es wurde Zeit, dass wir an einem Strang zogen, wenn wir alle heil aus dieser Sache raus wollten.

Rich

Wenn Frauen weinten, brach es mir das Herz. Ob sie nun alt oder jung, hübsch oder unattraktiv, tough oder weich waren, spielte dabei keine Rolle. Keine große … Noelia war jung, sehr hübsch und äußerst tough. Eigentlich, denn in diesem Moment wirkte sie eher zerbrechlich. Der Panzer der Frau, die gelernt hatte, eine Rolle zu spielen, für die andere sie besetzt hatten, war gerade papierdünn geworden, und mich ärgerte es, dass Cherry es nicht wahrhaben wollte. Sah sie sich selber in ihr? War sie selbst die skrupellose, toughe Agentin, die über Leichen gegangen war? Was war das für eine Geschichte, die Noelia da angedeutet hatte? Kollegen, die gestorben waren durch Cherrys Leichtsinnigkeit? War sie deshalb so unbarmherzig geworden?

Ich legte den Arm um Noelia, die immer noch mit den Tränen kämpfte. Cherry kommentierte das mit einem verständnislosen Blick, der mich fast zum Rasen brachte. Noelia hatte nie den Auftrag erhalten, jemanden zu töten. Sie hatte den alten Pacheco bezirzen sollen, ja. Aber warum hätte er sterben sollen? Was hätte irgendjemand davon gehabt? Er war nun nicht gerade ein Weltstar gewesen, da hätte ich ja verstanden, dass Leute in einen ganz gewöhnlichen Unfall unzählige Verschwörungstheorien reininterpretierten. Aber Pablo Pacheco? Natürlich war es möglich, dass es kein Unfall gewesen war, dass irgendwer an dem Heli geschraubt oder ihn gar bewusst geblendet hatte, so dass er ins Straucheln kommen musste. Aber in der Presse hatte es nirgendwo einen Hinweis darauf gegeben, dass der tragische Tod von Pablo Pacheco etwas anderes gewesen war als ein Unfall. Und mehr konnte Cherry auch nicht wissen. Warum also war sie so verbissen darauf aus, Noelia einen Mord anhängen zu wollen? Sie fesselte vielleicht mal jemanden an eine Heizung oder klaute einem sein Blackberry, aber Mord? Leichen im Mississippi, auch im einundzwanzigsten Jahrhundert? Sie hatte das Spanische

Schwert mit dem Secret Service verglichen. Die verteidigten das Leben des Präsidenten, koste es, was es wolle. Und sei es das eigene Leben. Aber sie zogen nicht los und brachten kaltblütig Leute um.

Dass Sandrine Noelia kritisch beäugte, konnte ich verstehen. Sie hatte in der Tat Todesangst gehabt. Doch davon wusste Cherry ja nichts. Sandrine, Noelias vermeintliche politische Gegnerin, Cherry, die sie quasi als gewissenslose Auftragskillerin abgestempelt hatte, und Mary Anne, die offenkundig eine große Ehrfurcht hatte vor Sandrine und als Auftraggeberin mit Cherry in einem Team spielte … Dass Noelia überhaupt blieb, überraschte. Dass sie meine Nähe suchte, dagegen nicht.

»Rich?«

»Was?«

Cherry sah mich erwartungsvoll an und ich hatte gerade keinen Plan, was sie erwartete. Was hatte sie gesagt? Irgendwas mit Sandrine …? Genervt wandte sie den Blick ab.

»Wer ich bin, sollte inzwischen klar sein!« Sandrine klang auf einmal deutlich dominanter als zuvor. »Wenn dir mein Name nichts sagt, Schätzchen, frage ich mich, wie du deine Arbeiten vorbereitest. Aber gut, lassen wir das.«

Sandrine erwiderte Cherrys stechenden Blick mit einem überlegenden Lächeln.

»LV, meine Liebe, ist eine verschworene Gemeinschaft, die es sich zur Aufgabe gemacht hat, die zu schützen, die ins Visier des Spanischen Schwertes geraten sind. Leben zu schützen, bedeutet manchmal, andere Leben auszulöschen.«

Es hatte was von einer Theateraufführung. Manchmal war mir Cherry wirklich unheimlich. Während diese Mary Anne betreten dreinschaute, lachte Cherry triumphierend und klatschte leise Beifall. Das konnte unmöglich so weitergehen. Ihre Lippen öffneten sich, doch bevor sie eine neue Gemeinheit vom Stapel lassen konnte, griff ich ein.

»So, Feierabend! Alle beide! Drei, *vier*!« Die »Vier« betonte ich nur leise und wandte meinen Kopf zu Mary Anne, die ja nun gar nichts gemacht hatte und mich entsprechend entgeistert ansah. »Ja, Noelia ist Teil des Spanischen Schwertes, ausgebildet offenbar für Spezialeinsätze im Auftrag der Königin.« Ich grinste innerlich. *Mein Name ist Borallo. Noelia Borallo.*«Und sie ist das, weil sie eine uneheliche Tochter von König Luis Javier ist und weil Königin Mercedes Teresa sie in diese Rolle gezwungen hat. Sie hatte einen Spionageauftrag genau wie du, Cherry. Und sie setzt alles daran, diesen auszuführen. Auch wie du. Deswegen solltest gerade du sie verstehen können.« Ich sprach fast ohne Punkt und ohne Komma. »Was dann im Le Masque Noir passiert ist, hat sie bis jetzt nicht begriffen. Ihre eigenen Leute, die vom Spanischen Schwert, haben auf sie geschossen. Es war – und ich war dabei, Leute – fast eine Art Exekution, die dort seelenruhig in aller Öffentlichkeit durchgeführt werden sollte. Ich glaube, weil die Königin sie loswerden wollte. Das schwarze Schaf der Königsfamilie, den Bastard.«

Das war jetzt meine eigene kleine Verschwörungstheorie, oder? Ich blickte Noelia besorgt an. »Und jetzt ist sie hier, weil sie niemanden mehr hat! Außer uns.«

Noelia sah mich mit großen Augen an und wirkte dabei wie ein in die Enge getriebenes wildes Tier. Aber sie sagte nichts. Selbst Cherry hing an meinen Lippen, wenn auch nur mit den Augen. »Und Sandrine geht es um die Wahrheit. Aber um die Wahrheit zu schützen, sind in den vergangenen Jahrhunderten wohl einige den Bach runtergegangen.« *Oder den Mississippi.* »Sie ist der Gewalt müde. Noelia ist erschrocken über die Gewalt und Cherry ist auch keine Freundin davon.«

Über die kleine Streberin sagte ich lieber nichts. Die konnte Gewalt sicher in achtzehn Sprachen buchstabieren …

Cherry

Und ich hatte gedacht, dass ich als FBI-Agentin schon alles an Irrsinn kannte, was möglich war. Trotzdem saß ich jetzt mit einer spanischen Fast-Prinzessin und ausgebildeten Killerin, der jüngsten Geschichtsprofessorin der Vereinigten Staaten, einem nicht ganz astreinen Privatdetektiv und Journalisten und dem weiblichen Boss eines mordenden Geheimbundes mit dem Aussehen eines Hausmütterchens an einem Tisch. Noch viel verrückter waren allerdings die Geschichten, die jede der drei Frauen hier am Tisch erzählt hatten.

Mary Annes Urahnin Lisette war angeblich die Zofe von Louise de La Vallières Zofe am Hof des Sonnenkönigs gewesen. So weit, so gut. Aber sie sollte nicht nur Zofe, sondern sogar Vertraute von Louise de La Vallière gewesen sein, die wiederum manchen Verschwörungstheorien beziehungsweise Mary Anne zufolge mehr als nur die Geliebte von Louis XIV. gewesen war. Jedenfalls hatte genau diese Lisette nach dem Tod des Sonnenkönigs den Namen de La Vallière angenommen und persönliche Aufzeichnungen oder Dokumente von Louis XIV. und seiner Louise von Frankreich nach Amerika geschmuggelt. Dokumente, die dann von Generation zu Generation weitervererbt worden waren. Doch damit war es nicht genug. Dann sollte jemand Jahrhunderte später Mary Annes Großmutter wegen genau dieser historischen Dokumente ermordet haben? Und deren Inhalt könnte die spanische Königin vom Thron stoßen? Wohl kaum! Das Ganze hörte sich wie die billige Verschwörungstheorie einer Klatschzeitung an. Real waren allerdings die Leichen, die den Weg dieser Dokumente pflasterten – angefangen bei Mary Annes Großmutter, Pablo Pacheco, Luis Pacheco und von dem Desaster im Le Masque Noir erst gar nicht zu reden.

Wir sahen einander zweifelnd an, keiner von uns konnte sicher sein, wem er vertrauen konnte.

Rich

Ich hatte als junger Mann mal den Film »Ritter der Kokosnuss« gesehen und genauso kam es mir vor. Fünf Personen, wie sie unterschiedlicher kaum sein konnten, saßen an einem Tisch, den sie für die Tafelrunde hielten, sprachen über die böse Königin und stritten darüber, ob die Prinzessin von der bösen Stiefmutter verflucht worden war. Selbst ein »Welchen Namen darf ich denn auf deinen Kaffeebecher schreiben?« konnte uns nicht aus dem falschen Film herauskatapultieren, in dem wir uns zu befinden glaubten. Und doch war es eine Chance.

Sandrine war müde geworden, hatte das Alter erreicht, in dem man langsam anfängt, sich an das Leben zu klammern, weil man beginnt zu realisieren, dass es endlich ist. Sie wollte Frieden zwischen den Geheimbünden. Noelia hatte an jenem Tag die Wahrheit über das Spanische Schwert erfahren. Ihre bedingungslose Loyalität zum Königshaus hatte ein jähes Ende gefunden. Mit ihrer Hilfe konnte man gegen das Spanische Schwert vorgehen, denn sie hatte immer noch Insider-Wissen und sicher auch einige Kontakte. Gab es da noch jemanden, dem sie vertrauen konnte? Was hatte Sandrine gesagt? Das Morden würde nur aufhören, wenn die Dokumente entweder veröffentlicht oder vernichtet werden würden. Ich war definitiv für die erste Variante. Rob musste vor allem ein gutes Foto von Noelia machen. Ihre Story auf der Titelseite des »Buffalo Star« würde den Wahnsinn beenden. Dann bekämen wir alle, was wir wollten.

»Wie viele Leute habt ihr hier?«, fragte ich sie dann.

Noelia sah mich traurig an und drehte sich dann weg. Ich legte die Hand auf ihre Schulter und blickte unwillkürlich zu Cherry rüber. Keine Ahnung, warum, aber dieses Mal blieb der übliche Blick von der enttarnten Ex-FBI-Agentin aus.

»Ich weiß, es fühlt sich an wie Verrat. Aber denke daran, dass sie dich belogen haben, dass sie mindestens Luis Pacheco auf dem Gewissen haben und dass sie den Nachtclub gestürmt haben, um dich umzubringen.«

Noelia drehte sich um und sah mich ungläubig an, als hätte sie das immer noch nicht wirklich realisiert.

»Noelia«, fuhr ich fort. »Natürlich wollten sie Alvaro einen Denkzettel verpassen, um ihn zur Herausgabe der Dokumente zu überreden. Aber sie wussten genau, dass du da bist, und es war ihr Auftrag, dass du diese Mission nicht überleben durftest. Kein Grund also für ein schlechtes Gewissen.«

»Wir operieren immer in kleinen Trupps.« Noelia sprach so leise, dass ich sie kaum verstehen konnte. »Es gibt sicher Leute in New Orleans, die das Spanische Schwert unterstützen, aber die gewähren Unterschlupf oder liefern gefälschte Pässe. Diese Leute kämpfen nicht. Die Einheit in Madrid ist etwa vierzig Mann stark. Es ist eine Elitetruppe – der Plan ging nur nicht auf, weil sich im Nachtclub einer der ihren gegen sie gestellt hat. Sie werden weitere auf den Weg schicken, vielleicht kommen nächstes Mal mehr.«

Ich sah das etwas anders. Möglicherweise hatten sie nicht ihre besten Leute geschickt, aber gegen Willefords Söldner geht kein Plan einfach so auf. Schon gar nicht der, einfach mehr Leute zu schicken. Bessere – vielleicht.

»Wir sollten also keine Zeit vertrödeln«, unterbrach Cherry meinen Gedanken. »Was ist mit dem Kloster?«

»Reine Zeitverschwendung.« Mary Anne schüttelte den Kopf. »Ich kenne das Archiv in- und auswendig.«

Sandrine lächelte und zwinkerte ihr zu.

»Nicht, wenn man weiß, wo man suchen muss …«

Cherry

Mary Anne war fasziniert von Sandrine und blühte unter deren Aufmerksamkeit auf. Doktortitel hin oder her, sie war jung und … was eigentlich? Leicht zu begeistern? Naiv? Eigentlich war Mary Anne ziemlich tough. Wurde ich etwa zu alt für den Job? Ich fühlte mich müde, ausgebrannt. Wie hieß diese Uralt-Fernsehserie, in der sich ein weiblicher Dschinn mit einem Augenzwinkern woanders hinwünschen konnte? »Bezaubernde Jeannie« oder so. Genau das wollte ich jetzt auch. Ich kniff die Augen zusammen und wartete. Doch nichts passierte. Wäre auch zu schön gewesen. Stattdessen blickte ich zu Richmond und fragte mich, ob er eher der draufgängerische Indianer Jones-Typ war oder ob er auf den Spuren von Dan Browns Robert Langdon wandelte. Hatte er nur Muskeln oder hatte er auch Köpfchen? Momentan schien er jedenfalls nur eins zu haben: Augen für Noelia. Ich beschloss, dass er weder Harrison Ford noch Tom Hanks das Wasser reichen konnte, musste aber bei dem Gedanken an Nicky mit einem Fedora, eigentlich der perfekten Kopfbekleidung für einen Privatdetektiv, grinsen.

Und das offenbar ziemlich dämlich, denn plötzlich herrschte eine unnatürliche Stille und alle sahen mich an. Allen voran die graue Maus.

»Wissen Sie etwa auch etwas darüber?«

Eine Sekunde lang wusste ich nicht, wovon sie sprach. Mühsam konzentrierte ich mich wieder auf das Gespräch, auch wenn ich das Grinsen nicht komplett aus meinem Gesicht tilgen konnte. Nicht, solange ich Richmond im Blickfeld hatte.

Mary Anne wandte ihren Blick von mir ab und wieder Sandrine zu.

»Ich war im Archiv der Bibliothek im ersten Stock. Der Bibliothekssaal ist atemberaubend mit den Deckengemälden, den vergoldeten Stuckleisten, den Bücherwänden aus Mahagoni.«

Bei dem Gedanken an die Bibliothek blieb Mary Anne fast die Luft weg.

Gefasster fuhr Sandrine fort: »Das angrenzende Archiv birgt nur … Wie soll ich sagen? Die Buchhaltung. Die Verwendung der Geldmittel und der Bau des Klosters an sich wurden dokumentiert. Da war nichts, was auf königliche Geheimnisse hingedeutet hätte, und nach Fertigstellung des Klosterbaues wurde in den Aufzeichnungen der Alltag des klösterlichen Lebens festgehalten.«

Ich glaubte aber, Sandrines Mimik entnehmen zu können, dass diese noch ein As im Ärmel hatte.

»Rich? Ich vertraue dir.« Sandrine sprach jetzt leise.

Ich hasste es, wenn Leute plötzlich vor sich hinbrummelten und zu nuscheln begannen. Was jetzt wohl wieder kam?

»Ich weiß!«

»Ich weiß?«, war das alles, was Richmond darauf zu sagen hatte?

Sandrine genügte es scheinbar, denn sie sprach weiter: »Mary Anne, erinnerst du dich an die schmale Mahagoniwand mit den Intarsien und dem Porträt von Louis XIV. und Louis XVI.?«

Die Augen von Frau Doktor Green strahlten förmlich, während sie Sandrine eifrig zunickte. Meine dagegen drehten sich ganz von alleine nach hinten, ehrlich. Ich schwieg, obwohl es mir schwerfiel. Richmond war jetzt wieder ein wenig Sweet-Nicky. Es war schon fast süß, wie er kurz zu mir herübergrinste.

»Dahinter befinden sich ein verborgener Raum und das Archiv von LV.«

Tadaaa – es fehlte nur noch der passende Tusch zu dem Ton, in dem Sandrine das Geheimnis verraten hatte.

»Alles sehr schön, aber ist dort jetzt etwas, das uns weiterbringt? Mrs. Lorraine … « Ich sagte immer noch »Mrs. Lorraine« zu der grauen Maus, denn irgendwie mochte ich sie noch immer nicht. »Sie haben das Archiv doch sicher von unten nach oben und wieder zurück durchgestöbert?«

»Miss Loster … Cherry, natürlich haben wir das. Wir wussten, dass die Briefe und das Tagebuch nach dem feigen Mord an Miss Greens Großmutter gestohlen worden waren. Die Pachecos verdächtigten wir bisher allerdings nicht. Sie zählten zu den königstreuesten Leuten. Dass die etwas an sich nehmen, das dem Königshaus schaden könnte, ergab und ergibt keinen Sinn.«

Richmond stand auf und kratzte sich aufgewühlt am Hinterkopf. »Na ja«, sagte er dann. »Also entweder hast du recht, dass sie die Dokumente versteckt halten wollten, damit sie niemand gegen das Königshaus einsetzen kann, oder …«

»… Erpressung?«, unterbrach ich ihn.

Richmond könnte den Punkt getroffen haben. Ernst sah er mich an und nickte.

»Tja, Cherry, möglich wäre das doch.«

Die Räder in meinem Kopf fingen an, wieder Fahrt aufzunehmen.

»Luis Pacheco …«, begann ich aufgeregt. »Luis Pacheco hatte Dokumente dabei, aber nicht alle. Und das Spanische Schwert hatte wieder seine Lakaien herübergeschickt. Sie haben ihm gedroht.« Bei dem Wort »Lakaien« musste ich schlucken und sah verstohlen zu Noelia hinüber, die zur gleichen Zeit den Blick nach unten wandte, den Kopf kaum merklich schüttelnd. Sie tat mir leid, aber den Gedanken musste ich jetzt zu Ende führen. »Er hat sich an das FBI gewandt … Na ja …« Ich lächelte und versuchte, nicht verlegen auszusehen. »Er glaubte es zumindest. Wenn er wirklich Schiss hatte … Warum hat er die Dokumente nicht ausgeliefert? Aus Angst oder …«

»Oder weil er sie nicht hatte«, ergänzte Richmond. Langsam wurde er mir unheimlich.

»Er hatte sie nicht. Aber einer wie Luis Pacheco blufft nicht ohne ein ordentliches Blatt. Er hatte noch irgendwas in der Hinterhand.« Fragend sah ich Sandrine an.

»Das, was gestohlen wurde, ist laut den Erzählungen nicht das Vermächtnis von Louise de La Vallière oder dem Sonnenkönig selbst, sondern ein Brief von Lisette de La Vallière, in dem sie beschreibt, wo es verwahrt wird. Woraus das Vermächtnis im Detail besteht, ist übrigens nicht bekannt, nur dass das Konvolut aus privaten Briefen und Dokumenten verhindern sollte, dass je ein Vareillas auf den Thron kommt.«

Mary Anne wirkte plötzlich zutiefst erschüttert.

»Dann ist es wahr? Ein Brief des Sonnenkönigs selbst? Etwa an die Comtesse de Châteaumeillant?«

»Auszeit!«, rief Richmond und fuchtelte mit den Händen in der Luft, dass ich mir ein Schmunzeln nicht vermeiden konnte.

Plötzlich sah er Noelia streng an. Was war denn nun wieder passiert?

«Ich verstehe ja hier so einiges nicht, aber erinnere mich an deine flammende Rede bezüglich dieser Comtesse. Und als ich Sandrine darauf ansprach, kam sie sofort auf dich. Sie kannte deine Theorie. Wenn diese Theorie sich als wahr herausstellt, wird Mercedes Teresa ihre Krone verlieren und du …«

»Ich verliere gar nichts«, sagte Noelia barsch. »Solange meine Stiefmutter das Zepter in der Hand hält, werde ich am Hof nicht einmal geduldet.«

Ich lachte. Jetzt ergab Noelias Verhalten einen Sinn. Sie war zwar im Auftrag der Königin hier, aber ihr wahres Ziel war es, den Beweis ihrer Theorie zu finden.

»Der Brief des Sonnenkönigs … Das war immer dein Ziel, oder? Du willst die Königin fallen sehen.«

Noelia lächelte verlegen.

»Fallen? Im Dreck soll sie liegen! In ihre Augen will ich sehen, wenn sie begreift, dass es vorbei ist.«

Mit Genugtuung sah ich, wie Rich tief Luft holte. Na, war das immer noch das kleine Mädchen, das es zu beschützen galt?

»Wir wollen sie beide fallen sehen«, antwortete Sandrine. »Und deswegen bin ich auch bereit, euch in das Herz von LV mitzunehmen. Heute Nachmittag um fünf Uhr vor dem Kloster. Ich sorge dafür, dass wir hineinkönnen, wenn es für die öffentlichen Führungen bereits geschlossen hat.«

»Oh, Sandrine, das wäre wundervoll!« Mary Anne stand die Begeisterung ins Gesicht geschrieben, Noelia nickte zustimmend.

»Klingt nach einem Plan«, stöhnte Rich und sah mich an, als ob er ausgerechnet von mir eine Bestätigung erwartete. Wann genau war ich in seiner Hierarchie gestiegen?

Aber ich musste zugeben, dass es das Beste war, unsere Kräfte zu bündeln. Mir gab es eindeutig zu viele Leichen in der letzten Zeit. Ich wollte meinen Auftrag schnellstmöglich und lebend hinter mich bringen. Und natürlich meine Prämie einsacken.

»Gut, dann verbleiben wir so? Heute um fünf beim Kloster. Ich hoffe übrigens, Ihre Kollegen teilen Ihre Ansichten über unsere Zusammenarbeit, Sandrine.«

Sie antwortete nicht, aber ihr Lächeln war so breit, dass es als Antwort reichte. Eines musste ich der grauen Maus lassen: Sie hatte Stil. Das war nicht ganz die richtige Beschreibung, denn wäre sie ein Mann gewesen, hätte ich vermutlich gesagt: »Sie hat Cojones.« Also Eier in der Hose, wie die Spanier sagen. Uns in das geheime Archiv ihres Geheimbundes mitzunehmen, hatte schon was.

»Irgendwo haben die doch sicher eine Toilette, ich will endlich wieder in meine eigenen Klamotten.« Ich zwinkerte Rich und Noelia zu und fragte: »Wollt ihr vielleicht mitkommen? Ich weiß gar nicht, ob ich Toiletten alleine noch packe.«

Es freute mich, dass mein kleiner Scherz mit dem Hinweis auf unser nächtliches Toilettendrama Noelia zum Lächeln brachte. Als sie dann auch noch mit vollem französischen Akzent antwortete: »Isch werde disch beschützen« und mich tatsächlich begleitete, konnte ich nicht anders, als sie zu mögen.

Kaum vorstellbar, aber wir schwiegen freundschaftlich, während ich mich auf der Toilette umzog und Noelia sich erfrischte. Wenn man das so nennen konnte, denn sie wusch sich ungefähr zehnmal mit kaltem Wasser das Gesicht und ein paar Mal dachte ich, sie kurz schluchzen zu hören. Ich erfrischte mich auch und dann waren wir bereit, an den Tisch zurückzukehren.

Als ich die Tür öffnete, flüsterte sie: »Danke, Cherry.«

Ich wusste zwar nicht genau, für was sie sich bedankte, fand es aber nett.

Richmond stand am Tresen und wirkte etwas unruhig. Hatte er gedacht, ich täte Noelia auf der Toilette was an? Nein, ich glaube, er mochte sie einfach und wollte sie nur beschützen. Süß, irgendwie. Für mich war es Zeit zu gehen.

»Dann bis später, Leute. Ich sehe nach Dolores und muss auch noch aufs Revier, sonst ist bald die ganze Polizei von New Orleans hinter mir her. Mary Anne?«

»Auf Wiedersehen, ich danke euch allen und ich hoffe sehr, dass wir heute im Kloster das Rätsel um diese Dokumente, die so viel Leid bringen, lösen können!«

Mit diesen Worten stand Mary Anne auf und folgte mir nach draußen, während die anderen einfach ein »Bye, bis dann« hinter uns herriefen.

»Cherry, du bist doch nicht sauer?«

»Nein, wieso?«

Sie schwieg und hatte ein schlechtes Gewissen. Sollte sie auch haben, einfach alle Informationen mit Gott und der Welt zu teilen, ohne auch nur zu wissen, ob den Leuten zu trauen war. Auch wenn uns nichts anderes übrig blieb, wenn wir weiterkommen wollten.

Ich seufzte und gab zu: »Nein, Mary Anne, es ist alles gut. Ich bin nur müde von letzter Nacht und das ganze Königsdrama wirkt einfach so unwirklich auf mich. Mach dir keine Sorgen.«

Erleichtert umarmte sie mich zum Abschied. Ich stieg in meinen Wagen und dachte: *Fast wie Noelia – armes, reiches Mädchen. Es ist nicht immer alles so einfach, wie es aussieht.* Ich sah noch, wie sie zu den anderen zurückkehrte.

Rich

Als Cherry und Noelia in Richtung Toilette verschwanden, sah ich ihnen kurz hinterher, bis mein Blick zu Mary Anne wanderte. Da saß sie nun, die Auftraggeberin von Cherry Loster. Eine sehr zierliche Person. Hatte fast den Anschein, als hätte sie über all den Büchern, über denen sie gehangen hatte, das Essen vergessen. Das Wachsen auch.

»Cherry Loster, FBI!« So hatte sich Cherry vorgestellt. Und sie war so überzeugend gewesen, weil sie tatsächlich mal bei diesem Haufen gearbeitet hatte. Ich hatte keinen Plan gehabt, für wen sie arbeitete. Aber Mary Anne? Für dieses fragile Persönchen mit Kleidergröße XXXS? Eine Auftraggeberin mit vielleicht solventen Eltern, einem ordentlichen Job, die ein bisschen Ahnenforschung betrieb … Das war die Sache, für die Cherry Loster ihr Leben riskierte? Sich mit einem Hauch von Nichts in die Höhle des Löwen begab, sich danach das Blut abwischte, um weiterzukämpfen? Für was? Für Geld? Wie billig.

Aber ich hatte kein Mitleid, denn das hätte bedeutet, dass ich auch Mitleid mit mir hätte haben müssen. Und wenn ich etwas hasste, dann war das Selbstmitleid. Cherry und ich, wir taten im Grunde genommen dasselbe. Vielleicht, weil wir beide niemanden hatten, der uns auf die Sinnlosigkeit aufmerksam machte. Der sich sorgte, wenn wir für einen Job unser Leben in die Mitte des Pokertisches legten, ohne das Gefühl zu haben, dass der Einsatz unverhältnismäßig hoch war. Ich wusste, warum ich so geworden war, und fing an, mich dafür zu interessieren, was bei ihr schiefgelaufen war.

Ich musste dabei irgendwie einen melancholischen Gesamteindruck gemacht haben, denn plötzlich sah ich Sandrine neben mir und sie streichelte mir fast mütterlich über den Oberarm. Zum Glück sagte sie nichts. Erstmal musste ich meine Gedanken sortieren, und das waren nicht wenige.

Manches lag auf der Hand. Mary Anne wollte den Tod ihrer Großmutter aufklären und ihr Erbe, die Schatulle mit den Dokumenten, zurück. Sicher auch aus geschichtswissenschaftlicher Neugier darauf, was der Öffentlichkeit all die Jahrhunderte lang vorenthalten wurde.

Das Spanische Schwert führte die Anweisung des amtierenden Monarchen aus und tat dies nun für Königin Mercedes Teresa.

Dokumente, die ihre Legitimation als Königin auch nur in Frage stellten, waren für sie eine echte Bedrohung und durch die Unruhen in Spanien konnten selbst neu entfachte Gerüchte darüber ausreichen. Spekulationen mussten daher im Keim erstickt werden. Oder erstochen, wie im Fall Luis Pacheco, verraten von seinem eigenen Bruder.

Und Noelia? Außereheliche Tochter des Königs, lebende permanente Erinnerung an einen Seitensprung mit einer Bürgerlichen, einer Bediensteten gar … Ihre Existenz alleine war eine Beleidung Ihrer Majestät, der Königin. Und doch: Internat in Avignon, Studium in Princeton und an der Sorbonne … Für einen Bastard ziemlich viele Privilegien. Trat dem Spanischen Schwert aus Pflichtbewusstsein bei, aber nach eigener Aussage auch, weil sie es als Ehre ansah. Insgeheim hatte sie aber offenbar gehofft, mit dem Aufspüren der Dokumente die Königin zu Fall zu bringen. Nur hatte diese ihren Plan durchschaut und sie auf dieses Himmelfahrtskommando geschickt. War ihr Vater eingeweiht? Das konnte ich mir kaum vorstellen.

»Wo bist du gerade?«, schmunzelte Sandrine. »Weit weg offenbar.«

»Versuche nur, das alles irgendwie zusammenzubringen. Das Spanische Schwert, LV …«

»Wir wollen Gerechtigkeit. Es ist großes Unrecht geschehen. Das Spanische Schwert verteidigt die unrechtmäßig erworbenen Pfründe der Vareillas, LV will endlich die Wahrheit ans Licht bringen.«

Blieb eine Unbekannte. Ich wandte mich erneut Sandrine zu: »Und die Pachecos? Königstreue Diener …«

»Ja, damals. Aber offenbar nicht für die Vareillas. Verwundert mich. Habe sie immer für elende Opportunisten gehalten.«

Das waren sie wohl auch, dachte ich. »Bis sie in finanzielle Schieflage gerieten, da wurden sie zu Erpressern …«

Unklar war mir die Rolle von Stan Willeford. Cherry maß ihm wenig Bedeutung bei. Es waren zwar seine Männer gewesen, die

Alvaro die Streitmacht gegeben hatten, eine spanische Eliteeinheit auszulöschen, aber ansonsten schien er, was die Dokumente betraf, nicht involviert gewesen zu sein.

Als Cherry und Noelia von der Toilette zurückkamen, sah mich Cherry prüfend an, so als erwartete sie irgendeine Reaktion von mir. Worauf auch immer. Noelia atmete tief durch und warf einen kurzen, fast vertrauten Blick zu Cherry hinüber. Mystischer Ort Damentoilette – das schien für Frauen so was zu sein wie für Rennfahrer der Boxenstopp. Sie kommen manchmal mit völlig neuen Profilen wieder heraus.

Cherry verabschiedete sich dann überraschend schnell und nahm Mary Anne gleich mit. Ich wollte ungern mit meinem GTX noch mal nach New Orleans reinfahren. Jedenfalls nicht, solange ich nicht wusste, ob Willeford sich noch in der Stadt aufhielt. Ich hatte eh vorgehabt, Rob anzurufen. Gerade hatte ich mir noch einen schwarzen Kaffee bestellt bei einer der hübschen, kaffeebraunen Bedienungen mit dem schönen Namen Crystal auf ihrem Schild, als das Blackberry klingelte. Es war Rob und Rob war sauer.

»Endlich gehst du mal ran! Du bist so ein Arsch!«

Was war mit dem denn los?

»Ein einfaches Dankeschön hätte auch gereicht. Wer weiß, ob du da drin nicht draufgegangen wärst mit deinem Fotoapparat!«, grummelte ich.

»Du hättest wenigstens mal anrufen können!«

Ich war irritiert. Arsch und nicht anrufen – die Kombination hatte ich schon tausend Mal gehört, aber noch nie von einem Mann.

»Hätte ich ja gemacht«, log ich. »Hatte Probleme mit meinem Blackberry.« Das war die Wahrheit. »Mussten untertauchen, wie du dir denken kannst. Ich erklär′ dir das später. Kannst du mich abholen?«

Zugegeben, das war etwas dreist, zumal er sich offenbar noch nicht beruhigt hatte.

»Ob ich …?« Er wirkte etwas kurzatmig. »Hast du die Zeitung gelesen? Hast du irgendwas mitbekommen, was in der Welt passiert? Mister Star-Journalist?«

»Noch nicht zu gekommen. Was ist denn passiert?«

Rob pustete verächtlich ins Telefon.

»Ach nichts. Nur dass alle Journalisten landesweit über die Schießerei im Le Masque Noir berichten und der ›Buffalo Star‹ hat zwar seinen nach eigenen Aussagen besten Mann vor Ort … aber der berichtet nicht. Fennon hat da von Barnett persönlich einen Einlauf bekommen, weil er Mittel für deinen Einsatz bewilligt hat. Mensch, du warst da drin, ich hab' von außen jede Menge Aufnahmen gemacht … Die Titelseite wäre uns sicher gewesen!«

»Glaub mir, mein Freund, die ist uns sicher. Und zwar exklusiv. Und das nicht mit so einem Scheiß, der auf der Titelseite von jedem Käseblatt steht.« Ich sprach leise und blickte fast verstohlen zu Noelia hinüber, die aber offenbar mit Sandrine fachsimpelte. »Ich brauche in der Tat Bilder von dir. Gestochen scharf. Komm ins Starbucks in Saint Rose und versuche, unbemerkt eine Aufnahme zu machen von der jungen Frau, die bei mir ist.«

»Ich verstehe nicht.«

»Du wirst, Rob. Du wirst. Vertrau mir!«

Widerstrebend willigte Rob letztlich ein.

Ich setzte mich zu Sandrine und Noelia und versuchte zu folgen, worüber sie sprachen. Louis, Louise, Duc d'Anjou, Duc d'Orléans, Vareillas … Ich hatte den Überblick verloren, bevor ich mir überhaupt einen hatte machen können. So war ich froh, als Rob das Café betrat, auch wenn er mit einem Gesicht auf mich zukam, als wollte er direkt auf mich losgehen.

»Hol dir erst mal einen Kaffee«, versuchte ich ihn zu beruhigen.

»Danke, ich hatte schon einen«, grummelte er mit einer abwehrenden Geste.

»Dann nimmst du eben noch einen! Ich gebe dir auch einen aus«, sagte ich bestimmt und schob ihn zur Theke.

Ich konnte unmöglich vor den beiden anderen mit ihm reden.

In wenigen Worten erzählte ich ihm, was im Le Masque Noir passiert war, wie wir schließlich hatten fliehen können und letztlich im Starbucks gelandet waren. Er hörte sich das mit finsterer Miene an und schüttelte danach nachdenklich den Kopf.

»Und jetzt geht dein Handy wieder?«, fragte er skeptisch. »Wenn du jetzt auch noch anfängst, mir Scheiße zu erzählen, Rich …«

»Mach ich nicht, Rob. Ehrlich. Vertrau mir! Sag mir lieber, was du meinst mit ›Was in der Welt passiert‹! Was ist denn passiert?«

»Du hast doch ein Blackberry! Fang doch mal an, es zu benutzen!«, sagte er mit einer Mischung aus Vorwurf und Ironie.

Okay, das war ein wunder Punkt. Diese Dinger mochten Fortschritt bedeuten und in der Tat hatte ich gerade angefangen, mein Blackberry nicht mehr wie einen Fremdkörper anzusehen, aber wie andere permanent ein Auge aufs Handy zu werfen, war so gar nicht meins. Zum Glück hatte Rob ein Einsehen.

»In Madrid ist die Hölle los. Auslöser war offenbar eine Rede von Sergio Juan Carrasco bei einer öffentlichen Kundgebung der La Tercera República.«

»Oha, der Parteichef persönlich. Sind denn bald wieder Wahlen?«

»Erst in zwei Jahren wieder«, antwortete Rob. »Die Partei fängt gerade an, sich zu etablieren, und das machen die lautstark. Überall in den Sozialen Netzwerken machen die Stimmung gegen das Königshaus. Trotzdem hat niemand mit so einer Beteiligung gerechnet – die spanische Polizei war hoffnungslos überfordert und die Gegendemonstranten, die eigentlich die ›Hinterwäldler niederschreien‹ wollten – so hatten sie es angekündigt – waren so was von in der Unterzahl. Es gab wilde Schlägereien, viele Verletzte und sogar einige Tote, auch unter den Polizisten. Es ist der reine Wahnsinn!«

Aus den Augenwinkeln betrachtete ich Noelia. Wie würde sie es ertragen, wenn sie erfuhr, was in ihrer Heimat abging?

»Ich verstehe ja, dass man die Monarchie abschaffen will. Aus meiner Sicht auch überflüssig wie ein Kropf. Aber so? Und dann noch mit so einer kopflosen Partei?«

Rob zuckte nur teilnahmslos mit den Achseln. »Ein Parteiprogramm brauchst du heutzutage nicht mehr. Du musst dir nur ein passendes Feindbild auf deine Fahne malen und alle rennen hinterher. Das Parteimotto heißt dann ›Spanien dem kleinen Mann zurückgeben‹ – und alle klatschen.«

»Die werden sich noch umgucken.«

Rob nickte nachdenklich. »Rich, da ist noch etwas, das du unbedingt wissen solltest. Es geht um Alvaro.«

In dem Moment stand Noelia plötzlich neben mir und legte den Arm um meine Schulter.

»Wie unhöflich, hübsche Damen so lange alleine zu lassen. Es könnte fast den Eindruck erwecken, dass hier konspirative Pläne geschmiedet werden, von denen wir nichts wissen sollen.«

Noelia zwinkerte mir zu. Die beiden Gespräche mit Cherry und Sandrine schienen ihr gutgetan zu haben. Sie wirkte lockerer. Aber damit war sie auch wieder gefährlicher geworden.

»Hab' ihm nur gerade von deinen Kletterkünsten erzählt.«

Ich zwinkerte zurück, aber Noelia lächelte nicht. Stattdessen nahm ich etwas Neues in ihren Augen wahr: Misstrauen. Und das Dumme war, dass sie Grund dazu hatte.

Kapitel 22 (New Orleans Municipal Hospital)

Cherry

Ich schaltete das Radio an, obwohl mir im Moment gar nicht nach Musik war. Gerne hätte ich das Fenster einen Spalt geöffnet, um das Leben, an dem ich vorbeifuhr, zu hören – Hundegekläff, schreiende Kinder und schimpfende Radfahrer. Doch dafür war es bereits zu schwül und so genoss ich lieber die kühle Luft der Klimaanlage.

Eigentlich hätte ich Andy anrufen sollen. Als die nächste Ampel auf Rot sprang, öffnete ich mein Luxusköfferchen, das ich unvorschriftsmäßig auf dem Beifahrersitz geparkt hatte, und schnappte mir das Ersatz-Smartphone. Die Freisprechanlage meines Audi befand das Teil als nicht kompatibel. Gut, dann würde Andy noch ein wenig warten müssen. Was war das soeben in den Nachrichten gewesen? Verdammt, ich hatte es geschafft, den wichtigsten Teil zu überhören. In Spanien war anscheinend der Bär los. Irgendwas mit Unruhen, Demonstrationen und Abschaffung der Monarchie. Doch die Nachrichtentante war bereits beim Wetterbericht angelangt und erzählte irgendwas über Gewitter heute Abend.

Seit »Katrina« hatte die Wettervorhersage für die Bevölkerung von New Orleans eine mystische Bedeutung. Jede Wolke wurde lang und breit erklärt. Mich interessierte sie allerdings null und ich konnte den vermutlich hundertsten Seufzer nicht unterdrücken.

Auf dem Besucherparkplatz des New Orleans Municipal Hospital fand sich noch ein Plätzchen für meinen Audi. Ich parkte, tippte schnell Andys Nummer ein und schickte ihm zumindest eine kurze Nachricht: »Bin unter dieser Nummer erreichbar, alles in Ordnung, Schatz!« Natürlich war Andy nicht wirklich mein Schatz, aber das war unser geheimer Code dafür, dass ich wirklich okay war. »Pling.« Das Geräusch zauberte mir ein Lächeln aufs Gesicht. Während ich ausstieg und den Parkplatz überquerte, las ich: »Deine Accounts gesperrt, du wurdest gehackt. Handy – *Fin*?«

»Fin« war die Abkürzung für die Abhör-Software der Geheimdienste. Damit ließe sich nicht nur der Standort meines Mobiltelefons, das Alvaro und seine Kumpane mir abgenommen hatte, ermitteln, sondern es konnten auch die Kamera und sämtliche Audiofunktionen gestartet werden. Unabhängig davon, ob das Teil eingeschaltet war oder nicht. So sehr es mich reizte zu erfahren, was Alvaro Pacheco und sein Kumpel Willeford gerade so trieben, so war mir doch die Gefahr, dass Andy auffliegen könnte, zu groß. Ich wollte nicht, dass er wegen mir seinen Job verlor, und so tippte ich schnell ein »Nein« als Antwort.

Die Halle des New Orleans Municipal Hospital unterschied sich nicht großartig von anderen Krankenhäusern. Ebenso wenig die Atmosphäre. Ich hasste Krankenhäuser, ich hasste die kahlen Wände, den stechenden Geruch nach Medikamenten und ich hasste die Ärzte mit ihren weißen Kitteln. Statt Götter in Weiß waren sie für mich allzu oft Boten des Todes gewesen. Ich war froh, als ich Amanda Rosens Zimmernummer erfragt hatte und mich auf dem Weg in den vierten Stock befand. Die Schwestern auf der Station waren gut trainiert und wollten mich zuerst nicht zu Amanda alias Dolores lassen, aber meine FBI-Marke öffnete mir, wie üblich, alle Türen und somit auch die Tür zu Zimmer Nr. 415. Der Officer davor hatte mich erwartet und nickte kurz, als ich bei ihm ebenfalls meine Marke zückte. Leise trat ich ein, ich wollte Dolores – ja, irgendwann war sie im Club für mich wirklich zu Dolores geworden – nicht wecken, falls sie schlief. Doch es bestand keine Gefahr. Sie sah unerwartet frisch und ausgeruht aus, auch wenn sie noch an irgendwelchen Infusionen hing.

»Hi, Cherry!«, begrüßte sie mich mit einem schiefen Lächeln und ich wusste nicht, wen ich hier vor mir hatte. Die echte Amanda Rosen, die Polizistin, oder Dolores, die Nachtclubtänzerin, die mit vollem Körpereinsatz dabei gewesen war.

»Hi!«, sagte ich ebenfalls und setzte mich auf einen Stuhl neben ihrem Bett. Meine Gefühle ihr gegenüber waren ambivalent, immerhin hatte sie mich voll ins Messer laufen lassen.

»Danke, du hast mir und meinem Kind das Leben gerettet, obwohl … Ich bin nicht so, wie du denkst. Ich habe vielleicht nicht immer das Richtige getan, aber ich habe es versucht. Ich habe meinen Beruf nicht verraten, Cherry. Es ging um Leben und Tod und ich war kurz davor auszusteigen, als du einfach auf dem Revier hereingeschneit bist.« Tränen standen in ihren Augen, als sie vorwurfsvoll hinzufügte: »Und wenn du wirklich vom FBI gewesen wärst, wäre alles halb so schlimm gewesen.«

Ich runzelte die Stirn. *Das* hatte auch noch nie jemand zu mir gesagt.

»Ich bin froh, dass es dir und dem Baby gut geht. Doch wie konntest du dich nur so tief in die Scheiße reiten? Ein Baby im Undercover-Einsatz? Das verstehe, wer will, aber ich nicht. Sorry! Und meine Schuld war das Desaster sicher nicht, ich bin vielleicht nicht mehr beim FBI, aber …«

Ich zwang mich, nicht auszuticken. Um meine Selbstbeherrschung stand es heute nicht gut. Was immer ich auch gerade noch an Mitfühlendem in mir gehabt hatte, war drauf und dran, flöten zu gehen. Sie hatte sich während eines Undercover-Einsatzes schwängern lassen. Von wem eigentlich? Alvaro? Einem Gast? Für so ein Verhalten gab es nur ein Wort: unprofessionell.

Ich ballte meine Hände zu Fäusten und stellte mich ans Fenster. Der Innenhof glich einer Betonwüste, nicht gerade eine berauschende Aussicht, aber von hier, aus der Distanz, fiel es mir leichter, meine Fragen zu stellen. Ich wandte mich wieder zu Dolores um und setzte mich mit verschränkten Armen auf das breite Fensterbrett.

»Wenn du deine Berufung als Cop nicht verraten hast, dann sag mir doch, was wirklich gespielt wird.«

Ihre Augen wanderten unruhig durch den Raum. Sie sagte noch immer kein Wort. Diese dumme und sture Kuh. Ich konnte fühlen, dass sie nicht reden würde. Dann würde ich wieder reden müssen.

»Du willst nichts sagen? Auch gut, aber ich sage dir etwas. Pacheco ist ein Psychopath. Er wird dich suchen und finden. Er wird dir die Schuld an allem geben und dich samt deinem Baby umbringen. Langsam, ganz langsam. Von Stan Willeford will ich erst gar nicht anfangen. Er ist ein Mafioso, ein Macher, kein kleiner Dealer. Du glaubst doch nicht im Ernst, dass er dich, einen Cop, davonkommen lässt? Deine Wache da vor der Tür hält niemanden ab, dich zu töten. Wer sagt dir, dass ich es nicht tue? Ich bin keine FBI-Tusse mehr, ich arbeite für jeden, der genug Scheine auf den Tisch legt. Vielleicht bin ich übergelaufen, zu Willeford.«

Ich erhob mich und machte zwei Schritte vorwärts, griff nach den Infusionsschläuchen und wickelte sie um meine rechte Hand, während ich mit der linken den Infusionsbeutel herunternahm.

Ich beugte mich zu ihr hinunter und fragte: »Vielleicht bin ich ja hier, um es zu Ende zu bringen?«

Kapitel 23 (Saint Rose)

Rich

Konnte Noelia meine Gedanken lesen? Oder waren in ihren Ohren Richtmikrofone implantiert? Nein, ich hatte es: Sie musste mein Blackberry geklont und meine SMS an Rob gelesen haben! Waren das erste Anzeichen von Paranoia? Wahrscheinlicher war, dass sie den Blick, den ich ihr während Robs Bericht über die Gewalt in Spaniens Straßen zugeworfen hatte, richtig interpretiert hatte. Zwar gab es aus meiner Sicht kaum etwas, das mehr überbewertet wurde als die sogenannte »weibliche Intuition«, aber hier schien sie zu funktionieren. Jedenfalls saßen wir kurz darauf wieder nebeneinander, aber sie suchte die Nähe zu mir nicht mehr. Stattdessen hätte nun locker eine Enzyklopädie der Irrtümer der »Niagara Post« zwischen uns gepasst.

»Was ist jetzt?«, fragte Sandrine und ließ ihren Blick durch die Runde schweifen. »Kocht hier jetzt weiter jeder sein eigenes Süppchen oder arbeiten wir zusammen?«

Tatsache war, dass wir – jeder für sich alleine – nicht viel ausrichten konnten. Die Frage war nur, inwiefern diese Mädchengang – ich zählte Rob mal dazu, weil ich bei einem Duell zwischen ihm und Noelia oder Cherry alles, was ich noch besaß, gegen ihn gesetzt hätte – eine echte Hilfe sein konnte. Wäre es nur um Alvaro gegangen, hätte ich einen Alleingang riskiert. Aber er bediente sich Willefords Leute – und das waren ausgebildete skrupellose Söldner. Die Spanier, die sich selbst für eine Elitetruppe hielten, waren hoffnungslos unterlegen gewesen – und das nicht nur wegen der Schüsse aus den eigenen Reihen. Soweit ich das mitbekommen hatte, hatte es keinen von Alvaros Leuten – und damit Willefords Leuten – erwischt. Es war ein fast aussichtsloses Unterfangen, gegen Alvaro vorzugehen. Es sei denn ...

»Wenn Alvaro die Papiere tatsächlich besitzt«, begann ich nachdenklich, »dann muss Willeford davon wissen. Ich kenne den Aufbau der Organisation ein bisschen. Da macht niemand einen Alleingang, wenn er zur Familie gehört.«

Noelia seufzte. »Mag sein, dass das generell so ist. Aber wir hätten sicher davon erfahren. Ich glaube nicht, dass Raúl mir das verheimlicht hätte. Nein, Willeford war nie ein Thema.«

Ich hatte gewusst, dass sie das sagen würde. Genau da mussten wir ansetzen.

»Wenn das so ist, dann müssen wir dafür sorgen, dass er es erfährt. Wir müssen einen Keil zwischen Alvaro und Willeford treiben. Dann erledigt sich das Problem und wir müssen nur noch in Erfahrung bringen, wo Alvaro die Dokumente aufbewahrt, die die Königin zu Fall bringen könnten.«

»Stopp!«, rief Noelia. »Rich, damit schicken wir Alvaro in den sicheren Tod! Wir planen hier gerade seinen Mord?«

»Wir planen hier unser Überleben« antwortete ich ruhig.

»Non, non, non!« Noelia schüttelte wild ihren Kopf und wandte sich verzweifelt Sandrine zu.

»Wir können auch alles lassen, wie es ist, jeder fährt nach Hause und niemand muss sterben«, grummelte ich trotzig.

»Sarkasmus bringt uns jetzt auch nicht weiter, Rich.« Sandrine sah mich tadelnd an und die supertoughe Noelia schien gekränkt.

Mädchengang – und ich mittendrin, ich war begeistert!

Ich wünschte, Cherry wäre da, dachte ich und erschrak. Zum Glück hatte ich das nicht laut gesagt.

Kapitel 24 (New Orleans Municipal Hospital)

Cherry

»Jeder muss nun mal tun, was er tun muss, nicht wahr?«, fragte ich mit einem Schulterzucken und einem um Verständnis heischenden schiefen Lächeln. Ruckartig zog ich die Infusionsschläuche zwischen meinen Händen straff, um die Festigkeit zu prüfen. Dolores Augen weiteten sich und endlich konnte ich Angst darin erkennen, Angst vor dem Tod, Angst, niemals dem Sumpf aus Verrat und Korruption zu entrinnen. Zu was für einem Menschen hatte ich mich nur entwickelt, um eine schwangere Frau in Todesangst zu versetzen und sie dem Risiko einer Fehlgeburt auszuliefern?

Dolores Mund klappte stumm auf und zu.

»Sorry, ich bin ein klitzekleines bisschen nachtragend«, fuhr ich fort. »Manches kann ich einfach nicht vergessen. Hat man dir das nicht gesagt? Oder warum, glaubst du, bin ich nicht mehr beim FBI?«

Dolores schien zu spüren, dass die Kälte in meiner Stimme nicht gespielt war.

»Willeford ist meine beste Chance, Pacheco zu kriegen. Begegne dem Bösen mit Bösem – ist mein Motto.«

Ich warf über die Schulter einen Blick zur Tür, um mich zu vergewissern, dass sie auch wirklich geschlossen war.

»Letzte Chance. Rede oder ...!«

Dolores wusste, was die Alternative war, und begann zu reden. Ich versuchte die Erleichterung, die mich durchströmte, zu verbergen und streifte die Schläuche von meinen Händen, brachte alles zurück an seinen Platz. Dann setzte ich mich auf den Rand des Bettes und hörte zu. Ich kann allerdings weder behaupten, dass mich die Geschichte erfreute, noch, dass sie mir weiterhalf. Das alles hatte mit meinem Auftrag und dem ganzen historischen Zeugs rein gar nichts zu tun.

Es war einfach nur eine Polizistenstory. Pacheco hatte Dolores erwischt, als sie während eines Waffendeals mit der rumänischen Mafia herumschlich und sie dem Unterhändler, der von Anfang an Interesse an ihr gezeigt hatte, *geschenkt*. Wie ich aus eigener Erfahrung wusste, war Pacheco ein Psychopath und ich konnte mir Amandas Panik und Todesangst gut vorstellen. Wenn sie sich geweigert hätte, mit dem Typen das Bett zu teilen, wäre sie aufgeflogen. Das war das Horrorszenario eines jeden Undercover-Agenten, der in Mafia- oder Drogenkreisen ermittelte. Sie war nicht die erste Agentin, die dadurch auf die falsche Seite gerutscht war, die sich hatte blenden lassen, nicht mehr wusste, was richtig und falsch war. Und noch weniger war sie die Erste, die sich in einen Kriminellen verliebt hatte. Die Wenigsten ließen sich allerdings von einem rumänischen Waffenhändler schwängern. Dolores Stimme wurde während der Erzählung immer leiser. Ihr war längst klar geworden, dass mein mörderischer Auftritt vorhin nur Show gewesen war, und hatte, nachdem sie ihre Geschichte beendet hatte, einfach den Kopf zur Seite gedreht und die Augen geschlossen.

Wie sollte ich auf ihre Geschichte reagieren? Sollte ich zugeben, dass mir alles, was sie erzählt hatte, komplett egal war? Sollte ich ihr sagen, dass sie an der Definition, was der Job einer Polizistin war, arbeiten sollte? Dass sie sonst schneller, als ihr lieb war, so wie ich enden würde?

Da bemerkte ich ihren regelmäßigen Atem. Dolores war eingeschlafen und ich verließ unbemerkt das Zimmer.

Kapitel 25 (Saint Rose)

Rich

Sandrine und Noelia hatten angefangen, laut auf Französisch zu diskutieren, und natürlich hatte Mary Anne keine Probleme, dem zu folgen. Nicht, dass sie mir das Gefühl vermittelten, sie täten das, um mich auszuschließen. Noelia hatte auf Französisch geflucht, Sandrine eine bissige Bemerkung gemacht und plötzlich waren sie ins Französische *gerutscht*.

Wir hatten noch jede Menge Zeit, bevor wir uns auf den Weg zum Archiv machen mussten. Also stand ich auf, ging zur Theke und bestellte mir einen »Bacon & Gouda«-Sandwich. Mir war nicht ganz klar, ob ich wirklich noch Hunger hatte oder einfach mal ein paar Worte mit Crystal wechseln wollte. Ich fragte sie nach Tamlyn und sie lachte.

»Ich habe es geahnt – du bist dieser Yankee, oder? Tamlyn und ich hatten gestern eine Schicht zusammen. Du bist … Warte … ein verantwortungsloser Egoist?«

Ich nickte.

»Rücksichtslos?« Crystal hob die Augenbrauen. »Du spielst gern mit dem Feuer.«

Ich lachte. »Ja, das klingt nach einer perfekten Stellenbeschreibung für mich.«

Crystal kniff übertrieben ernst ihr linkes Auge zusammen.

»Und es ist gefährlich, dass du hier bist. Und sie. Vor allem sie!« Crystal kratzte sich am Hinterkopf und blickte zur Mädchengang. »Ich weiß nur nicht, welche sie meinte. Welche von ihnen ist deine Freundin?«

Ich sah sie kurz an und blickte dann zum Tisch.

»Ich weiß nicht«, schmunzelte ich. »Was meinst du?«

»Oh, ich könnte befangen sein«, lachte sie. »Aber wenn, dann ist es die Frau, die schon weg ist. Mit den feuerroten Haaren.«

Da ging doch noch was, dachte ich. »Du verkuppelst einen Kerl, der mit dem Feuer spielt, mit einer Frau mit feuerroten Haaren?«

»Das ist nur logisch«, lachte sie, aber ihr Blick war irgendwie … nachdenklich. »Aber es wäre nur ein Spiel.«

Ich zuckte mit den Achseln und zwinkerte ihr zu.

»Mein ganzes Leben ist ein Spiel.«

Come on, Rich, dachte ich und sah Crystal mit einem schuldbewussten »Ich hatte gerade keinen besseren Spruch«-Blick an.

»Spinner!«, lachte sie, bis eine Kundin ihre Aufmerksamkeit forderte.

Kopfschüttelnd machte ich mich wieder auf den Weg zurück an den Tisch und während Crystal den Kunden nach seinem Vornamen fragte, damit sie diesen auf seinen Kaffeebecher kritzeln konnte, spürte ich ihren Blick in meinem Rücken. Offenbar gefiel ihr, was sie sah. Ging mir nicht anders – sie hatte ein hübsches Lächeln und ich war richtig vernarrt in ihre Stimmfarbe. Sie war warm, soft und leicht rauchig. Am Tisch dagegen wurde es immer lauter und kontroverser. Was hatte ich verpasst?

»Ladys!«, rief ich eindringlich und zog die Aufmerksamkeit damit auf mich. »Können wir mal wieder alle eine Sprache sprechen? Vielleicht in einem Ton, der uns allen angenehm ist?«

Ich setzte mich wieder neben Noelia und versuchte, ihren Blick zu deuten. Diese Frau sandte mir ständig sich widersprechende Signale. Das aktuellste war Zustimmung.

»Okay, worum geht es hier?«

Frauen konnte man einfach nicht alleine lassen – sie waren in der Lage, selbst aus Friede, Freude und Eierkuchen gefährliche Waffen zu bauen. Giftige Blicke zum Beispiel.

»Frag doch Sandrine!«, reagierte Noelia trotzig und die Angesprochene sah sie entnervt an.

»Werde erwachsen!«

Resigniert blickte ich zu Mary Anne, die aber auch nur von einer zur anderen schaute.

»Du musst Sandrine überzeugen«, drängelte Noelia dann und plötzlich spürte ich ihre warme Hand auf meiner Schulter. Als wäre ich so leicht zu manipulieren.

»Wovon?«, fragte ich gelassen und lächelte, aber Noelia erwiderte das Lächeln nicht. Ich überlegte, ob der Blick, den sie mir zuwarf, eine Kerze anzünden konnte, wenn sie ihm nur lange genug ausgesetzt war.

»Sandrine sagt, es gibt einen zweiten Brief.«

»Von wem?«

Noelias Blick wechselte zu fassungslos.

»Von wem? Worüber reden wir denn die ganze Zeit?«

Ich hatte den Namen »Louise« einige Male gehört. Und »Louis«. Vielleicht sprach auch die eine es so und die andere so aus und es ging um dieselbe Person.

»Die Comtesse de Châteaumeillant!«

Richtig, die Comtesse. Die angebliche Mätresse des Sonnenkönigs.

»Und darüber streitet ihr, weil …?«

Noelia schüttelte den Kopf. »Nein. Darüber streiten wir nicht. Ich habe Sandrine gefragt, was wir finden könnten im Archiv von LV. Die haben einen zweiten Brief der Comtesse an Louis le Grand gefunden, der nie veröffentlicht wurde.«

»Und dass das eine gute Idee war, darüber waren wir uns ja einig.«

Widerwillig nickte Noelia in Sandrines Richtung.

»Der zweite Brief der Comtesse«, fuhr Sandrine fort, »könnte als zusätzliche Bestätigung gesehen werden, dass sie tatsächlich die Frau des Sonnenkönigs war.«

»Und nicht nur das.« Mary Anne klang aufgeregt. »Sie schrieb nur von ihrer Liaison mit Le Roi, sie schlug auch Namen vor für die Frucht der Vereinigung.«

»Natürlich Namen, die im Stammbaum der Vareillas bereits Einlass gefunden haben«, sagte Noelia. »Viele werden das als einen zusätzlichen Beweis für die Echtheit des ersten Briefes sehen, ich aber sage: Es beweist nichts. Wenn der erste Brief eine Lüge war, wird es der zweite auch sein.«

Ich nickte.

»Verstehe«, sagte ich. »Und umgekehrt.«

Das brachte mir gleich drei bitterböse Blicke ein.

»Was ich nicht verstehe, ist, warum ihr euch darüber streitet.«

»Sandrine sagt, der zweite Brief ist seit dem Zweiten Weltkrieg im Besitz von LV. Er ist in den Achtzigerjahren auf Herz und Nieren überprüft worden.«

»Es sind spektroskopische Untersuchungen durchgeführt worden, auch eine forensische Handschriftuntersuchung, Schriftvergleiche mit anderen Briefen der Comtesse – das ganze Programm. Der Brief ist echt, da besteht kein Zweifel. Aber so etwas zu beweisen, dauert zum einen und kostet zum anderen.«

»Okay, aber die sind ja schon durchgeführt worden. In den Achtzigern.« Ich war etwas ratlos.

»Korrekt«, antwortete Noelia. »Aber wenn wir es nun schaffen, die Dokumente, die Mary Annes Großmutter gestohlen wurden, wiederzubeschaffen, dann will Sandrine diese nicht nur langwierig überprüfen, es darf auch vorher nichts an die Öffentlichkeit gelangen, weil sie die Forschung mit dem Verkauf einer Neuauflage ihres Buches finanzieren will.«

»Das eventuell verfilmt wird!«, ergänzte Mary Anne.

»Nichts an die Öffentlichkeit … Das ist der Punkt.«

Noelia sah mich fast flehend an und ich verstand sie. Solange nichts an die Öffentlichkeit gelangte, war sie in Gefahr. Das Spanische Schwert würde alles daransetzen, die Veröffentlichung zu verhindern. Wir alle lebten in Gefahr. Noelia suchte offenbar in mir einen Verbündeten. Ich wandte meinen Kopf Sandrine zu.

»Solange die Dokumente nicht veröffentlicht werden, wird die eine Partei über Leichen gehen, die Veröffentlichung zu verhindern. Das Morden wird kein Ende haben. Du hast selbst mitbekommen, wozu Mercedes Teresa imstande ist.«

»Natürlich«, erwiderte Sandrine betont sachlich. »Aber ich gehe nicht mit einem Ergebnis raus, das nicht hundertprozentig wasserdicht ist. Was wäre das für eine Blamage, wenn die Dokumente gefälscht wären? Mein Ruf wäre hin.«

Ich formte mit beiden Händen eine Waage. »Also haben wir auf der einen Seite das Leben von Noelia – und ich glaube nicht nur das von ihr – und auf der anderen den Ruf von Sandrine.«

»So einfach ist das nicht!« Sandrine klang beleidigt.

»Doch«, antwortete ich. »Ich glaube, tatsächlich ist es das.«

»Der Journalist ist also für eine möglichst schnelle Veröffentlichung des Skandals. Was für eine Überraschung!«, sagte Sandrine verächtlich. »Und dir …« Sie schoss ihren Kopf in Richtung Noelia. »… ist ja wohl klar, dass er beide Storys verbraten wird. Die ausgestoßene Königstochter und die Königin, die ihren Geheimdienst missbraucht für ihren mörderischen Plan …«

»Non non non!«, rief Noelia. »Das darfst du nicht schreiben! Bitte, schreibe nichts über mich!«

Ich stöhnte. Ein Journalist, der weder schreiben noch etwas veröffentlichen durfte. Wofür war ich gleich noch mal hier?

»Leute. Noch haben wir das Bärenfell nicht einmal. Wir sollten es nicht verteilen. Wir wissen nicht einmal, wie es uns gelingen soll, Alvaro die Dokumente abzujagen. Alleine hat keiner hier eine Chance. Entweder bilden wir jetzt Allianzen oder ich fahre nach Hause. Was ihr dann macht, ist mir egal.«

Mary Anne beendete das darauffolgende betretene Schweigen als erstes, nachdem sie eine SMS entgegengenommen hatte.

»Das ist von Cherry. Wir haben vielleicht einen Ansatz.«

Kapitel 26 (New Orleans Municipal Hospital)

Cherry

Ich überlegte, noch aufs achte Revier zu fahren. Allerdings hatte mir Officer Suzanne Catrell am Morgen ziemlich deutlich klargemacht, dass ich mich fernhalten sollte. Ich rechnete zudem nicht damit, dort etwas zu erfahren, was mich weiterbringen würde. Amandas Geschichte geisterte auch noch durch meinen Kopf und ein flaues Gefühl, das ich nicht zuordnen konnte, machte sich in meinen Eingeweiden breit. Eigentlich kein Wunder bei dem Shit, der sich die letzten zwei Tage abgespielt hatte, und erst recht nicht bei dem, was mich heute noch mit Richs spanischer Prinzessin und seiner Geheimlogentante erwartete. Mir war der ganze königliche Quatsch egal, ich brauchte schlicht und einfach die Kohle aus diesem Auftrag.

Es war zum Schreien, wie war ich bloß in diese haarsträubende Geschichte hineingeraten? Na ja, genau genommen war es nur seine Schuld. Niclas Richmond war schlicht und einfach das Pseudonym für »die Kacke ist am Dampfen«. Er hatte Noelia und diese Sandrine angeschleppt. Frustriert, wie ich war, dachte ich daran, Rob anzurufen. Ein bisschen Seele streicheln wäre im Moment ganz angenehm – oder auch ein wenig mehr.

Niclas Richmond … Schon wieder hatte er sich in meine Gedanken gedrängt. Wenn ich nicht bald unter der nächsten Brücke schlafen wollte, sollte ich mir was einfallen lassen. Ich beschloss, Rob zu vergessen, und lieber mal meine Chefin anzurufen. Da klopfte es an der Scheibe und ich sah Tommy, der mir irgendwelche Handzeichen gab. Ich öffnete das Fenster ein Stück und versuchte ihn abzuwimmeln. »Tommy? Was gibt es denn? Ich muss dringend los.« Ich hatte absolut keinen Nerv, mich auch noch mit ihm auseinanderzusetzen.

»Hi Cherry, was für ein Glück, dass ich dich hier treffe!« In derselben Sekunde drückte er mir einen verknitterten Papierfetzen in die Hand und senkte dann seine Stimme zu einem Flüstern.

»Hier, habe ich für dich kopiert, weil wir doch alte Freunde sind. Hat die Spurensicherung bei Pachecos Leiche entdeckt. Wenn er nicht schon längst tot wäre, würde ich ja sagen, er ist der Einbrecher von heute Morgen. Und ich hoffe, du vergisst bei deinen FBI-Freunden nicht, meine maßgebliche Mithilfe zu erwähnen.«

Verdutzt starrte ich ihn an.

»Einbruch von heute Morgen? Wovon sprichst du?«

»Vom Ursulinenkloster! Sag mal, hörst du keine Nachrichten? Die Einbrecher haben sich als Mitarbeiter des Wasserwerkes ausgegeben – angebliches Leck in der Hauptwasserleitung.«

»Äh, danke, Tommy!« Ich wollte das Papier auseinanderfalten, aber er stoppte mich.

»Sieh es dir später an, Catrell kommt auch gleich, wir besuchen Amanda. Sie muss uns nicht unbedingt zusammen sehen, nicht wahr, Agent Loster? Sie sieht alles ein wenig zu eng, weißt du.« Er zwinkerte mir zu und lief über den Parkplatz zum Krankenhauseingang.

Ich schloss das Fenster und startete den Motor, damit die Klimaanlage laufen konnte, bevor ich in der Hitze umkam. Vorsichtig, mit spitzen Fingern, faltete ich den Zettel auf. Klebte da tatsächlich Hot Dog Sauce drauf? Igitt!

Wer hätte das gedacht? Dank Tommy würde der Tag besser zu Ende gehen, als er begonnen hatte. Dessen war ich nun nach einem Blick auf den Zettel sicher. Ich schickte eine SMS an Mary Anne und fuhr los.

Kapitel 27 (Ursulinenkloster)

Rich

Rob nickte. Was das betraf, hatte sich nichts geändert. Das Nicken war für Außenstehende kaum wahrnehmbar, aber ich wusste sofort, er hatte mindestens ein titelseitentaugliches Foto von Noelia schießen können. Und Rob wäre auch nicht Rob gewesen, wenn sie davon etwas mitbekommen hätte. Ich blickte sie bewusst nicht an, um mich nicht zu verraten. Noch war ich mir nicht sicher, ob ich die Story der verstoßenen Tochter des untreuen Königs wirklich bringen wollte – ich arbeitete schließlich für den »Buffalo Star«, nicht für den »Erie County Glamour«. Und im Gegensatz zu meinem Ruf sah ich mich durchaus als seriösen Journalisten. Von mir war niemals eine Story herausgekommen, die nicht wasserdicht recherchiert worden war. Aber dennoch war es ein gutes Gefühl, dieses Ass im Ärmel zu wissen. Von irgendwas musste der Sprit schließlich bezahlt werden.

»Was meinte sie denn nun damit?«, fragte Mary Anne erneut. »Wieso Vorsicht?«

Sandrine stöhnte. »Wir können gerne noch einmal stundenlang darüber spekulieren oder wir fahren einfach zum Kloster, wie wir es eh vorhatten, und fragen Cherry selbst.«

»Das Beste, was wir machen können«, sagte ich achselzuckend. Wieso schrieb Cherry in Rätseln? Warum verschwendeten wir unsere Zeit mit Spekulationen? So etwas hatte es zwischen Rob und mir nie gegeben. Von Doyle ganz zu schweigen. Ich hatte sehr viel von ihm gelernt, vor allem aber eins: Verschwende keine Zeit!

»Trotzdem merkwürdig«, quengelte Mary Anne.

Tommy - Kloster – Einbruch – Vorsicht, hatte Cherry geschrieben. Natürlich war das merkwürdig. Andererseits war es klar, dass wir vorsichtig sein mussten. Allein wegen Alvaro.

»Merkwürdig hin oder her.« Sandrines Stimme klang sehr entschlossen. »Wir müssen so schnell wie möglich zum Kloster!«

Es war klar, woran Sandrine dachte. Kloster – Einbruch – Bibliothek. War das Archiv betroffen? Ich weiß nicht, was sie davon abhielt, Cherry zurückzurufen. Wahrscheinlich, weil sie sich denken konnte, dass sie auch noch nicht viel mehr wusste.

Mary Anne seufzte schwer, während Noelia sich umdrehte und ihre Hände auf Sandrines Schultern legte.

»Die Bibliothek von LV – ich weiß, dass du dir Sorgen machst. Aber niemand weiß von diesem Raum und seiner Wichtigkeit, oder?« Erwartungsvoll blickte sie Sandrine an.

»Nicht einmal die heutigen Betreiber des Klosters kennen die Bedeutung.«

»Na also. Wir fahren da jetzt zusammen hin und dann ist es noch früh genug, sich Sorgen zu machen.«

Wir nahmen Mary Annes und Robs Wagen, denn auch wenn ich mir Willeford in einem Kloster kaum vorstellen konnte: In diesem Punkt war ich vorsichtig.

Überraschenderweise gesellte sich Noelia zu Rob und mir. Fast, als wollte sie mich nicht aus den Augen lassen. Sie war misstrauisch geworden und ich konnte es ihr nicht verdenken.

Das Kloster lag einige Kilometer außerhalb von New Orleans. Ein wenig neidisch war ich auf Robs Klimaanlage. In Buffalo mochte so etwas Luxus sein, hier in New Orleans im Hochsommer hieß meine einzige Klimaanlage »Fahrtwind«. Leider mutierte diese an Ampeln oder im Stau zur Standheizung.

Nachdem wir die letzte Kurve vor dem Parkplatz des Klosters genommen hatten, sahen wir Cherrys Audi schon in der Sonne glänzen. Sie hatte offenbar auf uns gewartet und stieg erst jetzt aus. Als wir uns ihr näherten, sah ich, wie ihr der Schweiß über die Stirn rann. Aber sie lächelte.

»Mir war gar nicht so bewusst, wie viele wir sind.«

Unbeholfen näherte Rob sich ihr und für einen Moment sah es fast so aus, als wollte er sie umarmen.

»Ist alles okay?«, fragte er stattdessen.

»Ja«, antwortete Cherry irritiert.

Das Kloster lag wirklich idyllisch an einem See inmitten eines Waldes.

»Gute Lage für ein Hotel!«, grinste ich und erntete böse Blicke.

»Warum ›Vorsicht‹? Warum hast du ›Vorsicht‹ geschrieben?« Mary Anne sah ängstlich aus.

Ich hatte erwartet, dass Cherry etwas Beruhigendes zu ihr sagen würde, aber stattdessen lächelte sie, was offenbar Mary Anne noch mehr verunsicherte.

Cherry

Niclas Richmond und sein Harem, das war das erste, was mir einfiel, als ich die Truppe sah. Auch wenn es nicht ganz stimmte, denn Rob war auch noch da. Warum eigentlich? Rob mochte noch so harmlos aussehen und Richmond so tun, als ob er es wäre. Von Rob wusste ich, dass er für ein gutes Foto über Leichen ging und Richmond war vermutlich ähnlich abgebrüht. Eigentlich konnte es mir egal sein, solange ich meine Kohle von Mary Anne bekam. Doch genau da fing mein Problem an. Dank Tommy war ich mir sicher, dass wir auf der richtigen Spur waren – was die Dokumente betraf. Was die Absichten meiner Auftraggeberin anlangte, fiel es mir wie Schuppen von den Augen. Wie hatte ich nur so blind sein können? Wenn die Pachecos tatsächlich diese uralten französischen Dokumente, Briefe, was auch immer besessen hatten oder besaßen, das spanische Königshaus erpresst hatten … Wenn das die Dokumente von Mary Annes Großmutter waren …dann … war vermutlich einer der Pachecos auch ihr Mörder. Ich versuchte irgendetwas aus ihrem Gesicht herauszulesen. Das Einzige, was ich zu sehen glaubte, war Angst. Und ich wusste auch, wovor. Sie hatte mir die Wahrheit verschwiegen.

Verdammt, ich hasste es, wenn ich den eigenen Leuten nicht trauen konnte! Zumal ich nie vergessen würde, wie mich das einst meinen Job gekostet hatte. Mary Annes unschuldiger Blick gab mir den Rest.

»Wann gedachtest du denn, mir zu sagen, dass du Luis Pacheco kanntest?«, herrschte ich sie leise an und rief lauter, über meine Schulter hinweg: »Verschwinde, Rob!« Hatte er wirklich geglaubt, ich merkte es nicht, wenn er sich anschlich?

»Ich kannte ihn nicht, Cherry!«, versuchte Mary Anne mir mit zitternden Lippen und aufsteigenden Tränen einzureden.

»VERDAMMT! LÜG MICH NICHT AN!«

Ich hielt ihr den Papierfetzen, den Tommy mir gegeben hatte, unter die Nase und fuhr leiser und beherrschter fort: »Ach, du kanntest ihn nicht? *Wirklich*? Wieso stehen dann *da*, auf einem uralten Plan dieses vermaledeiten Klosters, in deiner Handschrift Anmerkungen darauf? ›La Crypte n'est pas ouverte au public!‹ … ›La Chambre secrète‹ ... ›Bibliothèque‹ … ›Le monastère n'est pas allumé le matin entre minuit et 3 heures.‹ Und so weiter. Bis … Warte mal, jetzt kommt das Beste … ›M A G!‹ Soll ich es dir übersetzen? Das Kloster ist zwischen Mitternacht und drei Uhr morgens nicht beleuchtet und deine Telefonnummer ›M A G‹ - Mary Anne Green?«

Dummerweise war ich erneut lauter geworden und bevor ich reagieren konnte, hatte Richmond sich schon den Plan aus meiner Hand geschnappt und rief: »Was ist das? Das ist von Tommy? Ein Plan vom Kloster?«

»Eine Kopie. Luis Pacheco hatte den Plan bei sich und Tommy erwähnte, dass heute Morgen ins Kloster eingebrochen worden ist.«

»War das wirklich notwendig? Ich bin deine Auftraggeberin und die, die dich bezahlt. Mir hat deine Loyalität zu gelten!«, schrie Mary Anne.

»Ich hoffe mal, dass du mich bezahlst. Und meine Loyalität gilt deinem Geld, nicht dir und niemandem, der mich belügt! Du hast mich beauftragt, die Original-Dokumente deiner Familie zu finden, und das werde ich schon noch!« Hoffte ich zumindest.

»Meine Damen, bitte …«, ertönte seidenweich Richmonds Stimme.

Oje, das auch noch!

Rich

Ich musste da jetzt echt mal dazwischen gehen. Dabei wunderte ich mich über den ruhigen Ton meiner Stimme, denn in mir braute sich was zusammen.

Cherry hatte offenbar eine Stinkwut und erklärte der verschüchterten Mary Anne gerade, dass sie sich ohne ihr Geld einen Scheißdreck für sie interessieren würde. Sie klang kühl, hart und unbarmherzig. Irgendetwas musste sie verletzt haben.

»Nicht verheilter FBI-Nerv«, raunte mir Rob zu.

Ich stöhnte.

Nachdem Cherry erwähnt hatte, sie würde die Originaldokumente schon finden, begann Noelia, zunächst ganz leise, irgendwas auf Französisch vor sich hinzumurmeln. Als Sandrine dann noch anfing, auf Französisch zu fluchen, hatte ich das Bedürfnis, irgendjemanden zu schütteln. Frauen. Schlimmer: Frauen ohne Führung! Ich hatte hier Gelehrte und toughe Ladys versammelt und es war schlimmer als in der High School. Wobei, so schlimm war die High School gar nicht gewesen. Aber nur, weil ich zu dieser Art Mädchen immer Abstand gehalten hatte. Hier aber wurde es Zeit, dass ich dazwischen ging – dieses Mal lauter und bestimmter.

»Wenn wir hier fertig sind, könnt ihr gerne weiter Kindergarten spielen – aber dann ohne mich. Wir haben vorher aber noch eine klitzekleine Sache zu klären, also vielleicht fangt ihr langsam mal an, euch auf das Wesentliche zu konzentrieren!«

Ich hätte fast grinsen können, denn auf einmal schienen sich alle Ladys einig zu sein. Alle waren mucksmäuschenstill und sahen mich an, als hätte ich etwas unfassbar Unglaubliches gesagt. Übrigens inklusive Rob.

»Was war das mit dem Einbruch?«

Auffordernd blickte ich zu Cherry, die nicht wusste, ob sie mir antworten oder an die Kehle gehen sollte. Zu ihrem Glück entschied sie sich für das Erstere.

»In den frühen Morgenstunden wurde im Kloster eingebrochen. Vermeintliche Arbeiter der Stadtwerke haben sich unter dem Vorwand, dass die Hauptwasserleitung irgendwo auf dem Gelände leckt, Zutritt verschafft.«

«Weiß man, worauf die es abgesehen hatten?«

Cherry feuerte Mary Anne einen Blick zu, der diese fast pulverisierte.

»Du!«, erhob sie die Stimme, sah mich dann genervt an und sprach dann etwas gemäßigter weiter. »Du solltest es wohl wissen.«

»Pacheco ist tot«, verteidigte sich Mary Anne, »das ist alles passiert, bevor ich dich engagiert hab!«

Cherry hob abwehrend die Hände.

»Oh, dann entschuldige! Wie unsensibel von mir. Dann ist ja alles in Ordnung«, spottete Cherry. »Wie naiv war ich eigentlich, dir zu glauben? Nur weil du einen Doktortitel in Geschichte und was weiß ich hast und das arme traumatisierte Mäuschen gespielt hast. Jetzt rück´ endlich mit der Wahrheit heraus, was hattest du mit Luis Pacheco zu schaffen?«

»Es tut mir leid, es war wie eine gottgegebene Fügung, als Luis Pacheco mich über fünf Ecken kontaktierte. Es war die Chance für mich, endlich mehr über das Vermächtnis der Sonnenkönigin und damit den Grund, warum meine Großmutter sterben musste, zu erfahren. Ich mochte Luis irgendwie, wir kamen gut miteinander klar … Ich konnte doch nicht ahnen … Und darum habe ich, als Luis überfallen worden war, dich, einen Profi, engagiert.«

»Du konntest was nicht ahnen, Mary Anne? Dass sie Luis so wie deine Großmutter umbringen würden? Oder mich? Du hast mich angelogen und ins offene Messer laufen lassen. Du, bist einfach nur …!«

»Cherry!«

»Was, Rich?!«

Sie hatte mich »Rich« genannt – es stand bös um sie.

»Nicky …«, schob sie leise, aber wenig glaubhaft nach.

Abgründe. Stille Wasser. Ausgerechnet die kleine, scheue Mary Anne …

»Du bist nicht besser als all die anderen!« Cherry hyperventilierte fast und ich konnte es ihr nicht verdenken.

Verdammt! Auch ich sah Mary Anne mit einer Mischung aus Wut und Enttäuschung an. Wie konnte eine kluge Frau so dämlich sein?

»Okay, scheiße, Mary Anne, ich muss Cherry da zustimmen. Und ich hätte größtes Verständnis dafür, wenn sie den Auftrag an dieser Stelle beendet.« Ich versuchte gar nicht erst, Cherrys Blick zu deuten. »Aber wenn wir jetzt was erreichen wollen, müssen wir das ausblenden und zusammenhalten. Oder gibt es noch mehr Überraschungen, Mary Anne?«

Sie sagte nichts mehr. Ganz leicht bewegte sich ihr Kopf hin und her und sie schluchzte.

Nein, Mädel, auf Mitleid kannst du jetzt echt nicht hoffen.

Ruckartig hob Cherry den Kopf und sagte mit entschlossener Stimme und ohne Mary Anne eines Blickes zu würdigen: »Wir gehen da jetzt rein!«

»Perfekt«, sagte ich zustimmend. »Befragen wir die …«

Wie nannte man die Bewohner von solchen Einrichtungen? Kirche, Kloster, Karneval interessierte mich nicht besonders.

»… Mönche oder so«, schloss ich schließlich.

Sandrine schüttelte den Kopf.

»Mönche? Nonnen, es ist ein Ursulinenkloster, es sind Nonnen und sie werden dir nichts sagen.«

Ich grinste.

»Mir nicht, dem FBI aber vielleicht. Ihr folgt Sandrine in die Bibliothek und Cherry und ich gehen mal zur Verwaltung, Cherry zeigt ihren hübschen Ausweis und dann erfahren wir mehr. Haben wir einen Deal?« Erwartungsvoll blickte ich Cherry an und überraschenderweise nickte sie.

»Das klingt gut.«

Sie kramte in ihrer Handtasche nach ihrem Ausweis und lächelte mich an.

»Dann folgen Sie mir mal, Agent Richmond. Und eines noch: *Ich rede*!«

Wenn ich je an etwas so gar keinen Zweifel gehabt hatte, dann daran. Ich grinste.

«Ja, Chefin, dann mach mal.«

Mir war klar, dass ich am Ende wieder derjenige sein würde, der die Scherben aufsammeln musste. War ja immer so.

Cherry

Lachend ging ich vor. Ich weiß wirklich nicht, wie er das geschafft hat. Von einer Sekunde zur anderen hatte Richmond die angespannte Situation entschärft. Offensichtlich verfügte er über mehr Talente, als auf den ersten Blick ersichtlich waren.

»Hast du eine Ahnung, wo es hier reingeht?«, fragte ich ihn und starrte das noch ein Stück entfernte riesige Haupttor an.

»Na, durch die Tür, vermutlich!«

Und schon wollte ich ihn wieder erwürgen. Von wegen Tür. Als wir näherkamen, sah ich, dass die Nonnen ein hochmodernes Videosystem mit Gegensprechanlage eingebaut hatten. Richmond lächelte süffisant und deutete mit hochgezogenen Augenbrauen auf den Klingelknopf.

»Ist dir so eine Vorrichtung nicht vertraut, Chefin?«, fragte er breit grinsend, als ich zögerte.

Ich warf ihm einen pseudofinsteren Blick zu und drückte auf den kleinen silbernen Knopf. Statt der erwarteten knarzenden Altfrauenstimme tönte eine freundliche helle Stimme aus dem Lautsprecher.

»Guten Tag, bitte treten Sie ein, ich bin sofort bei Ihnen!«

Das Tor öffnete sich automatisch und sogar Richmond gab ein überraschtes »Wow« von sich.

»Hände aus den Hosentaschen«, zischte ich ihm zu und zog ihn vorwärts.

Drinnen war es angenehm kühl, die Eingangshalle modern eingerichtet und hell erleuchtet.

»Hotel, wie ich sagte!«

Bevor ich antworten konnte, kam auch schon eine Nonne auf uns zu.

»Gott sei mit Ihnen, ich bin Schwester Rosemary. Wie kann ich Ihnen behilflich sein?«

Ich verschluckte mich fast. Wie grüßte man eine Nonne richtig?

»Guten Tag, Schwester Rosemary, Loster – Agent Loster vom FBI. Und das ist mein Partner, Agent Nicholas Smith.«

Ich ärgerte mich über mich selbst, mehr aber noch über seinen kurzen zynischen Blick, als das Ergebnis meiner verzweifelten Namenssuche meine Lippen verlassen hatte. Für einen kurzen Moment befürchtete ich, Richmond würde es nun vermasseln und mir danach auch noch die Schuld geben.

»Schwester Rosemary, Gott sei mit Ihnen«, säuselte er stattdessen und verneigte sich fast vor ihr.

Er hatte den richtigen Ton getroffen, denn sie lächelte ihn verzückt an. Ich unterdrückte ein Seufzen. Was konnte man auch schon erwarten, wenn man einen Mann in ein Kloster schleppte?

»Schwester Rosemary?«

Oh oh, das klang schon eher nach Nonne. Dicke Teppiche dämpften das Geräusch sich nähernder Schritte.

»Mutter Marie Angelique, Agent Loster und Agent Smith vom FBI.«

Wenn ich mich nicht irrte, stand nun die Mutter Oberin des Ordens vor uns.

»Ehrwürdige Mutter«, begrüßte ich sie. Die richtige Anrede für die Chefin eines Nonnenvereins kannte ich.

»Gott sei mit Ihnen, Agents? Was können wir für Sie tun? Sie kommen doch nicht etwa wegen des Einbruches?«

»Ehrlich gesagt doch, wenn auch eher zufällig. Wir ermitteln hier in New Orleans in einem Fall von illegalem Antiquitätenhandel in Zusammenarbeit mit der örtlichen Polizei. Lieutenant Donell hat uns über den Einbruch informiert. Wir würden uns gerne selbst einen Eindruck verschaffen!«

»Es wurde nichts gestohlen, Agents. Das hat die Polizei Ihnen doch sicher gesagt?«, antwortete die Mutter Oberin leicht verkniffen.

»Vielleicht könnten Sie uns einfach mit den Details vertraut machen«, warf Richmond ein.

Und das im Ton eines Bad Cops, der eine Verdächtige unter Druck setzen wollte. Dafür erntete er auch prompt einen scharfen Blick der Mutter Oberin. Was konnte er auch seine Klappe nicht halten?

»Verzeihen Sie meinem Partner das mangelnde Feingefühl. Der Einbruch war sicher ein furchtbarer Schock für Sie, eine derartig schändliche Tat wird schließlich nicht jeden Tag begangen.« Ich bekreuzigte mich. »Wir wären gerne behilflich, den oder die Täter wieder auf den rechten Weg zu bringen, auch wenn nichts von Wert gestohlen wurde, Ehrwürdige Mutter!«

Hoffentlich gewann ich damit ihr Wohlwollen.

»Kommen Sie mit, der Schaden ist materiell gesehen nicht nennenswert. Aber …« Ihre Stimme brach. Kopfschüttelnd fuhr sie fort: »Handwerker der Stadtwerke sagten, es würde sich um einen Notfall handeln. Ein Leck an der Hauptwasserleitung hätte angeblich einen ganzen Block von der Wasserversorgung abgeschnitten und sie müssten die Zuleitungen auf unserem Gelände und im Gebäude überprüfen. Schwester Rosemary hat sie daraufhin leider hereingelassen. Der Lärm, den diese Verbrecher veranstalteten, hat unsere älteren Schwestern schließlich aufgeweckt und misstrauisch gemacht. Als ich nachsah, ergriffen die angeblichen Handwerker die Flucht und wir entdeckten den … Frevel.«

Wieder sprach sie nicht weiter und führte uns ein paar Stufen hinab. Richmond und ich folgten ihr mehrere verwinkelte Flure entlang. Mit jedem Flur wurde das Licht weniger, die Lampen und auch die Mauern wirkten älter.

»Wo sind wir hier, Ehrwürdige Mutter?«

Ihr Lächeln wirkte traurig, als sie antwortete: »Das ist der ursprüngliche Teil des Konvents, erbaut im achtzehnten Jahrhundert.«

Das glaubte ich sofort, der Boden bestand aus rohen gelegten Backsteinen. Die alten Mauern waren krumm und weiß gekalkt.

»Die Gewalt, die uns hier heute Morgen widerfahren ist, ist einfach unaussprechlich.«

Gewalt widerfahren? Ich runzelte die Stirn, Tommy hatte nichts davon gesagt, dass es Verletzte gegeben hatte. Richmond sah mich fragend an, ich zuckte die Schultern.

»Die armen Seelen!«

Sie führte uns um eine letzte Ecke und öffnete eine alte Holztür zu einem von einem Säulengang umgebenen Innenhof. Kerzen und Blumen schmückten die Mauern. Andere Klöster hatten einen Küchenkräutergarten im Innenhof und hier reihte sich eine

Gruft, ein Mausoleum an das nächste. Das war einfach nur gruselig.

»Hier haben Sie den Friedhof?« Ich sah mich ratlos um, richtete meinen Blick nach oben und fragte mich, welche Räumlichkeiten wohl dort lagen.

»Ja, so haben wir sie immer ganz nahe bei uns«, erwiderte die alte Nonne lächelnd. Sie war meinem Blick gefolgt. »Der Trakt über uns beherbergt die Andachtsräume und die Bibliothek. Die Gebeine aller Ehrwürdigen Mütter und Schwestern des Konvents seit der Gründung sind hier beerdigt.« Die alte Nonne lächelte verzückt und strich über die Mauer.

»Sie wurden ... eingemauert?«, fragte ich und deutete auf die Wand. Shit, das war ja wie in einem Gruselkabinett.

»Ja, selbstverständlich. Unterirdische Gräber sind in New Orleans nicht möglich und so bilden unsere verstorbenen Schwestern die Grundfesten und die Mütter das Zentrum unseres Ordensgebäudes. Hier ist das wahre Herz unseres Konvents, das uns stärkt und Gottes Liebe spüren lässt.«

Ich schluckte und warf Rich einen schnellen Blick zu. In Wände eingemauerte Leichen waren einfach nicht meins. Gottes Liebe hin oder her.

Kapitel 28 (Mausoleum)

Rich

Ich weiß nicht, was ich mir vorgestellt hatte. War ja nicht so, dass ich noch nie ein Mausoleum gesehen hatte. Aber hier stand eins neben dem anderen. Manche von ihnen sahen noch recht neu aus, fast edel, mit glänzenden Grabtafeln. Allerdings waren die meisten der Witterung schon so lange ausgesetzt, dass der Mörtel zwischen den Steinen das Zeitliche gesegnet hatte und ich für einen Moment daran dachte, wenn man jetzt mit einer Taschenlampe in die Zwischenräume leuchtete, dann würde man die Bewohner betrachten können. Vor meinem inneren Auge traf der Schein auf den Kopf eines Skelettes, das seinen Schädel gähnend anhob und fragte: »Was, schon wieder Mitternacht?«

Bei dem Gedanken huschte mir versehentlich ein Lächeln über die Lippen, das zum Glück weder die Klosterfrau noch Cherry sehen konnten. Aber ein kurzer Seitenblick zu Cherry ließ mich wieder ernster werden.

»Ob die hier wohl auch lebendige Nonnen vergraben haben?«, raunte ich ihr zu und grinste dieses Mal offen über ihren erbosten Blick. Und die Mutter Oberin sah mich entgeistert an. Halbherzig murmelte ich eine Entschuldigung und Mutti wandte sich Cherry zu, die ihren entnervten Blick mit einer vielsagenden Handbewegung unterstrich.

Die Mutter Oberin schüttelte den Kopf und bog um die Ecke. Cherry drehte sich um und zeigte mir die Zunge. Hatte sie etwa doch Humor?

Wir folgten der Schwester und ich richtete meine Aufmerksamkeit wieder auf die Grabstätten. Links und rechts des Weges lagen hier offenbar noch verfallenere. Aber eins fiel mir sofort auf: Es war nicht nur das provisorisch angebrachte Tuch, durch das sich das Grab von den anderen unterschied. Zum einen war auf der Gruft ein weißer Engel mit riesigen Flügeln und einem sehr kindlichen Gesicht angebracht. Er schien einem förmlich zuzuwinken. Zum anderen war die Einfassung des Einganges aus purem Marmor und links und rechts standen weiße Blumenkästen, in denen frische Blumen herausragten und das goldene Kreuz darauf strahlte wie frisch poliert. Es war unschwer zu erkennen, dass hier jemand lag, der etwas Besonderes war.

»Jetzt werden sie den Frevel dieses Einbruches sicher verstehen. Unsere arme Mutter!«

Cherry

Hoffentlich kippte die arme Frau nicht um.

»Ehrwürdige Mutter, wir verstehen vollkommen«, versuchte ich sie Richs und meiner Anteilnahme zu versichern. Ich brauchte Unterstützung und trat Rich auf den großen Zeh. »Agent Smith?« Das kurze Jaulen, das er von sich gab, war allerdings wenig hilfreich. Mal wieder auf mich alleine angewiesen, bekreuzigte ich mich und trat näher an das Mausoleum. Das Altartuch verdeckte notdürftig das Loch, das unter dem goldenen Kreuz prangte.

»Die Gebeine der ersten Mutter wurden durchwühlt, aber es wurde nichts gestohlen!«

Jetzt begann die Frau auch noch zu schluchzen. Hilfe! Was tat Rich eigentlich? Meditieren? Am liebsten hätte ich ihn angeknurrt.

»Dürften wir vielleicht …«, fragte ich die Mutter Oberin leise, »… einen Blick hineinwerfen?«

»Sie fassen nichts an! Nichts! Ich habe das auch schon Lieutenant Donell gesagt. Finger weg! Sehen Sie mit Gottes Augen!«

Endlich reagierte auch Rich.

»Selbstverständlich, Ma'am, ich versuche immer mit Gottes Augen zu sehen.«

Zum Glück hatte die Mutter Oberin seinen geflüsterten Nachsatz »Ich kann sie nur nie finden« nicht vernommen. Ich wandte mich schnell ab, um das plötzlich aufsteigende Kichern zu unterdrücken.

»Ich lasse Sie dann alleine, ich habe noch zwei Grabreden zu schreiben.«

»Danke und mein Beileid, Mutter Oberin!«, erwiderte ich, in der Annahme, dass jemand vom Orden verstorben war.

»Nein, nein, Pater Jim und Schwester Mary Baptiste erfreuen sich bester Gesundheit!«

»Warum zum … schreiben Sie dann an deren Grabreden?«, platzte Rich heraus. Den Teufel hatte er gerade noch hinuntergeschluckt.

»Ach, wissen Sie, Agents, ich bin fast neunzig und mein Gedächtnis lässt nach, Pater Jim ist fünfundsiebzig und Schwester Mary Baptiste auch schon über sechzig, da stirbt man schnell. Darum schreibe ich alle paar Tage an den Grabreden, schreibe alles an schönen Begebenheiten und was das Leben meiner Freunde ausmacht, auf. Es wäre doch schade, wenn sie sterben und ich könnte sie an ihrem größten Tag nicht angemessen würdigen. Wenn Sie mal so alt sind wie ich, werden Sie mich verstehen. Sie finden den Weg alleine zurück?«

Rich

Schräg. Echt schräg. Aber auf eine gewisse Weise hatte das auch etwas Faszinierendes. So, wie mein Freund Vince manchmal mitten im Gespräch die Hand hob, »Moment« sagte, um eine Geschenkidee für seine Ellen aufzuschreiben. Acht Monate vor ihrem Geburtstag wohlbemerkt und neun vor Weihnachten. »Bis dahin hab' ich das wieder vergessen«, war dann immer seine Antwort auf mein Kopfschütteln.

In Gedanken versunken, hatte ich plötzlich das Gefühl, ich hätte etwas übersehen. Als die Mutter Oberin schon wieder fast an der Ecke war, rief ich ihr hinterher.

»Eine Frage habe ich noch. An diesem Grab ist die Inschrift durch …« – ich schluckte – »… den Schaden nicht mehr vollständig. Wer genau liegt jetzt hier?«

»Das hat sie doch eben gesagt«, zischte Cherry aus dicken Backen.

»Es sind, wie ich bereits bemerkte …« – sie sah Cherry mit einem vielsagenden »Wir verstehen uns«-Blick an – »… die Gebeine der ersten Ehrwürdigen Mutter Oberin Marie Constance.«

»Den Namen hast du auch nicht gewusst«, raunte ich Cherry zu, als die Mutter Oberin außer Sichtweite war.

Cherry lächelte und für einen Moment hielt ich inne. Wir standen hier mitten auf einem Friedhof eines Klosters vor einem geöffneten Grab und ich sah ihr einen Moment zu lange in die Augen. Sicher, ich hatte sie schon lächeln gesehen. Süffisant lächeln, überheblich lächeln, aufgesetzt lächeln. Aber das hier war für einen kurzen Moment echt, wich aber schnell einem irritierten Blick. Und auch, wenn sich ihr Kopf kaum bewegte, hatte ich für den Bruchteil einer Sekunde das Gefühl, dass sie ihn schüttelte.

»Was ist nun, werfen wir mal einen Blick rein?«, fragte sie mit leise, aber fester Stimme.

»Sicher«, antwortete ich gelassen.

Cherry

Mit der Linken hob ich eine Ecke des Tuches an.

»Auf zu deinem Rendezvous mit Marie Constance. Ich hoffe, du stehst auf ältere Damen? Bitteschön!«

»Bist du nicht die FBI-Agentin?«, fragte er und trat langsam näher, allerdings ohne die geringsten Anstalten zu machen, das Mausoleum von innen zu untersuchen.

»Was ist? Hast du Angst, dass dich die Knochen beißen?«, konterte ich seufzend.

Na gut, dann würde ich es machen. Auch wenn ein paar hundert Jahre alte Knochen beileibe nicht schlimm anzuschauen waren – ich hatte schon ganz andere Sachen sehen müssen – hielt sich meine Begeisterung, in das Mausoleum klettern zu müssen, in Grenzen.

Ich drückte Richmond das Tuch in die Hand und schlüpfte in die Einweghandschuhe, die ich immer dabeihatte. Im Inneren roch es modrig. Um mehr zu sehen, musste ich hineinkrabbeln.

»Soll ich dir reinhelfen?« Irrte ich mich, oder …

»Nicky, hör auf, meinen Arsch anzustarren. Hast du zufällig eine Taschenlampe dabei?«

Ich hörte ihn leise lachen, aber immerhin reichte er mir eine kleine Stablampe herein – sogar ohne mich auch nur irgendwo zu berühren. *Schade eigentlich,* dachte ich und schob diesen Gedanken schnell wieder beiseite.

Erstaunlicherweise war der Sarg der ersten Mutter Oberin halbwegs gut erhalten gewesen. Wer immer hier gewütet hatte, hatte das Holz brutal zerschlagen, zertrümmert. Die Splitter lagen am Boden und zwischen den Knochen. Der Schädel, die Hüftknochen und sogar noch ein Teil der Kleidung, Ordenstracht, war ansatzweise zu erkennen. Boah! Die Luft war wirklich grauenhaft und ich musste würgen.

»Cherry? Ist alles okay?«

Ich konnte nicht antworten. Schnell leuchtete ich das Innere aus. Was immer die Einbrecher gesucht hatten, sie waren nicht auf Wertgegenstände aus gewesen. Alleine das große Kreuz, vermutlich aus Gold, und den prächtigen Rosenkranz hätte jeder normale Grabräuber mitgenommen. Mehr war nicht zu erkennen. Ich schob mich vorsichtig wieder zurück. Dankbar stützte ich mich nach diesem unerquicklichen Ausflug auf Richs Arm auf.

»Und?«

»Mann, Nicky!«, schnaufte ich. »Nächstes Mal krabbelst du da rein!«

»Ich habe Wache gehalten, wie ein echter Gentleman«, erklärte er fast beleidigt. Aber wo schaute er hin? Auf mein Ohr?

»Äh, du hast da eine kleine Spinne am Ohr!«

»WOAH! Mach sie weg, SOFORT! NICKY!« Mein hysterisches Kreischen löste einen Lachanfall bei ihm aus, aber – sorry – bei Spinnen war es bei mir aus und vorbei.

»Zu Befehl, Agent – der Feind ist beseitigt«, versicherte er mir und lachte mich fast – hm – an. Ich schluckte und folgte dann mit meinen Augen seiner Handbewegung. Von wegen beseitigt! Er hatte das Vieh doch tatsächlich auf die Marmorplatte des Mausoleums gesetzt, anstatt es zu killen. Brrr!

»Warte, schau doch mal!«

In dem schmalen Spalt zwischen Deckplatte und Seitenwand steckte etwas. Eine Zigarettenkippe? Mit spitzen Fingern zog ich das Ding heraus und hielt es Richmond vor die Augen. Naserümpfend nahm er den Stummel in Augenschein.

»Sieht nach Zigarillo aus, ziemlich frisch. Wer immer hier war, es war ein ziemlicher Idiot.« Er zog ein zerknülltes Stück Papier aus der Hosentasche und wickelte den Stummel ein.

»Du weißt aber schon, dass wir kein Labor zur Verfügung haben, oder?«

Schulterzuckend und schief grinsend antwortete Richmond doch tatsächlich: »Wer weiß, ich frag´ mal Noelia?«

Herr im Himmel! Was glaubte er? Dass seine spanische Prinzessin vergammelte Zigarillo-Stummel am Geruch erkannte? Oder sollte sie den Stummel ablecken? Glaubte er, sie würde an der Spucke darauf vielleicht erkennen, von wem er stammte? Er und seine Prinzessin – das war echt zum Ko… Zu spät erkannte ich, dass wir uns viel zu sicher gefühlt hatten. Scheiße!

Rich

»Gut, dann …« … *lass uns zu den Anderen gehen,* war das, was mir auf der Zunge gelegen hatte. Zum Glück hatte ich das noch rechtzeitig hinunterschlucken können. Ich kniff die Augen zusammen und versuchte zu realisieren, was hier gerade passierte.

»Na, wen haben wir denn da?«

Der Mann war unbewaffnet, aber seine beiden Bodyguards, die neben ihm posierten wie in einer schlechten Boygroup aus den Achtzigern, richteten zwei SIGs auf uns. Eine auf Cherry, der das Lächeln vergangen war, und eine auf mich. Der Typ, der sich die Hände nicht schmutzig machen wollte, grinste mich unverfroren an. Sein Gesicht konnte die Verwandtschaft zu seinem Bruder nicht leugnen. Er sah blasser aus, aber das konnte an der Umgebung liegen.

»Und wenn das nicht unsere Charity Rose ist«, lachte er und betrachte Cherry auf widerlichster Weise. »Na, Lust auf ein kleines Tänzchen?«

»Nicht mal in deinen Träumen!«, fauchte Cherry und Alvaros Blick verfinsterte sich.

»Große Worte für eine FBI-Schlampe, die gerade« – Alvaro ging einen Schritt auf Cherry zu – »unten liegt.«

»Was willst du?«, fragte ich ihn scharf und hoffte, ihn ein wenig ablenken zu können. Zeit zu gewinnen – nur wofür? Was hatte er vor?

»Nicht so drängeln, edler Ritter!« Fünf Worte, aber so ekelhaft ausgesprochen, dass mir speiübel wurde.

»Du kommst noch früh genug dran. Wenn Le Roi deine kleine Freundin ausgespuckt hat und sie ihn anbettelt, ihrem armseligen Leben ein Ende zu bereiten, dann beschäftigen wir uns damit, was du hier eigentlich für eine Rolle spielst.«

War ja klar. War nicht gut, so im Gesamten betrachtet, aber für den Moment schon. Wäre Willeford in der Nähe gewesen, hätte er sich diese Gelegenheit nicht nehmen lassen. Aber das war er nicht. Erst mal war es gut, dass er Cherry lebend wollte und sich offenbar zudem dazu entschlossen hatte, mir nicht gleich eine Kugel zu verpassen. Da sollte man nicht meckern.

Mein Gehirn arbeitet mit Hochdruck an einer Lösung aus dieser ausweglosen Situation. Scheiße, an der Stelle musste ich schmunzeln. Hatte Doyle nicht immer gesagt, es gäbe keine ausweglosen Situationen? Es gäbe nur Privatdetektive, die zu schlampig recherchierten? Manchmal hasste ich ihn. Wenn einer der beiden Statisten die Nerven verlor, würde ich jedenfalls als Privatdetektiv, der zu langsam recherchiert hatte, in die Annalen eingehen. Zum Glück hatte niemand meine der Situation völlig unangemessene Mundbewegung gesehen, weil selbst der Typ, der die Waffe auf mich gerichtet hielt, Cherry anstarrte. Von Gier getrieben, wollten seine Augen sehen, wie Cherry auf die Demütigung reagierte, und die ließ sich zum Glück damit Zeit. An meine Waffe würde ich so schnell nicht kommen – keine Chance. So eine lange Leitung traute ich dem Typen nicht zu, auch wenn er nicht den hellsten Eindruck machte. Aber langsam musste mir etwas einfallen. Zwei gegen drei, von denen zwei bewaffnet waren. Oder eher alle drei, denn dass Alvaro nicht doch eine Pistole aus seinem Jackett ziehen konnte, konnte ich mir kaum vorstellen.

Was dann geschah, passierte so schnell, dass kaum einer Aktion noch ein Gedanke oder gar ein Entscheidungsvorgang voranging. Und zwar von dem Moment an, an dem Noelia in den Weg einbog und in einem Bruchteil einer Sekunde die Situation erfasste. Die Frau, die in fünf Sekunden töten konnte, zeigte mir eindrucksvoll, dass diese Drohung kein Bluff gewesen war. Etwas dauerte es, da sie die Entfernung noch ein wenig verringerte.

Lautlos und doch nicht eben langsam schlich sie sich an die Gruppe heran und machte mir mit einer Kopfbewegung klar, was sie vorhatte. Auch Cherry musste sie gesehen haben, aber von ihr kam keine Regung.

»Was will Le Roi denn von mir?«, fragte sie ruhig.

Ich vermute, Cherry kannte die Antwort, aber solange Alvaro redete, würden seine Marionetten nicht schießen.

»Was wohl? Du wirst für ihn anschaffen gehen!« Alvaro grinste breit. »Und bevor du feucht wirst: Ich denke, er wird sich mehr für Informationen und kleine FBI-Gefälligkeiten interessieren als für deinen nicht mehr ganz taufrischen Körper.«

Mein Gegenüber lachte laut. Das war der perfekte Moment für den Gegenangriff. Instinktiv entschied sich Noelia für den Mann, der Cherry bedrohte. Mit einer Geschwindigkeit, die ich Noelia nie im Leben zugetraut hätte, flog das Messer durch die Luft und bohrte sich tief in seinen Hals. Ich hörte nicht einmal mehr ein Schreien. Fast gleichzeitig schoss ich auf mein Gegenüber zu. Mit voller Wucht prallte meine rechte Handkante auf sein Handgelenk, während zeitgleich meine linke nach der SIG griff. Es war überraschend einfach. Ich machte einen Schritt zurück und richtete nun die Waffe auf ihn.

Cherry

Pachecos Auftritt bereitete mir Magenschmerzen. Ich schätzte es nicht, mit Schusswaffen bedroht zu werden. Im Nahkampf wusste ich mich jederzeit zu verteidigen, aber Kugeln konnte man in der Realität schlecht ausweichen. Das funktionierte nur im Kino. Ich riskierte einen Blick nach oben. Ob unsere Geschichtsbrigade in der Bibliothek von unserem Desaster hier etwas mitbekam? Richmond spielte auf Zeit. *Gut so, Nicky, mach weiter, halt den Affen am Reden. Zeit ist Leben.* Fieberhaft überdachte ich unsere Möglichkeiten, um jedes Mal aufs Neue festzustellen, dass wir keine hatten. Oberflächlich betrachtet war Pacheco unbewaffnet, aber so irre, wie er war, glaubte ich nicht daran. Provozieren oder nicht, das war jetzt die Frage.

Als ich im Säulengang eine schmale Gestalt aus den Augenwinkeln bemerkte, hatte ich meine Antwort.

»Was will Le Roi denn von mir?«, fragte ich ganz ruhig und richtete meine Aufmerksamkeit ganz auf Alvaro und seine Kumpane.

Pachecos schmieriges Gebrabbel prallte an mir ab, ebenso sein widerwärtiges Gelächter. Richmond straffte sich, er machte sich bereit, seinen Gegner zu entwaffnen. Ich zuckte mit keiner Wimper, als Noelia hervortrat und ihr Messer zielgenau warf. Der Typ, der seine SIG auf mich gerichtet hatte, sackte in derselben Sekunde lautlos zusammen, in der ich aus der direkten Schusslinie hechtete, was allerdings bedeutete, dass ich näher bei Pacheco landete.

Pacheco reagierte schnell auf die veränderte Situation. Seine Faust, obwohl sie mich nur streifte, schlug wie eine Bombe auf meiner rechten Gesichtshälfte ein. Und ich weiß wirklich nicht, woher das Märchen stammt, dass man in so einem Fall Sterne vor den Augen sieht. Mir wurde schwarz vor Augen und schlecht. Ich schrie vor Schmerz und konnte es nicht verhindern, dass ich in die Knie ging. Mit wutverzerrtem Gesicht packte er mich am Hals, zog mich hoch und begann mich zu würgen. Doch das Arschloch hatte meinen Überlebensinstinkt unterschätzt. Noch auf den Knien hatte ich zumindest mein Karambit-Messer ziehen können. Klein und fein, fast nicht zu sehen. Leicht zusammengekrümmt, wie eine kaputte Puppe, hielt er mich vor sich hin und drohte, mich zu töten, sollte Rich nicht sofort die Waffe fallen lassen. Die Fingernägel meiner linken Hand krallten sich so fest in die bloße Haut seines rechten Handgelenks, dass er blutete. Er schien es in seinem Zorn nicht zu spüren, doch als ich mit der rechten Johnnys Klinge aufklappte, meinen Arm mit ganzer Kraft gerade hochstieß und ihm Johnnys 2,5-Zoll-Klinge in die linke Achsel rammte, spürte er es. Ganz sicher sogar. Doch zu Boden gehen ließ ihn schlussendlich die Marmorvase vom Grab der Mutter Oberin, die Noelia ihm filmreif über den Kopf zog.

Rich

Tommy kam gleich mit dem großen Besteck. Zwei Mannschaftswagen, ein Rettungswagen und drei Donut-Schleudern waren im Anmarsch, um einen vor sich her wimmernden und einen toten Alvaro-Komparsen einzusammeln. Und Alvaro selbst. Er lag regungslos auf dem Boden und keiner traute sich, seinen Puls zu fühlen.

Cherry sah aus, als hätte man sie durch den Wolf gedreht. Alvaros Schlag hatte ihr eine fette, unansehnliche Beule beschert, die in der Sonne in allen Farben des Regenbogens leuchtete. Vor allem aber blau. Ihr T-Shirt klebte völlig durchgeschwitzt an ihrem Körper, der immer noch keine Anstalten machte, sich zu entspannen. Voller Hass starrte sie den am Boden liegenden Alvaro an und ich befürchtete, dass, wenn er sich nur einen Millimeter bewegt hätte, sie erneut auf ihn losgegangen wäre. Das allerdings wäre für uns alle das Beste gewesen, insbesondere für ihn.

»Wir haben ihn noch nicht nach Waffen durchsucht!« Noelia hatte diesen Satz gesagt, dafür gab es drei Zeugen. Sandrine, Cherry und auch ich würden später auf dem Revier aussagen, ihn gehört zu haben. Nein, wir hatten keine Zweifel. Ja, wir hatten den Eindruck, der Police Officer, der sich Alvaro näherte, hatte den Satz ebenfalls gehört und verstanden. Er hatte genickt. Dann hatte er sich dem vermeintlich Bewusstlosen von hinten genähert, sich vor ihm hingehockt, um ihn Handschellen anzulegen.

Das war genau der Moment, auf den Alvaro gewartet hatte. So angeschlagen er war – er hatte nicht nur eine sportliche Figur, unter der breiten Brust befanden sich auch gut durchtrainierte Muskeln. Cherry hatte er unterschätzt. Vor allem hatte er zu ihrem Glück in seiner blinden Wut ihr Klappmesser übersehen. Seinen linken Arm schien er nicht mehr bewegen zu können, aber mit seinem rechten packte er die Hand des Officers, schleudert diesen über sich hinweg, als wäre er aus Pappmaché, brachte den Körper des Cops zwischen seine kräftigen Beine und zog seine Waffe aus dem Halfter.

Das alles wäre nicht schlimm gewesen. Es standen dutzende Polizisten inzwischen am Tatort, alle bis auf die Zähne bewaffnet. Warum hätte Alvaro da schießen sollen? Vielleicht hätte er Forderungen gestellt. Einen Hubschrauber bekommen, ein bisschen Geld und dann hätte man einen Peilsender verfolgt. Wenn das überhaupt nötig gewesen wäre. Wir waren in New Orleans, verdammt – eine Flucht war so gut wie ausgeschlossen. Und wenn, wäre er mit seinen Verletzungen nicht weit gekommen.

Alvaro hatte noch gelacht und Noelia irgendetwas auf Spanisch gemurmelt, das beinahe wie eine Beschwörungsformel klang. Sogar ihre Stimme hatte eine Oktave tiefer geklungen als normal. Aber Alvaro hatte nur laut und dreckig gelacht und dann seinerseits etwas auf Spanisch geantwortet.

Und dann verlor sie die Nerven. Police Officer Suzanne Catrell zitterte am ganzen Körper und ihre SIG, aus der die Kugel abgefeuert worden war, zitterte mit. Lautlos sank Alvaro in sich zusammen. Catrell hatte ihn direkt ins Herz getroffen. Behutsam nahm ein Kollege ihre Hand und nahm ihr die Waffe ab.

»Non, non, non!«

Es war Noelia, die schrie. Und Sandrine sah kreidebleich aus.

»Was hat er gesagt?«, fragte sie Noelia.

Eigentlich schrie sie sie fast an. Hilfesuchend wandte diese ihren Blick zu mir, als hätte ich eine Chance gehabt, irgendetwas von dem spanischen Gebrabbel zu verstehen.

»Was hat er gesagt?«, schrie Sandrine Noelia an.

»Dass er weiß, wer …« Noelia wagte es kaum weiterzureden.

Sandrine, die Grande Dame, verlor fast die Fassung. Tommy musste einschreiten, dass keiner der Officer ihr noch Handschellen anlegte oder so was. Jedes zweite ihrer einsilbigen Worte begann mit einem F.

»Also gibt es diesen Brief?«

Noelia sah mich an und seufzte.

»Das werden wir wohl nie erfahren. Vielleicht hat er nur geblufft, aber das glaube ich nicht. Er behauptet, er habe den Inhalt des Grabes verkauft.«

»An wen?«

Noelia zuckte mit den Achseln. Alles schien umsonst gewesen zu sein. Die ganzen Toten im Le Masque Noir, die beiden Leichen, die hier gerade abtransportiert wurden, waren umsonst gestorben. Keiner von uns dachte in dem Moment an Catrell. Wahrscheinlich hatte sie so handeln müssen. Sie war noch jung und wenig erfahren, aber sie hatte einen Fehler gemacht. Einen schwerwiegenden Fehler.

Ich hockte mich neben Cherry, die auf einer Art übergroßem, aber leerem Blumentopf kauerte. Sie erschrak fast, als ich meine Hand auf ihren Arm legte. Mit großen Augen sah sie mich an. Abgekämpft, ausgelaugt.

»Warum? Rich, warum? Warum tun wir uns so eine Scheiße an? Du doch auch! Riskierst hier dein Leben für eine scheiß Schlagzeile in einer Zeitung, die am Ende des Tages im Müll landet. Und wir haben nichts!«

»Apropos« Irritiert blickte ich mich um. »Wo ist eigentlich Mary Anne?«

»Ich weiß es nicht«, antwortete Cherry resigniert.

»Noch in der Bibliothek.« Noelia flüsterte fast. »Wir waren gerade dabei, noch mal den Brief der Comtesse zu lesen und die Dokumente zu sichten.« Sie stöhnte. »Das wäre auch zu viel gewesen für sie.«

Cherry nickte.

»Es tut mir so leid für dich!«

So viele Arme hatte ich gar nicht. Ich drückte Cherry einmal fest, stand auf und trat Noelia gegenüber.

»Danke«, sagte sie leise. »Und es tut mir leid. Ich weiß nicht, wofür ich alle die Jahre gekämpft habe.«

Sie lehnte ihren Kopf an meine Schulter und weinte.

Wir hatten überlebt. Aber jeder einzelne von uns hatte das Gefühl, wir hätten einen Krieg verloren und ständen nun orientierungslos auf dem Schlachtfeld.

Cherry

Genau deswegen war ich nicht mehr beim FBI und trug keine Schusswaffen mehr. Zu viel Blut klebte an meinen Händen, zu oft hatte ich entscheiden müssen, wer lebte oder starb – und einmal zu oft, hatte ich es nicht bereut. Es war gut zu wissen, dass Pacheco nie wieder jemandem wehtun würde. Ich bedauerte Catrell, sie hatte im Affekt getan, was eigentlich ich hätte tun sollen – was ich im Grunde meines Herzens auch hatte tun wollen. Mein Magen krampfte sich zusammen, mir wurde schlecht. Was war ich nur für ein Mensch.

Richs Berührung ließ mich zusammenzucken, doch dann nahm ich seine kurze Umarmung dankbar an, ließ mich ins Leben zurückholen. Wir lebten. Noelia heulte sich an Richs Schulter aus. *Typisch Prinzessin,* dachte ich und hoffte für sie, dass sie so bleiben würde, wie sie war – in ihrem tiefsten Innern unschuldig. Auch wenn ich das laut niemals zugegeben hätte, genauso wenig, wie ich zugeben würde, dass ich nun vermutlich endgültig pleite war. Dieses geheime Vermächtnis der französischen Königsfamilie, oder was auch immer, hatte sich jahrhundertelang hier im Mausoleum der ersten Ehrwürdigen Mutter der Ursulinen, im Grab von Marie Constance befunden und nicht im Besitz von Mary Annes Großmutter. Somit hatte sich mein Auftrag eigentlich von selbst erledigt.

Wie zu erwarten, hatten sich aufgrund des Auflaufes an Rettungsdiensten und Polizei die aktuelle Mutter Oberin, Marie Angelique, und ihre Handvoll Nonnen ebenfalls vor dem Kloster eingefunden. Zuerst noch entrüstet über das Geschehen an ihrer heiligen Stätte, war ihre Stimmung aufgrund des Schusswechsels und der Toten gedämpft. Ruhig beobachtete ich, wie die Einsatzkräfte allesamt bemüht waren, die Kontrolle über die Situation wiederzuerlangen.

Eigentlich wäre jetzt der perfekte Zeitpunkt gewesen, um hochzugehen und nachzusehen, was denn nun wirklich für Geheimnisse oben im Archiv von LV verwahrt wurden. Wer wusste schon, ob später dazu überhaupt noch Gelegenheit bestehen würde. Die Mutter Oberin wirkte zu recht entrüstet und ich fürchtete, sie würde uns alle rausschmeißen – LV und Sandrine Lorraine hin oder her – wenn es hart auf hart käme.

»Also, was habt ihr im Archiv gefunden? Ich will wenigstens wissen, warum die Leute rund um uns wie die Fliegen sterben. Mary Anne hat hoffentlich die Bundeslade gefunden.« Verständnislose Blicke streiften mich. »Den Heiligen Gral?« Okay, offensichtlich war ich die Einzige hier, die gerne alte Filme sah. »Noch nie was von Indiana Jones gehört? Nein?«

Hochgezogene Augenbrauen und Kopfschütteln. Na, dann halt nicht. Seufzend drehte ich mich um und machte mich daran, Mary Anne zu suchen, und der Rest der Truppe folgte mir. Wir waren eine stille Karawane, die durch die Flure des Klosters über die Treppe hinauf zur Bibliothek marschierte. Der Schock, dem Tod ins Angesicht gesehen zu haben, saß uns allen noch in den Gliedern. Na ja bei Sandrine war ich mir nicht sicher. In ihrem Gesicht war nichts zu lesen, dachte ich, als sie auf halbem Weg zielstrebig die Führung übernahm. Diese Frau war eiskalt. Ich mochte sie noch immer nicht.

Kraftvoll öffnete Sandrine die schwere Holztür zur Bibliothek. Mary Anne saß an einem riesigen Tisch mit Intarsien, der dem Aussehen nach durchaus noch aus den Beständen des Sonnenkönigs oder der Sonnenkönigin stammen konnte.

»Mary Anne?«

Erstaunen und Fassungslosigkeit machten sich in mir breit. Nicht nur in mir. Auch die Gesichtszüge meiner Mitstreiter, ja, sogar von Sandrine zeigten Ratlosigkeit angesichts des absoluten Nichtreagierens von Mary Anne. Mit starrem Blick fixierte sie einige lose Blätter, die sie akribisch auf irgendeinem Tuch ausgebreitet hatte. Außerdem hatte sie Handschuhe an und trug einen Mundschutz. Gerade als ich sie erneut ansprechen wollte, schreckte sie hoch.

»Na, endlich, wo bleibt ihr denn so lange? Diese Unterlagen … Das ist alles einfach unglaublich. Ich würde alles geben, um einmal das Original der Heiratsurkunde der Comtesse mit Louis XIV. in der Hand zu halten. Und natürlich die Taufbescheinigung des …«

Sie unterbrach sich und lauschte, bevor sie fortfuhr: »Ist etwas passiert? Was ist da unten los?«

»Das ist jetzt nicht dein Ernst?«

Konnte es sein, dass sie wirklich nichts, rein gar nichts mitbekommen hatte?

»Was? Was denn?«, wagte sie tatsächlich in fast zickigem Tonfall zu fragen, als wir alle sie mehr oder weniger ungläubig anstarrten. Endlich schien auch in ihrem Superhirn angekommen zu sein, dass nicht alles in Butter war. Wegen ihrem historischen Scheiß, ein paar alten königlichen Schmierzetteln vermutlich, fühlte ich mich nicht nur, als hätte mich ein Monstertruck überfahren, nein, ich sah auch so aus – und sie hatte nichts mitgekriegt? Ich glaubte es nicht! Rich, Noelia und ich wären fast draufgegangen. Ich hätte fast wieder getötet wegen ihr …. Noelia hatte getötet …. Und sie? Sie hatte gelesen?

Kapitel 29 (LV – Das Archiv)

Rich

Hätte ich nicht das Gefühl gehabt, dass es unangemessen war, hätte ich geschmunzelt. Scherze über die Bundeslade oder den Heiligen Gral fanden ernsthafte Geschichtswissenschaftlerinnen bestimmt unglaublich kreativ. Die Gesichtsausdrücke von Noelia und Sandrine waren jedenfalls göttlich. Aber es beruhigte mich, nicht als Einziger ohne Plan herumzulaufen.

»Excalibur wäre geil«, entfuhr es mir.

Ich hatte es zum Glück nur ganz leise in Cherrys Richtung geraunt. Sie sah mich vorwurfsvoll mit einem bitterbösen »Danke, verarschen kann ich mich allein«-Blick an.

Plötzlich kam Rob durch die Tür. Niemand schien ihn vermisst zu haben. Erst jetzt fiel mir auf, dass er nicht bei Mary Anne geblieben war, wie ich vermutet hätte. Aber ein Blick reichte mir, um zu wissen, wo er gesteckt hatte. Vor allem dann, wenn er ihm auswich. Er blickte zur Seite und überprüfte aus den Augenwinkeln den Sitz seiner Kameratasche. Mir konnte er nichts vormachen.

Es war Noelia, die Mary Anne auf den neusten Stand brachte. Als wäre die Erinnerung schon beinahe verblasst gewesen, schilderte sie die Ereignisse auf dem Friedhof in einer gespenstischen Sachlichkeit, die selbst Sandrine ein leichtes Augenbrauenzucken abverlangte. Dass Noelia innerlich anders tickte, war mir längst klar geworden. Wer genau hinsah, erkannte an ihrem teilnahmslosen, nach innen gerichteten Blick, wie verloren sie sich fühlte.

Immerhin war die Welt, die andere ihr ganzes Leben lang um sie herum gebaut hatten, gerade in sich zusammengefallen. Sie war von Kind auf programmiert, ihre Seele dem Spanischen Schwert zu verschreiben, und nun hatte sie die Fratze des Bösen gesehen, sollte wie ein Opferlamm zur Schlachtbank geführt werden – und das Ganze unter der Leitung der eigenen Stiefmutter. Das war kein böses Märchen, für sie war das bittere Realität.

»Das Grab war leer?« Mary Annes Stimme zitterte. »Nichts drin?«, versuchte sie es noch mal, nachdem alle gleichzeitig die Köpfe schüttelten.

»Nada«, sagte ausgerechnet ich. »Nur die Erste Mutter. Ziemlich abgemagert.«

»Mann, Richmond!«

Cherry wirkte genervt. Ich hatte gelernt, »Nicky« sollte mich ärgern. Wenn sie mich »Rich« nannte, wurde sie ernsthaft und ich sollte zuhören, und bei »Richmond« sollte ich besser die Klappe halten.

»Also, Mary Anne«, beendete Sandrine das leicht betretene, kollektive Schweigen. »Hast du etwas Neues entdeckt?«

Ihre Stimme klang dabei durchaus ein wenig zickig. Sie hatte wahrscheinlich alle Dokumente in diesem Raum schon tausend Mal gelesen und erwartete nicht wirklich, dass Mary Anne, jüngste Professorin hin oder her, da irgendetwas hatte entdecken können, was ihr entgangen wäre. Cherry vernahm diesen Unterton offenbar auch, denn für einen Bruchteil einer Sekunde huschte ein Lächeln über ihr Gesicht.

«Ich würde es ganz eindeutig als ihre Handschrift identifizieren. Schau dir das kleine L an, das aussieht wie ein T ohne T-Strich. Und das P schrieb sie auch nie richtig. Der zweite Bogen sieht aus, als gehöre er zu einem N.«

»Ja«, antworte Sandrine übertrieben gelangweilt. »Auch der zweite Brief ist eindeutig von der Comtesse de Châteaumeillant. Ich glaube, das erwähnte ich bereits. Wir haben ausgiebige Tests an beiden Briefen durchgeführt und … Entschuldigung, was war jetzt unglaublich?«

»Der Inhalt.« Mary Anne sah erst Sandrine und dann Cherry an. »Kann sie sich das wirklich alles ausgedacht haben? Sie weiß so viele persönliche Dinge über Louis XIV … Wie konnte sie das, wenn sie nicht …?«

»Darf ich?« Noelia fragte fast etwas schüchtern und ich hatte das Gefühl, jeder hatte jeden im Blick.

»Wir machen mal die Schotten dicht«, sagte Cherry, als hätte sie gerade den gleichen Gedanken gehabt. »Nicht, dass jemand noch auf eine dumme Idee kommt.« Sie schloss die Tür und lehnte sich lässig an die Wand.

»Okay«, erwiderte Mary Anne leicht widerwillig.

»Es gibt einen Satz, der ergibt in meinen Augen keinen Sinn. Sie schreibt hier über ihren Vater ›quelle tache‹, also quasi ›Was für ein Schandfleck!‹« Aus irgendeinem Grund sah sie mich an, als sie den Ausdruck übersetzte.

»Sie nannte ihn einen Schandfleck, um sich beim König einzuschleimen«, antwortete Sandrine. »Wie wir alle wissen, war François Victor Vareillas, Duc de Châteaumeillant, beim König in Ungnade gefallen. Dennoch hoffte die Comtesse, dass ihr Vater der festen Überzeugung war, eines Tages wieder auf den königlichen Hof zurückkehren zu dürfen.«

Bei »wie wir alle wissen« musste ich mich echt zusammenreißen, nicht laut loszuprusten.

»Darf ich jetzt mal?« Noelias Stimme klang nun schon deutlich bestimmter.

Mary Anne blickte noch einmal zu Sandrine, wie, um sie um Erlaubnis zu fragen, aber bevor diese eine Reaktion zeigen konnte, hatte sich Noelia das Papier schon geschnappt.

»Incroyable«, murmelte sie immer wieder. »Dieser Brief in den falschen Händen … Mon dieu, dieses Dokument würde nahezu alle Kritiker verstummen lassen, die an der Echtheit des ersten Briefes zweifeln …« Fast resigniert schaut sie in die Runde. »Und damit beweist auch er die Rechtmäßigkeit der Thronfolge zugunsten der Vareillas. Was gäbe die Königin dafür, diesen Brief in der Hand zu halten?«

»Niemand weiß von diesem zweiten Brief!«, antwortete Sandrine streng. »Niemand außer den Mitgliedern des LV. Und jetzt ihr.«

»Hm«, murmelte Noelia, als wäre sie auf etwas gestoßen. »Sie erwähnt mehrfach diesen Bischof Raymond-Baptiste du Bocasse.«

»Haben wir überprüft«, sagte Sandrine mit resigniertem Ton. »War Bischof von sechszehnfünfundneunzig bis siebzehnsechzehn.«

»Hm … Du Bocasse …«

»Wir haben auch die Sterbeurkunde überprüfen lassen, weil er siebzehnsechzehn verstarb. Aber auch die ist wasserdicht.«

Noelia schüttelte den Kopf.

»Du Bocasse … Ist seine Sterbeurkunde auch unter den Belegen?«

Wie eine eifrige Studentin eilte Mary Anne zu ihr, entnahm aus einer Folie ein Blatt Papier und legte es vorsichtig vor Noelia auf den Tisch.

»Auch überprüft. Auch das Dokument ist ein Original.«

»Hm …«, murmelte Noelia erneut und sah Sandrine an. »Dass es aus jener Zeit stammt, ist leider kein Beweis, dass es sich um keine Fälschung handelt.« Noelia stöhnte und fuhr sich aufgeregt mit der Hand durch ihre Haare. »Und das ist also der Totenschein. Auch überprüft, schon klar.« Noelia verzog den Mundwinkel und blickte zu Sandrine, während diese fast unbemerkt eine Augenbraue hob und wahrscheinlich innerlich tief durchatmete.

Eine Sackgasse mit einer Seitengasse, die zu einer neuen Sackgasse führte mit einer Seitengasse, die … Ich konnte meinen Gedanken nicht zu Ende denken.

»Dios mio!«, rief sie auf einmal laut auf.

Beim Fluchen kam offenbar das Spanische wieder durch. Alle Blicke waren auf sie gerichtet. Langsam drehte sie sich um. Ihr Gesichtsausdruck war so merkwürdig, dass ich mich beinahe erschrocken hätte.

»Antoine de Loupy.«

»Der Arzt, der den Totenschein ausgestellt hat.«

Sandrine versuchte, es so zu betonen, als führte auch dieser Name wieder ins Nichts. Ihr Stirnrunzeln jedoch verriet, dass ihr noch nicht klar war, warum Noelia uns ansah wie einen Haufen Erstsemester, die nicht in der Lage waren, das Offensichtliche zu sehen, nicht einmal, wenn man sie mit der Nase darauf stieß.

»Isch 'abe die Geschichte der Vareillas bis ins letzte Detail studiert, aber das …«

Amüsiert erwiderte ich den genervten Blick von Cherry, der in meinem so etwas wie einen Verbündeten gesucht hatte. Ich versuchte, nicht zu lächeln.

»Ich will ja nicht drängeln …«, drängelte Cherry schließlich. Mir war klar, dass Cherry Noelias französischer Akzent gegen den Strich ging, auch wenn ihr inzwischen klar sein musste, dass der nicht aufgesetzt war.

»Antoine de Loupy«, wiederholte Noelia aufgeregt.

»Der Arzt, ja?«, stöhnte Cherry.

»Er war der Hausarzt der Vareillas. Ein äußerst beliebter dazu. Er hatte schon Bernadette Vareillas zur Welt gebracht und er hätte ganz sicher auch Clemence Vareillas zur Welt gebracht.«

»Und er hat es nicht getan, weil …?« Ich ahnte es schon.

»Er starb genau eine Woche nach dem Sonnenkönig am achten September siebzehnfünfzehn.«

»Der Totenschein lag die ganze Zeit hier, vor unserer Nase!« Sandrine lehnte verzweifelt ihre Stirn an ihre Fingerkuppen und seufzte tief.

»Ich wusste, dass de Loupy den Totenschein nicht unterschrieben haben konnte. Aber ich wusste nicht, dass auf dem Totenschein seine Unterschrift ist. Das bedeutet, dass der Bischof schon siebzehnfünfzehn gestorben sein muss.«

»Aber auf dem Totenschein steht siebzehnsechzehn?« Ich wollte nur noch mal sicher gehen. »Die Vareillas haben den Totenschein auf siebzehnsechzehn umgeändert? Aus der Fünf eine Sechs gemacht und die Handschriftforensik hat das … übersehen?«

»Es ist leicht, aus einer Fünf eine Sechs zu machen«, wandte Mary Anne ein. »Und selbst wenn … Wie oft verschreiben wir uns in einem neuen Jahr und korrigieren es dann noch?«

»Mich würde auch nicht wundern«, ergänzte Sandrine, »wenn die Vareillas etwas nachgeholfen haben, dass genau das Ergebnis bestätigt wurde, das sie haben wollten.«

»Und damit ist auch klar, warum die Vareillas seinerzeit diese Dokumente nicht eingesetzt haben. Jeder, der die Familie kannte, wusste, dass der Bischoff siebzehnsechzehn keine Urkunde hätte unterschreiben können. Eine Änderung auf siebzehnsechzehn hätte damals keinen Sinn ergeben. Neunzehnhundertfünfundsiebzig dagegen …« Noelia grinste.

»Jedenfalls haben wir ihn gefunden, den Beweis. Den Beweis, dass sowohl die Heirats- als auch die Geburtsurkunde eine Fälschung sind und die Vareillas keinen rechtmäßigen Anspruch auf den Thron haben. Oh, die spanische Königin wird vor Wut platzen. Und es wird nicht einmal blaues Blut herausspritzen!«

Ein bisschen geschockt war ich schon. Die Frau, die vor fünf Minuten jemanden getötet hatte, war kurz davor, vor Glück zu tanzen.

Cherry

Wenn ich die Diskussion richtig interpretierte, hatten sie soeben die spanische Königin entthront. Unsicher, ob ich die Hintergründe auch richtig verstanden hatte, wagte ich es, vorsichtig zu fragen: »Und ihr könnt beweisen, dass dieser Arzt vor dem Bischof und der Geburt des angeblich königlichen Sprösslings gestorben ist? Da gibt's doch sicher auch einen Totenschein oder so.« Ratlos blickte ich in die Runde und erntete sowohl von Sandrine als auch Noelia ein nachsichtiges Lächeln.

»Naturellement … «,schmunzelte Noelia und zückte ihr Handy. »Wie spät ist es in Fronckreisch?«, fragte sie.

»Sechs Stunden früher zirka«, antwortete ich. »Äh … Eher später.« Verwirrt sah ich Rich an und musste lachen. »Genau, so herum. Ich dachte von Frankreich aus.«

»Etwa zehn Uhr abends.« Sandrine schüttelte den Kopf. Die Anzahl der Stunden hätte Noelia sicher selber gewusst.

»Corinne« Noelia klang aufgeregt. »Excuse-moi, …« Für den Rest reichte mein Französisch nicht aus, zumal die Worte aus Noelias Mund schossen wie Munition aus einem Maschinengewehr.

»Antoine de Loupy« – das verstand ich wieder.

Noelia sagte nichts mehr, bis auf einmal sich ihr Gesicht erhellte. »Merci, ma chère!« Noelia klang erleichtert.

»Corinne, eine Kollegin von der Sorbonne, hat eine Studienarbeit geschrieben über die Leibärzte des französischen Adels im siebzehnten und achtzehnten Jahrhundert. Sie ist eine Freundin, eine der wenigen, die meine wahre Identität kennen. Daher hat sie mich auch über die Ärzte der Vareillas ausgefragt. De Loupy starb in Rouen und als neunzehnhundertfünfundsiebzig die Vareillas den Thron bestiegen, haben sie ihn in Rouen wieder ausgegraben. Sein Bild hängt im Historischen Museum und er verstarb am achten September siebzehnfünfzehn. Et voila!«

Sandrine, Noelia und Mary Anne grinsten sozusagen von einem Ohr zum anderen und beglückwünschten sich gegenseitig zu ihrer Genialität. Rich und Rob nahmen die historische Sensation eher gelassen auf. Ich konnte sehen, wie sich die Räder in Richs Kopf zu drehen begannen. Die Augen leicht zusammengekniffen, blickte er das historische Koryphäen-Trio an.

»Okay, und wer käme nun als Vater von Clemence in Frage, wenn es nun doch nicht der König war?«

»Ist das noch wichtig, Nicky? Das historische Rätsel ist gelöst, die böse Königin tot – im übertragenen Sinn«, brummte ich schulterzuckend.

Richs Blick war Antwort genug.

Natürlich war mir inzwischen klar geworden, warum Rich das fragte und Rob ein Dokument nach dem andern fotografierte.

»Ja, ja schon klar, die Leser eures Klatschblattes wollen alles genau wissen, wer wann wie mit wem«, erklärte ich mit eindeutigen Handbewegungen.

Das war auch legitim – deswegen waren die beiden schließlich hier. Frustriert, schließlich hatten alle ihr persönliches Erfolgserlebnis nur ich nicht, hörte ich den Profis zu.

»Na ja, wann wurde das Kind geboren? Irgendwann im Jahr davor, muss die Comtesse ja geschwängert worden sein. Wenn nicht vom König, dann von jemand anderem«, stellte Noelia fest.

Irgendetwas schien sie zu bewegen, denn sie lief immer wieder im Kreis, blieb stehen, überlegte und setzte ihren Weg wieder fort. Sandrine schnappte sich einen Stapel Papier.

»Das hier ist alles aus dem Jahr vor der Geburt von Clemence, dem Sohn von Bernadette Vareillas, Comtesse de Châteaumeillant.«

Mary Anne und Sandrine sahen den Stapel durch.

Ich hatte absolut keine Lust dazu, irgendwas zu lesen. Mein Körper schmerzte an mehr Stellen, als ich Muskeln besaß. Ein Königreich für eine Schmerztablette. Ich wollte hier raus, ahnte aber, dass dieser Wunsch nicht so schnell in Erfüllung gehen würde. Verflucht, mir tat jeder Knochen, jeder Muskel weh. Ich krabbelte auf den Tisch, legte mich hin und versuchte die Schmerzen wegzuatmen. Im Hintergrund hörte ich Rich und Rob flüstern. Was die beiden wohl schon wieder ausheckten?

»Ein Königreich für eine Schmerztablette«, murmelte ich, wie ich dachte, kaum hörbar vor mich hin.

»Schmerztablette?« Ich musste gar nicht hinsehen, um zu wissen, dass Rich bei der Frage grinste. »Wonderwoman braucht eine Schmerztablette?«

Ich sah ihn immer noch nicht an. Dafür sah ich Noelias Gesicht, die offenbar zu Rich herüberblickte und über seine Frage lachte. *Miststück*, dachte ich.

»Hier ist etwas!«, rief Mary Anne.

»Ja, der Bericht der Hebamme und des beigezogenen Arztes über die Geburt des Kindes«, bestätigte Sandrine mit einem Seitenblick, aber ohne Begeisterung. »Es gab Komplikationen, aber das war damals nicht unüblich, auch dass der Kleine kränkelte und sehr behütet wurde. Wir brauchen etwas aus der Zeit davor. Aber aus dem Jahr vor der Geburt sind keine Tagebücher der Comtesse da. Davor schon, aber dann nicht mehr. Aber Moment … Hier sind die Aufzeichnungen des Schreibers der Familie. Hmm, ich denke nicht, dass wir hier etwas finden.«

Dennoch blätterte Sandrine die Unterlagen durch.

»Hier ist wirklich nichts«, bestätigte Mary Anne. »Hier ist nur noch die Rede von einem Jagdunfall bei einer der großen Jagdgesellschaften, die auf den Ländereien der Châputiers, Nachbarn der Châteumeillants, stattfanden. Genau da könnte die Comtesse auf den König getroffen sein, auch wenn nichts davon in den offiziellen Schriften erscheint. Aber das würde nur bestätigen, dass der König tatsächlich die Vareillas wieder anerkannt und die Comtesse geschwängert hätte.«

Rich

»Wir drehen uns da doch im Kreis«, antwortete ich genervt. »Genau das haben wir doch gerade eben ausgeschlossen!«

»Also gut«, warf Sandrine ein. »Was wir von ihr wissen, ist, dass sie später Richard Carl Lord Faymonville, den Sohn des Earl of Essex geheiratet hat.«

»Aber die haben sich definitiv erst siebzehnsechzehn kennengelernt, als er das erste Mal England verlassen hat«, ergänzte Mary Anne. »Da muss das Kind schon geboren gewesen sein.«

»Dafür tauchten neunzehnhundertfünfundsiebzig Dokumente auf, die seinen ersten Besuch in Frankreich beschreiben. Aber damals hat die Charade funktioniert, weil die Vareillas recht zurückgezogen lebten.«

»Stimmt«, bestätigte Sandrine. »Die beiden heirateten und wollten das Kind zusammen großziehen. Nirgendwo war seinerzeit zu lesen, dass er ein Bastard war.«

Mary Anne nickt Sandrine zu.

»Richtig, und neunzehnhundertfünfundsiebzig wurde die Geschichte geändert, nachdem sie auch den Brief der Comtesse samt Urkunden entdeckt hatten. Plötzlich war sie die Witwe von Louis XIV.«

»Und neunzehnhundertfünfundsiebzig fiel der kleine Fehler nicht mehr auf. Wer achtet schon auf einen Arzt, wenn der Bischof die Urkunde unterschrieben hat?«, entgegnete Sandrine. »Wobei … Selbst wenn der Arzt nicht zu früh verstorben wäre, hätten sie die Dokumente nicht einsetzen können.«

»Warum das?«, fragte Rob und sogleich waren eine ganze Reihe empört blickender Augenpaare auf ihn gerichtet.

Darauf wusste sogar ich die Antwort.

»Weil die Macht des Sonnenkönigs nicht über seinen Tod hinausging. Im Gegenteil, es wurden ja sogar Gesetze von ihm sofort nach seinem Tod wieder rückgängig gemacht. Da war der Brief der Comtesse von heute auf morgen nicht nur wertlos, er war sogar gefährlich.«

Ich musste schmunzeln, weil nun alle ihre Blicke auf mich richteten und keine der hochrangigen Expertinnen meinen Ausführungen etwas hinzuzufügen hatte.

»Lord Faymonville starb bereits kurz nach dem zweiten Geburtstag von Clemence«, schloss Mary Anne. »Daher gab es kaum Bilder von ihm, abgesehen von einigen wenigen aus seiner frühen Kindheit. Das hatte er übrigens mit Vicomte Alexandre de Chapout gemein.«

»Also stehen wir wieder am Anfang«, stöhnte Cherry resigniert.

»Na ja«, begann Sandrine, »ein Bild gibt es schon von ihm.«

»Was? Von Alexandre, oder ...?«

Sandrine nickte Mary Anne zu.

»Ja, es hing lange Zeit im Französischen Museum von New Orleans.«

Sie öffnete die Kiste und zog ein Heft heraus, das deutlich jünger war als alles, was sich sonst dort drin befand.

»Sie haben es inzwischen eingelagert, aber in diesem Museumsführer ist eine Abbildung.«

Sie schlug die Seite mit dem Bild auf. Ich betrachtete es nur kurz, denn für mich sahen die Bilder aus jener Zeit ohnehin alle gleich aus.

»Pardon. Moment! Das Bild kommt mir bekannt vor! Nicht dieselbe Perspektive, aber ...« Noelia riss den Führer förmlich an sich. »Aber dann ist das nicht Monsieur de Chapout!«

»Bitte was?« Ungläubig blickt Mary Anne sie an. »Unter dem Bild steht aber doch ›Vicomte Alexandre de Chapout‹?«

Unbeirrt schüttelte Noelia den Kopf.

»Isch bin verwirrt.« Völlig aufgelöst lief sie hin und her. »Ein sehr ähnliches Bild hängt im Château de Châteaumeillant. Nur darunter steht ›Richard Carl Lord Faymonville, Fuchsjagd in Essex‹.«

»Fuchsjagd in Essex?« Ich sah stirnrunzelnd in die Runde. »Aber es zeigt diesen Alex? Und der nimmt an einer Fuchsjagd teil? Zudem in England?«

Noelia zeigte ihr arrogantestes Lächeln.

»Und? Siehst du irgendwo einen Fuchs? Woran erkennst du England? Geht das Pferd auf der falschen Seite?« Noelia lächelte und dieses Mal richtig süß. »Also, ich sehe einen jungen Mann auf einem Pferd auf einer Lichtung. Das können sehr gut die

Ländereien von Châteaumeillant sein. Und direkt daneben hing ein Bild von ihm, wie der kleine Clemence auf dem Schoß der Mutter sitzt und Lord Faymonville seine Hand ergreift. Ich bin nie auf den Gedanken gekommen, dass diese beiden Bilder nicht den Lord zeigen könnten.«

Ich stöhnte.

»Also wenn ein Bild von Vicomte Alexandre de Chapout im Haus der Familie hing…« Meine Puzzleteile ergaben immer mehr Haufen im Kopf statt ein fertiges Bild. »… wollte die Familie offenbar verschweigen, dass Vicomte Alexandre de Chapout der Vater war. Und das wollten die, weil …?«

Hatte Mary Anne da wirklich mit den Augen gerollt?

»Völlig verarmter Landadel«, antwortete Noelia. »Und offenbar hatten sie ja auch höhere Ziele gehabt. Sie wollten letztlich wieder am Hof geduldet werden – das wäre ihnen mit einem de Chapout nicht gelungen.«

Sandrine nickte.

»Die werden den de Chapouts eine kleine Entschädigung bezahlt haben, was diese sicher dankend angenommen haben. Dann starb der König und der Brief hätte nichts mehr ausgerichtet, außer dass es für die Vareillas gefährlich hätte werden können, wenn herausgekommen wäre, dass sie solidarisch mit Louis XIV. gewesen waren. Dann haben sie sich lieber mit den Faymonvilles vereint.«

»Verstehe«, hörte ich mich sagen. »Und das zweite Bild …?«

»… zeigt höchstwahrscheinlich denselben Mann«, ergänzte Noelia. »Leider existieren nicht mehr viele Briefe aus der Zeit, sodass der genaue Ablauf nicht mehr nachzuvollziehen ist. Vielleicht ist durch den frühen Tod des Lords der Hofmaler gar nicht dazu gekommen, ein Werk von Lord Faymonville zu vollenden.«

Ich stieß einen Pfiff aus.

»Also hat man kurzerhand den verarmten Nachbarn für den Lord ausgegeben. Dann ergibt das auch Sinn, dass auf einmal Dokumente auftauchten, die bewiesen, dass Lord Faymonville nicht der Vater sein konnte. Das haben die Vareillas selbst inszeniert, oder?«

»Damit war die Frage nach dem eigentlichen Vater wieder offen und– tada – plötzlich erscheint aus dem Nichts der Brief der Comtesse, der dazu führte, dass Clemence als Sohn des Sonnenkönigs anerkannt wurde. Und das hat niemand durchschaut?«

Cherry versah ihre Frage mit einem spöttischen Ton.

»Derselbe Plan, der damals nicht aufging«, sagte Sandrine, »erfuhr im zwanzigsten Jahrhundert eine Renaissance. Erneut sollte dem König die Vaterschaft angehängt werden. Dieses Mal erfolgreich.«

Cherry

Alle schienen glücklich und zufrieden – alle außer mir. Von Pacheco würde ich nicht mehr erfahren, an wen er Lisettes Aufzeichnungen weitergegeben hatte. Mit ihm war auch mein Auftrag gestorben. Ohne Mary Annes Familiendokumente keine Kohle. Ich war nicht scharf darauf, in Alvaro Pachecos engstem Umfeld, also rund um Stan Willeford und in Mafiakreisen, nach weiteren Informationen zu graben. Dafür lebte ich zu gerne.

»Das war es dann wohl, Leute!« Mit einem schiefen Grinsen auf den Lippen verabschiedete ich mich von der Truppe, von Sandrine förmlich, von Noelia mit einer kurzen Umarmung. Das tödliche Prinzesschen war mir irgendwie ans Herz gewachsen. »Mach's gut, Prinzessin.«

»Rob, Rich, ich bin dann mal weg, wir sehen uns – oder auch nicht.« Mein Versuch, witzig zu sein, war mickrig, aber mehr war im Moment nicht drin.

»Mary Anne, kommst du bitte noch mit nach draußen?«

Mit einem flauen Gefühl im Magen registrierte ich Mary Annes Lächeln, als sie mir folgte. Sie wirkte glücklich. Zu glücklich dafür, dass Pacheco tot war und wir im Dunkeln tappten. Dafür gab es nur eine Erklärung: Sie hatte gewusst, dass ihre Großmutter das wirkliche Vermächtnis nie besessen hatte. Warum hatte sie mich angelogen? Noch bevor die Frage über meine Lippen kam, wurde mir alles klar.

Ein süffisantes Lächeln zierte meine Lippen.

»Mary Anne? Ich glaube, wir haben etwas zu besprechen.«

»Ja, wir sollten reden«, stimmte Mary Anne zu.

Punkt für Punkt zählte ich ihre Verfehlungen auf und sie nickte dazu. Sie stritt nichts ab, nicht die Lügen – Luis Pacheco hatte sie, eine Insiderin, was Geschichte betraf, um Hilfe bei der Beschaffung und beim Verkauf der Dokumente gebeten. Und sie stritt nicht ab, dass ihre wahre Motivation in der Rache an den Pachecos für den Tod ihrer Großmutter lag. Woher sie von Pablo Pachecos Mord an ihrer Großmutter wusste? Keine Ahnung, meine Frage ließ sie unbeantwortet.

»Cherry, ich sah in dir die perfekte Chance und habe sie genutzt. Und letztlich hat auch fast alles wunschgemäß funktioniert. Das Honorar für deinen Auftrag habe ich bereits angewiesen. Bye, Cherry!«

Verdutzt sah ich Mary Anne Green nach und erkannte, dass in der jüngsten Geschichtsprofessorin der USA ein eiskalter Racheengel mit einem perfekt strategisch denkenden Gehirn steckte.

Epilog Cherry

Etwas wehmütig verließ ich das Coeur de Lis und packte meine restlichen Sachen auf den Rücksitz des Leihwagens. Viel Zeit hatte ich hier nicht verbringen dürfen. Eigentlich unfassbar, dass ich binnen zwei Tagen nach einer Schießerei im Puff mit einer Fast-Prinzessin und Nicky Richmond im schäbigsten Motel von New Orleans gelandet war.

Schmunzelnd dachte ich an diese Nacht zurück und gab dem Impuls, Starbucks noch einen letzten Besuch abzustatten, nach. Es war schon spät. Ein Kaffee und ein Bagel konnten nicht schaden.

Mein Herz klopfte schneller, als ich den roten GTX im Dunkeln auf dem Parkplatz bemerkte. Für ein wenig Unterhaltung war durchaus noch Zeit, überlegte ich und zog meinen kirschroten Lippenstift nach. Da öffnete sich die Tür und eine mir wohlbekannte männliche Gestalt trat eng umschlungen mit der dunkelhaarigen Barista von heute Morgen auf den Parkplatz. Nicht einmal fünf Meter von mir entfernt konnte ich beobachten, wie Richmond im Schein der Straßenlaterne offensichtlich Crystals Rachenmandeln mit seiner Zunge untersuchte. Und mir war schlagartig wieder klar, warum ich Blues, Jazz, New Orleans und gewisse Männer immer schon gemieden hatte, und zückte mein Handy.

»Hi Rob, ich bin's, Cherry. Bist du schon auf dem Weg zurück nach Buffalo? … Auf dem Flughafen …«

Epilog Rich

Showdown im Kloster. Ich war noch nie auf einem Klassentreffen gewesen, aber so musste sich das anfühlen. Wer sich da alles noch die Klinke gab, da hätte man sich die Reisekasse gut füllen können, wenn man darauf gewettet hätte. Hätte aber niemand. Gut, dass irgendwann die Polizei auftauchte, war keine Überraschung. Immerhin lagen unten zwei Leichen und irgendwie waren wir ihnen eine Erklärung schuldig. Wir hätten auch eine zum Massaker im Le Masque Noir geben können, wenn einer von uns gewollt hätte. Aber die Einzige, der es anstand, die Hintergründe darüber zu offenbaren, entschied sich dazu zu schweigen. So musste sich Tommy mit unserer Aussage zufriedengeben, dass wir den Club aus Sorge um Cherry aufgesucht hatten.

»Wir sind da offenbar in einen beschissenen Bandenkrieg reingeraten«, sagte ich. So richtig gelogen war das ja nicht einmal. »Direkt zwischen die Fronten.«

Tommy nickte mir zu, aber ich sah in seinen Augen, dass er mir nicht ein Wort davon abkaufte. Im Gegensatz zu den Klatschblättern von New Orleans, die später schreiben sollten, dass die Opfer in dem Club zu einem mexikanischen Drogenkartell gehört hatten, das in der Stadt Fuß fassen wollte. Ja, die Mexikaner. Wäre es in Buffalo doch nur auch so einfach, alles Böse den Kanadiern in die Schuhe schieben zu können …

Noelias Blick, als sie begriffen hatte, was hier gerade passiert war, werde ich aber nie vergessen. Er traf mich mitten in meinem Emotionszentrum. Es lag Wut darin und Verzweiflung, aber auch Genugtuung und Hoffnung. Zum Abschied gab sie mir einen Kuss auf den Mund.

»Pass auf dich auf«, lächelte sie, dieses Mal süß und echt. Aber es klang paradox für mich, denn es war ja sie, die einen steinigen und nicht ungefährlichen Weg vor sich hatte.

Mein persönliches Highlight war das Auftauchen der beiden Latino-Klappergestelle, die Tommy eingebuchtet hatte. Die beiden fielen Sandrine in die Arme und wirkten sichtlich erleichtert, dass ihr nichts passiert war. Der »Geheimdienst von Puerto Rico« war in Wirklichkeit ein Kommando des LV, das eigentlich die echte Sandrine Lorraine beim Treffen mit mir hatte beobachten und mich anschließend verfolgen sollen. Sandrine war dagegen gewesen, aber das hatte die beiden nicht davon abhalten können. Dass mein Date am Mississippi Noelia gewesen war, die sich für Sandrine ausgab, hatte die beiden skeptisch werden lassen. Nur hatten sie sich dummerweise mit dem Falschen angelegt, was ihnen einen Tag Untersuchungshaft eingebracht hatte.

Die beiden schlichen sich fast an mir vorbei und vermieden, bevor die Polizei sie des Raumes verwies, jeglichen Augenkontakt mit mir. LV – ich war mir nicht wirklich sicher, ob der Verein wirklich noch etwas mit dem Geheimbund zu tun hatte, der einst den Mississippi mit spanischen Leichen gefüllt hatte. Mir kam er ehrlich gesagt eher vor wie ein Buchclub.

Der schwerste Gang stand mir dann noch bevor, aber es musste sein. Als Tamlyn realisierte, dass ich im Gästebett einen weiteren USB-Stick versteckt hatte – mit Noelias Gesicht darauf kurz vor der Ermordung von Luis Pacheco – traf mich ein vernichtender Blick von ihr, der psychosomatische Brandblasen auf meiner Stirn verursachte. Ich hoffte nur, Vince und die Harris' standen sich nicht zu nahe, sodass er meine Entschuldigung annehmen würde. Das Bild noch zu veröffentlichen, darin sah ich keinen Sinn mehr. Wir hatten genug Material zusammen, um darauf verzichten zu können.

Nur drei Tage später war das falsche Bild von Richard Carl Lord Faymonville auf der Titelseite des »Buffalo Star«. Exklusiv! Es wurde die Ausgabe mit der höchsten Auflage des Jahres und Chefredakteur Fennon sparte nicht mit Lobhudeleien. Derselbe Fennon, der zuvor das Geld für die freien Mitarbeiter hatte sparen wollen. Aber ich konnte mal wieder ordentlich essen und einkaufen gehen. Eine Woche lang erschienen täglich Artikel mit meinem Namen darunter. Dann hatten die spanischen Gazetten übernommen und den Vareillas die Hölle heißgemacht. Im »Star« wurden einige Überschriften übersetzt. Mein Favorit: »Schickt sie zum Teufel! Da ist die Verwandtschaftsfrage geklärt.« Herrlich. Mit ihr würde auch das Spanische Schwert der Vergangenheit angehören.

Wir konnten insgesamt zufrieden sein mit unserem Auftrag. Ich packte im Motel meine Sachen zusammen und hielt den USB-Stick in der Hand. Wenn ich ihn nicht einsetzen wollte, sollten die Daten für alle verloren sein. Ich löschte die Datei, schlug zur Sicherheit mit einem Hammer aus meinem Kofferraum auf den Stick und spülte ihn im Klo hinunter. Dann hievte ich meinen Koffer in meinen Wagen und ließ den GTX kurz aufheulen.

Im Starbucks brannte noch Licht und ich dachte, ein Kaffee würde mir vor einer Nachtfahrt gut tun. So wie Crystal. Sie stellte keine Fragen, ich stellte keine Fragen.

Es war etwa vier Uhr morgens, als ich mich aus ihrer Wohnung schlich. Ein neuer Tag hatte begonnen und ich war dabei, New Orleans endgültig Lebewohl zu sagen, als mich ein Gedanke an jemand anderen erwischte.

»Meine Freunde nennen mich übrigens Special Agent Loster«, so hatte sich Cherry mit ihrem typischen Grinsen vorgestellt. Ob sie schon auf dem Heimweg war? Schade, dass sie sich nicht mehr verabschiedet hatte. Nach der Befragung im Revier war sie nicht mehr da gewesen. Aber es war wohl besser so. Wir waren beide Jäger – und Jäger jagten sich nicht gegenseitig. Und doch ertappte ich mich dabei, einen Blick auf mein Blackberry zu werfen.

»Hi Niclas, danke für die schnelle Annahme. Auf einen regen Austausch. Super-Girlie-Smiley, Küsschen, Herzchen …«

Und obwohl ich wusste, dass diese Zeilen reine Berechnung waren, um auf recht simple, aber wahrscheinlich meist erfolgreiche Art die Aufmerksamkeit eines Mannes zu erregen, und obwohl – oder vielleicht eher weil – ich wusste, dass sie nie ernsthaft so kommunizieren würde, huschte ein wehmütiges Lächeln über mein Gesicht.

Eines Tages sehen wir uns wieder, Special Agent Loster, dachte ich.

Freunde nannten sie so.

Weitere Romane mit dem Detektiv Niclas "Rich" Richmond bei FRANZIUS

»Rich & Mysterious: Der Niagara-Fall«

Band 1 der »Rich & Mysterious«-Reihe

»Ich bin Sara«, sagte sie. »Sara Maria Anderson.«

Ich wusste, das konnte nur »Problem« bedeuten. Sie trug ein langes, grünes Satinkleid und hatte keine Ahnung, wer sie in das Taxi gesetzt hatte, das sie nach Buffalo, NY gebracht hatte, direkt in mein Büro. Die letzten acht Stunden und dreißig Minuten waren in ihrem Gedächtnis wie ausradiert, aber schon bald war mir klar, dass wir deutlich tiefer graben mussten. Ein Mord in Saras unmittelbarer Umgebung zog mich dann in die Vergangenheit, in eine Welt aus Skrupellosigkeit und Habgier, gewährte mir aber auch Einblicke in die ungewöhnliche und bizarre Welt zweier bemerkenswerter Frauen. Und welchen Beziehungsstatus hatte wohl diese kleine, italienische Stupsnase vom NYPD?

Niclas »Rich« Richmond war Ende der 80er Jahre ein junger, gefragter Journalist, der von der renommiertesten Detektei Buffalos abgeworben wurde. Jahrzehnte später ist vom Ruhm jener Tage nicht mehr viel übrig geblieben. Privatdetektive, die einst für die Gerechtigkeit kämpfende Helden waren, dokumentierten nun aus sicherer Entfernung die Untreue von Ehepartnern – das war nicht mehr seine Welt. Als Rich mit seinem persönlichsten Fall konfrontiert wird, fordert sein Schicksal ihn zu seinem härtesten Kampf heraus.

Taschenbuch: 346 Seiten
ISBN: 978-3-96050-002-5

»Rich & Mysterious: Sie ist dein Ruin«
Band 2 der »Rich & Mysterious«-Reihe

Welches Interesse hat die New Yorker Polizei an einem Mord auf Castle Island in Boston? Warum ist Detective Gina Lonardoni verschwunden? Riskiert sie ihre Karriere für ihren suspendierten Vorgesetzten – oder gar mehr? Warum sonst hat Privatdetektiv Niclas »Rich« Richmond, als es darauf ankommt, den kompletten Polizeiapparat des NYPD hinter sich?

Einst ein junger, erfolgreicher Journalist und Privatdetektiv, ist vom einstigen Ruhm nicht mehr viel übrig geblieben. Doch als Gina vermisst wird, läuft nicht nur Richs GTX auf Hochtouren. Bis er ausgerechnet von dem Mann engagiert wird, den Gina um jeden Preis hinter Gittern bringen will …

Taschenbuch, ca 395 Seiten
ISBN: 978-3-96050-103-9

Novitäten Frühjahr 2019 im Franzius Verlag

<u>Romane</u>

»Getaway – Auf der Flucht vor der Vergangenheit«
Thriller von Timothy Whiter, ISBN 978-3-96050-164-0

»Redric«
Thriller von Jenny Rubus, ISBN 978-3-96050-160-2

»Tödliche Ruhr«
Kriminalroman von Ralf Weißkamp, ISBN 978-3-96050-152-7

»S.A.M. – Mord zwischen den Zeilen«
Roman von Teresa Nagengast, ISBN 978-3-96050-156-5

»Barackenkinder«
Roman nach einer wahren Begebenheit
Von Marion Schinhofen, ISBN 978-3-96050-158-9

»Blowing Across«
Science-Fiction von Christine Keller, ISBN 978-3-96050-154-1

»Ein Stück Süden«
Roman von Sigrid Wohlgemuth, ISBN 978-3-96050-150-3

»Jagdbare Tiere«
Mystery-Thriller von Ronja Potstawa, ISBN 978-3-96050-145-9

»Auf leeren Seiten«
Mystery-Thriller von Melanie Bottke, ISBN 978-3-96050-143-5

»Yoga, Chaos und ein Mörder«
Kriminalroman von Kathrin Hölzle, ISBN 978-3-96050-141-1

»Für eine Stunde«
Thriller von Perry Payne, ISBN 978-3-96050-130-5

»Übelst – Eine schräge Komödie«
Roman von Andreas. A. Reichelt, ISBN 978-3-96050-139-8

»Grazie Roma @ schön, dass es E-Mails gibt«
Roman von Claudio Gallo, ISBN 978-3-96050-134-3

»Das Labyrinth des Narren«
Roman von Peter Dumat, ISBN 978-3-96050-095-7

Biografien

»Elisabeth Amandi. Die Biografie – Kreativität macht glücklich«
Von Yngra Wieland, ISBN 978-3-96050-123-7

Sachbücher und Ratgeber

»Increase your energy – Deutsche Erstausgabe«
Von Frederick Dodson, ISBN 978-3-96050-136-7

»KETOGA – Ketogene Ernährung und Yoga«
Von Fabrizio P. Calderaro, ISBN 978-3-96050-120-6

»2021 – Wer wir sind, wo wir stehen und wohin wir gehen«
Aktualiserte und überarbeitete Fassung von »2015«
Von Petra Liermann, ISBN 978-3-945509-31-9

Kinder- und Jugendbücher

»Acello und die Lichtkönigin«, Band 4 der »Acello«-Reihe
Von Mirjam Wyser, ISBN 978-3-96050-162-6

»Die Kristallkinder und das fliegende Auto«
Band 3 der »Kristallkinder«-Reihe
Von Mirjam Wyser, ISBN 978-3-96050-166-4